成年後見人のための精神医学ハンドブック

五十嵐 禎人 著

日本加除出版株式会社

はしがき

　本格的な高齢社会を迎えた我が国において，高齢者が生き生きと暮らせる社会の実現は喫緊の課題といえます。加齢は認知症の最大のリスク要因であり，高齢者の増加とともに，認知症高齢者も増加しており，認知症の人であってもその人らしい生き方ができる社会の実現が求められています。成年後見制度は，認知症高齢者をはじめとした精神障害のために判断能力の低下している人が，地域において，その人らしい生活を送っていくための支援を行う制度です。

　認知症をはじめとした精神障害は，その人の思考・行動の全体に影響を及ぼす病気です。精神障害の影響による思考や行動の変化は徐々に起こります。そのため，一緒に暮らしている家族にはかえって気が付かれないことも多いようです。また，病気のせいでおかしな行動がみられるようになっていても，一緒に暮らしている家族の目からは，病気のせいではなく，性格の問題からわざとそのような行動をしているようにみえることもしばしばあります。以前，認知症高齢者の事件や事故について調べたことがあるのですが，明らかに認知症の症状に基づくと思われるような問題行動が生じていても，家族の方は認知症の可能性すら思いついていなかったという事例もありました。認知症と診断されて初めて，診断を受ける前にみられていた本人のおかしな行動は認知症の症状だったのだと気付かれる家族の方も少なくありません。こうした事例を考えても，精神障害のある人を精神障害と正しく診断し，診断された精神障害に関する医学的知識を踏まえて接していくことがいかに重要なことであるかがわかることと思います。

はしがき

　ノーマライゼーション運動の進展や障害者権利条約の批准もあり，障害者観や判断能力の評価に関する考え方も大きく変わってきました。成年後見制度も従来の本人保護一辺倒ではなく，本人の意思・意向を尊重し，その人らしい生活が送れるような自己決定支援を行っていくことが要請されるようになりました。こうした自己決定支援を適切に行っていくためには，成年後見人等は，自己決定支援のために必要とされる介護・福祉に関する法制度に関する知識だけでなく，利用者の精神障害が，どのような病気で，どのような症状があり，どのような考え方で治療やケアが行われているのかについての知識を持っている必要があります。

　本書は，成年後見制度の利用者にみられることの多い精神障害に関する医学的な知識について解説した第1章と，自己決定支援のための法制度について解説した第2章という2つのパートから構成されています。第1章では，精神医学的診断がどのように行われているのか，それぞれの精神障害がどのような病気であり，その症状や治療・ケアはどのように行われているのか，また，精神障害のある人とのコミュニケーションをどのようにするのがよいかについて医師の立場から解説しました。第2章では，法制度の解説だけでなく，私が以前から研究している判断能力の精神医学的評価方法や障害者権利条約等が要請する自己決定支援のあり方などについて述べました。

　読者としては，弁護士や司法書士等，法律専門職の方々を想定していますが，それ以外の一般の方々が読まれてもわかりやすいようにと心がけて執筆しましたので，市民後見人の方や認知症高齢者等の治療やケアに関心を持たれているような方が読まれても得るところがあるのではないかと思います。本書を読まれた読者の方々が，判断能力の低下している人に接する際に，本書で得られた知識等を活用していただけるとすれ

はしがき

ば，筆者としても望外の喜びです。

　本書の執筆にあたり，日本加除出版編集部の朝比奈耕平さん，星野将慶さんには大変お世話になりました。本書が，一般の方々にも読みやすいものとなっているとすれば，それは朝比奈さん，星野さんのお力によるところが大であるといっても過言ではありません。厚く御礼申し上げます。

　平成29年1月

五十嵐　禎人

凡　　例

文中に掲げる法令・条約等については，次のように略記する。

【法　令】
 医療観察法　　　　　心神喪失等の状態で重大な他害行為を行った者の医療及び観察等
         　に関する法律
 高齢者虐待防止法　　高齢者虐待の防止，高齢者の養護者に対する支援等に関する法律
 精神保健福祉法　　　精神保健及び精神障害者福祉に関する法律
 障害者虐待防止法　　障害者虐待の防止，障害者の養護者に対する支援等に関する法律
 障害者雇用促進法　　障害者の雇用の促進等に関する法律
 障害者差別解消法　　障害を理由とする差別の解消の推進に関する法律
 障害者総合支援法　　障害者の日常生活及び社会生活を総合的に支援するための法律
 任意後見法　　　　　任意後見契約に関する法律

【外国法令】
 2005 年法　　　　　 Mental Capacity Act 2005（イギリス）

【条　約】
 障害者権利条約　　　障害者の権利に関する条約
         　Convention on the Rights of Persons with Disabilities

目　次

第1章　成年後見制度の利用者に多い精神障害

I　精神障害とはどのような病気か　2

1　精神障害の診断の過程——精神科での診察はどのように行われるのか　2
(1)　身体の病気での受診　2
(2)　診察・診断とは　3
(3)　精神科での診察・診断　4

2　精神医学における病気とはどのようなものか　8
(1)　医学における「病気」の概念　8
(2)　精神医学における「病気」とは　10
(3)　精神障害の定義　11

3　精神障害の分類と診断基準　13
(1)　状態像診断　13
(2)　伝統的診断——原因による分類　13
(3)　伝統的診断の問題点　15
(4)　操作的診断基準　15

コラム①　進行麻痺と疾患単位　18
　　　②　"Disorder"の訳語　19
　　　③　アメリカ―イギリス診断研究　20

II　認知症　21

1　認知症とはどのような病気か　25
(1)　脳の老化と記憶力の低下　26

(2) 認知症による「もの忘れ」と老化による「もの忘れ」の違い
　　　　　27
　　(3) 「認知症」の定義　28
　　(4) 軽度認知障害（MCI）　30
　　(5) 認知症の分類　32
　2　認知症の臨床症状 …………………………………………… 35
　　(1) 中核症状　35
　　(2) 周辺症状　38
　3　認知症の診察・診断の流れ ………………………………… 43
　　(1) 初診の流れ　43
　　(2) 初診以降の診察・診断の流れ　45
　4　様々な認知症 ………………………………………………… 46
　　(1) アルツハイマー病（アルツハイマー型認知症）　47
　　(2) レビー小体型認知症　51
　　(3) 前頭側頭型認知症（ピック病）　55
　　(4) 血管性認知症　59
　5　認知症の治療 ………………………………………………… 61
　　(1) 中核症状に対する治療　61
　　(2) 周辺症状に対する治療　62
　コラム① 記憶とは　66
　　　② 若年性認知症とは　66
　　　③ 認知症とうつ病　66
　　　④ クリューヴァー・ビューシー症候群（Klüver-Bucy Syndrome）　68
　　　⑤ 認知症の診断――確定診断と臨床診断　68

Ⅲ　知的障害　　　　　　　　　　　　　　　　　　　　　　69
　1　知的障害とはどのような病気か ……………………………… 69
　2　知的能力障害の重症度 ………………………………………… 71

（1）軽度知的能力障害　72
　　（2）中等度知的能力障害　72
　　（3）重度知的能力障害　72
　　（4）最重度知的能力障害　73
　3　知的能力障害の原因 ……………………………………………… 73
　4　知的能力障害への対応 …………………………………………… 74
　コラム①　知的能力障害をめぐる用語　76

Ⅳ　発達障害　77

　1　発達障害とはどのような病気か ………………………………… 79
　2　自閉症 …………………………………………………………… 82
　　（1）自閉症とは　82
　　（2）自閉症の症状　83
　　（3）自閉症の治療　89
　3　注意欠如・多動症 ………………………………………………… 91
　　（1）注意欠如・多動症とは　91
　　（2）注意欠如・多動症の症状　91
　　（3）注意欠如・多動症の治療　95
　コラム①　発達障害者支援法　97
　　　　②　自閉症の概念の変遷　98
　　　　③　「心の理論」を調べるには──サリーとアン課題　100

Ⅴ　統合失調症　101

　1　統合失調症とはどのような病気か ……………………………… 102
　2　統合失調症の臨床症状 …………………………………………… 105
　　（1）幻覚　105
　　（2）妄想　106
　　（3）思路障害（思考過程の障害）　107

(4)　自我障害　108
　(5)　思考・会話の貧困　108
　(6)　意欲・行動の障害　108
　(7)　緊張病症候群　109
　(8)　感情障害　110
　(9)　両価性　110
　(10)　自閉　110
　(11)　疎通性の障害　111
　(12)　陽性症状と陰性症状　111
　(13)　認知機能障害　112
 3　病期別にみた症状と治療目標　……………………………………　113
　(1)　急性期の症状と治療　113
　(2)　回復期の症状と治療　114
　(3)　安定期の症状と治療　115
 4　統合失調症の経過・予後　…………………………………………　116
 5　統合失調症の治療　……………………………………………………　117
　(1)　薬物療法　117
　(2)　心理社会的治療　119
 コラム①　統合失調症と精神分裂病　124
　　　②　クロザピン　124

VI　うつ病と双極性障害　126

 1　気分障害とはどのような病気か　…………………………………　128
 2　気分障害の症状　………………………………………………………　129
　(1)　うつ病相（抑うつエピソード）の症状　129
　(2)　躁病相（躁病エピソード）の症状　134
　(3)　軽躁病相（軽躁病エピソード）の症状　139
　(4)　混合病相（混合性エピソード）の症状　140

3　気分障害の診断分類 ……………………………………………… 141
(1)　うつ病　142
(2)　双極性障害（躁うつ病）　143
4　気分障害の自殺のリスク ………………………………………… 144
5　気分障害の経過・予後 …………………………………………… 145
(1)　うつ病　145
(2)　双極性障害　146
6　気分障害の治療 …………………………………………………… 147
(1)　うつ病の治療　147
(2)　双極性障害の治療　148
コラム①　気分障害からうつ病と双極性障害へ　150
　　　②　気分障害概念の歴史的変遷　150
　　　③　内因性うつ病の病前性格　152
　　　④　混合病相の診断について　154

Ⅶ　精神障害を持つ方とのコミュニケーションの取り方　158
1　成年後見制度の利用者とのコミュニケーションのあり方　158
(1)　成年後見人等の取るべき姿勢　158
(2)　精神障害の影響を把握し，理解する　159
2　地域支援ネットワークの一員としての成年後見人 ……… 172

第2章　成年後見制度の利用者の自己決定支援
Ⅰ　自己決定と判断能力の評価　176
1　自己決定と判断能力 ……………………………………………… 176
2　判断能力とは ……………………………………………………… 178
3　法的概念としての判断能力——意思能力，事理弁識能力，行為能力 ……………………………………………………………… 179
(1)　意思能力　179

(2) 行為能力　179
　　(3) 事理弁識能力　180
　4　能力判定の方法 ･･ 181
　　(1) 結果判定法　181
　　(2) 状態判定法　181
　　(3) 機能判定法　182
　　(4) 機能判定法の問題点：機能判定法から状態・機能判定法へ　183
　5　精神医学からみた意思能力判定の構造 ･････････････････････ 184
　　(1) 機能的能力の判定　185
　　(2) 「キャパシティ」の判定　188
　　(3) 「コンピタンス」の判定　191
　6　判断能力評価と自己決定支援 ･････････････････････････････ 192
　　(1) 2005年法の原則　193
　　(2) 2005年法における意思決定能力の判定　194
　　(3) ベスト・インタレストの判定　196
　　(4) 2005年法における意思決定支援と代行決定　197
　コラム①　自己決定支援と意思決定支援　202
　　　　②　共同意思決定（shared decision making：SDM）　202

II　成年後見制度　205

　1　成年後見制度とは ･･･････････････････････････････････････ 205
　2　法定後見制度 ･･･ 206
　　(1) 法定後見制度とはどのような制度か　206
　　(2) 手続　207
　　(3) 成年後見人等の職務　208
　3　任意後見制度 ･･･ 209
　4　成年後見制度における鑑定書・診断書 ･････････････････････ 211

5　成年後見制度で問われる事理弁識能力とはどのようなものか
　　　　……………………………………………………………………… 212
　　6　成年後見制度の現状と課題 ……………………………………… 214
　　　(1)　成年後見制度の概況　214
　　　(2)　精神鑑定の現状　219
　　　(3)　後見申立てにおける家庭裁判所調査官の面接　223
　　　(4)　医療同意の問題　224
　　　(5)　障害者権利条約との関係　225
　　コラム①　市民後見人とは　227

Ⅲ　障害者権利条約　　　　　　　　　　　　　　　　　　　　229
　　1　障害者権利条約とは ……………………………………………… 229
　　2　障害者権利条約の主な内容 ……………………………………… 231
　　　(1)　障害の定義——医学モデルから社会モデルへ　231
　　　(2)　目的　232
　　　(3)　平等・無差別と合理的配慮　232
　　　(4)　意思決定過程における障害当事者の関与　233
　　　(5)　施設・サービス等の利用の容易さ　233
　　　(6)　自立した生活・地域社会への包容　233
　　　(7)　教育　233
　　　(8)　雇用　234
　　3　障害者権利条約と成年後見制度 ………………………………… 234
　　4　障害者権利条約と精神科病院への非自発的入院 ……………… 235

Ⅳ　介護保険法　　　　　　　　　　　　　　　　　　　　　　237
　　1　介護保険法とは …………………………………………………… 237
　　2　介護保険制度の仕組み …………………………………………… 238
　　　(1)　保険者と被保険者　238

(2) 介護保険サービスの体系と種類　240
　　(3) 要介護認定　240
　　(4) 介護サービスの利用手続　247

V　障害者総合支援法　250

- 1　障害者総合支援法とは　250
- 2　障害者総合支援法の理念　252
- 3　障害者総合支援法の対象　253
- 4　障害支援区分認定　254
- 5　支給決定からサービス利用までの手続　255
- 6　障害者総合支援法による福祉サービス　259
  - (1) 自立支援給付　259
  - (2) 地域生活支援事業　263
- 7　自立支援医療　265
  - (1) 自立支援医療制度の対象者　265
  - (2) 精神通院医療とその手続　266

コラム①　障害児と保護者　268

VI　精神科病院への入院　269

- 1　精神科病院への入院に関する法律　269
- 2　精神科病院への入院に特別な法律がある理由　270
- 3　我が国における入院形態　270
- 4　精神保健指定医　271
- 5　精神保健福祉法に規定される入院形態　272
  - (1) 任意入院　272
  - (2) 措置入院　274
  - (3) 緊急措置入院　276
  - (4) 医療保護入院　277

(5) 応急入院　280
　(6) 医療保護入院等のための移送制度　282
6　精神科病院入院中の患者の人権を擁護するための仕組み
　　……………………………………………………………… 283
　(1) 精神医療審査会　283
　(2) 入院患者の処遇に関する規定　285
7　医療観察法 ………………………………………………… 286
　(1) 医療観察法とは　286
　(2) 心神喪失者とは　287
　(3) 医療観察法の対象者　289
　(4) 保護者　290
　(5) 手続　291
　(6) 指定入院医療機関　292
　(7) 指定通院医療機関と地域処遇　293

事項索引 ……………………………………………………… 295
参考文献 ……………………………………………………… 302
初出一覧 ……………………………………………………… 303
著者略歴 ……………………………………………………… 304

第 **1** 章

成年後見制度の利用者に多い精神障害

第1章　成年後見制度の利用者に多い精神障害

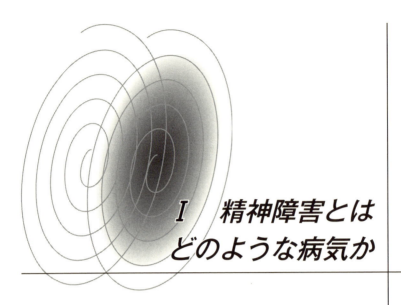

I　精神障害とは
どのような病気か

1　精神障害の診断の過程——精神科での診察はどのように行われるのか

(1)　身体の病気での受診

　皆さんが，病院を受診するのはどのようなときでしょうか。「熱が出て，体がだるい」とか，「せきが出て困る」とか，「腰が痛い」など，何らかの身体の不調を感じて，「身体のどこかが悪いのではないか」，「何か病気にかかっているのではないか」など心配になって，病院を受診することが多いのではないでしょうか。こうした，病院を受診する理由となる患者の訴えを医学では，主訴と呼んでいます。主訴は，患者自身が症状として自覚している（自覚症状）ことが多いのですが，家族や職場の同僚から「顔色が悪いから病院で診てもらった方

がよいのではないか」と勧められて病院を受診する人もいます。病院を受診するからには，何らかの自覚症状があることが多いと思いますが，自覚症状が全くなかったとしたら，主訴は，「顔色が悪い」という他人からみた症状（他覚症状）ということになります。会社の健康診断で「血圧が高い」とか「肝機能のデータが悪い」などの検査所見の異常を指摘されて病院への受診を勧められることもあります。こうした場合には，患者自身には自覚症状がないこともしばしばあります。それでも受診することが勧められるのは，検査所見の異常の背景に重大な病気がある可能性があるからであり，自覚症状がないうちに，そうした病気を発見して，早期に治療を開始することによって，病気の経過や予後がよくなる可能性があることが知られているからです。

　身体の病気の場合には，病院への受診は，患者本人の意思に基づくことがほとんどですが，「感染症の予防及び感染症の患者に対する医療に関する法律」（以下，「感染症予防法」といいます。）では，患者本人の意思に関わりなく，都道府県知事の権限で，健康診断（同法17条）や入院治療（同法19条）が行われることがあります。

(2) 診察・診断とは

　診察とは，医師が患者の症状やその原因などを把握するために，様々な方法で患者の話を聞いたり，身体を調べたりすることをいいます。診断とは，医師が患者を診察して，患者の健康状態や病気の種類，病状などを判断することをいいます。

　医師は，まず，主訴となっている症状がどのような症状で，いつ頃からあったのか，症状の変動はどうなのか，などについて尋ねます（現病歴）。また，これまで，どのような生活をしてきたのか（生活歴），どのような病気にかかったことがあり，どのような治療を受け

たことがあるのか（既往歴），家族関係はどのようになっているのか，家族がこれまでにかかったことがある病気や現在かかっている病気にはどのようなものがあるのか（家族歴）についても尋ねます。これらを「問診」といいますが，こうした問診に加えて，身体の診察も行われます。身体の診察には，触診（症状がある部位やその関連部位を触って評価します。），聴診（聴診器などを使用して，心臓の音，呼吸音，腸音などを聴取します。），視診（顔の色や表情，不自然な動き，瞳孔や眼球の動き，皮膚の状態と色，などを医師の目で見て評価します。），打診（胸部や腹部をたたいてその反響音から内部の臓器の状態を推測します。）などがあります。

　風邪などのよく見られる軽い病気の場合には，問診と身体診察の結果だけで，診断がつき，治療が開始されることもあります。しかし，多くの身体の病気の場合には，診察の結果を基に，患者がかかっていそうな病気を想定し（暫定診断），その結果に基づいて，さらに，検査や治療が進められていくことになります。検査としては，血液検査，尿検査，X線検査やCT検査などの画像検査，心電図や脳波などの生理検査などがあります。また，がんなどでは，患者から採取した材料を顕微鏡で観察して，病変の有無や種類，病気の程度などを診断する病理診断が行われます。

(3) 精神科での診察・診断

　精神科における診察・診断の流れも基本的には，こうした身体の病気の診察と同じといえます（【図1－1】）。精神科を受診する人の多くは，「気分が落ち込む」，「不安でしょうがない」，「眠れない」，「仕事に集中することが難しい」，「他の人とうまくコミュニケーションがとれない」などの症状を自覚しており，これらの症状に悩んで，自らの意思に基づいて精神科を受診します。

Ⅰ　精神障害とはどのような病気か

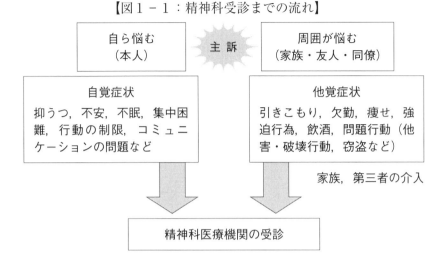

その一方で，精神科の病気では，自分の症状を正しく認識できないことがあります。精神科の病気のために，「家に閉じこもって何もしない」（引きこもり），「無断で仕事を休む」，「朝から飲酒してばかりいて，職場に行っても酒臭い」などの問題行動がみられることがあります。患者本人は，これらの問題行動が病気のために起こっていることを認識できないことがしばしばあります。こうした場合には，家族，友人や職場の同僚など患者の周囲の人が，患者の症状に気が付き，精神科への受診を勧めることになります。周囲の勧めに応じて，患者本人が受診することもありますが，中には，幻聴や被害妄想のために，自殺しそうになったり，他の人に暴力を振るったりする人もいます。こうした場合には，患者本人の意思に基づく受診は困難であり，必要に応じて保健所や警察の援助を受けて，精神科を受診させることになります。このように，患者本人の意思に基づかない受診があり得るのは，身体の病気とは異なる精神科の病気の診察の1つの特徴

といえます。

　しかし，患者本人の意思に基づかない受診であっても，受診後の診察で医師が行うことは，身体の病気の場合や患者本人の意思に基づく受診の場合と基本的には同じです。

　まず，患者本人との問診を通じて，症状の有無やその推移（患者本人は症状とは思わずに現実に起こっていることと認識している場合もあります。）を聞き，さらには現在の生活の状況や症状が生活に及ぼしている影響の有無を聞きます。生活歴，既往歴，家族歴などの情報を聞き，患者の生い立ちと生活に関する情報を得ます。また，主訴以外の精神的な問題がないかどうかを確かめます。

　身体の病気の診察では，主訴などは主に患者本人から情報を得ることになりますが，一部の精神科の病気では，精神科の病気のために患者本人の認知や認識に障害が生じていることもあります。そうした場合には，家族や友人，職場の同僚など患者の生活状況を知る第三者からの客観的な情報が診察を行う上で重要になります。患者本人からの情報だけでなく，第三者から得られた客観的な情報と照合・吟味した上で，実際に患者の身の上に起こっていることが現実の出来事なのか，それとも幻覚や妄想などのような病気の症状によるものなのかを判定していくことが，診察を行う上で，重要となることがあるのも，精神科の診察の1つの特徴といえます。

　問診で得られた情報を基に，どのような精神科の病気の可能性が高いかを考えた上で，必要に応じて，さらに身体の病気の可能性も含め，様々な検査が行われます。身体の病気が原因となって精神科の病気の症状が出ることもあります。その場合には，原因となっている身体の病気を治療することが，重要となりますし，身体の病気の治療が成功すると精神科の病気の症状もなくなることもしばしばあります。

身体の病気の場合には，治療に面接の要素はほとんど含まれませんが，精神科の診療では，治療の中で面接の占める割合が大きいので，診断のための面接にも既に治療としての要素が含まれています。患者本人がよく話を聞いてもらったと思えることが重要になります。

精神科の診察では，1回の診察の結果だけで診断が確定することはほとんどありません。実際の診療では，患者本人の診察の結果，患者の家族，友人，同僚などからの情報などを基に，一番可能性がありそうな診断を想定（暫定診断）することになります。暫定診断の結果を基に，今後の治療を考えていくことになります。治療関係の構築を心掛けながら，経過観察を行っていくことになります。

例えば，高校生が「周囲からじろじろ見られて困ります」という主訴で受診した場合を考えてみます。周囲からじろじろ見られるということは，例えばアイドルや大スターの場合には現実にあり得ることですが，そうした人でないとすれば，この訴えは，現実にじろじろ見られているというよりは，何らかの精神症状である可能性が高いと考えることができます。高校生というのは，統合失調症のような重篤な精神障害が発症する可能性のある時期です。その一方で，身体面の成長が終わり，恋愛など異性を意識しはじめる時期であり，また，「自分とは何者か？」「自分らしさとは何か？」「自分はどのように生きるべきなのか？」などの自分に対する問いが始まり，それを通して自我同一性が獲得されていく時期でもあります。こうした時期の心の特徴として，刺激に対して過敏になったり，不安になったり，自意識過剰になったり，周囲の目が気になったりすることがあります。「周囲からじろじろ見られて困る」という訴えは，統合失調症の症状としての注察妄想である可能性もありますし，思春期にみられる心理的危機を反映した一過性の症状の可能性もあります。両者を鑑別するためには，

面接を繰り返し，経過を観察していく必要があります。長期間にわたる経過観察（場合によっては，投薬を行うこともあります。）を行い，症状の変化を観察する必要があり，最終的に思春期に特有の一過性の精神的な問題であったのか，それとも統合失調症であったのかが，わかることもしばしばあります。

2 精神医学における病気とはどのようなものか

(1) 医学における「病気」の概念
　医学一般における「病気」の概念に関するいくつかの用語を整理，確認してみましょう。
　ア　疾病（illness）
　　疾病とは，健康でない状態，体の様々な機能がうまく働かなくなり，その結果，社会で生存しにくくなった状態をいいます。疾病であるかどうかは，その人がどのような状態にあるかということよりは，その人がその状態にあることで「苦しんでいる」かどうかによって判定されます。
　イ　疾患（disease）
　　疾患とは，「ある臓器に明確な障害が確認され，それによって症状が出ているとはっきり説明できる場合」をいいます。より具体的には特定の原因，病態生理，症状，経過，予後，病理組織所見（もしあれば治療法も）が全てそろった場合を疾患とし「○○病」という診断が下されます。
　ウ　症候群（syndrome）
　　いくつかの症状（症候）が，常に同時に認められますが，その原因が不明なときや単一ではないときに，病名に準じたものとして用

いられる用語です。これは，将来研究が進んで疾患としての要件がそろうことが期待される場合や疾患ではないが1つのかたまりとして意識しておくことが研究上有利な場合に用いられます。

エ　障害（disorder）

　　個人的な原因や，社会的な環境により，心や身体上の機能が十分に働かず，活動に制限がある状態のことです。個人的な苦痛や機能の障害を引き起こすような症状はあり，「疾病」ともいえますが，臓器の障害がはっきりしない場合に，「障害」という用語が使われます。

　　医学における疾患とは，①特定の原因がわかっていること，②病態生理が明らかなこと，③症状が一定のパターンをとること，④検査データが一定のパターンをとること，⑤経過が決まっていること，⑥予後が決まっていること，⑦病理組織所見が一定していること，⑧治療法が一定していること，が必要と考えられています。例えば，風邪（上気道炎）の場合では，「原因はウイルス感染」→「病態生理は上気道の炎症」→「症状はくしゃみ，鼻水，咽頭痛，発熱」→「検査データでは発熱がみられる」→「経過は数日で治まる」→「予後は良好」→「病理所見は炎症所見」→「治療法は暖かくして安静，風邪薬」となります。ほぼ全ての診断要件がそろっていますので，風邪という疾患の医学的意義はかなり高いといえます。

　　もちろん身体の病気であっても，上述した診断の要件の全てがわかっている場合はむしろ少なく，原因や病態生理が不明だったり，有効な治療法がないものもたくさんあります。例えば，膠原病，アトピー性皮膚炎，高血圧，糖尿病などを考えてみれば，その原因や

病態生理には不明な点は多々ありますし，有効な治療法が確立されているわけでもありません。これらの病気は，厳密にいうと疾患の要件は満たしておらず，症候群のレベルにとどまることになりますが，慣習的に「○○病」という名前が使われていることもあります。

(2) 精神医学における「病気」とは

　精神科の基盤をなす学問である精神医学とは，人間の精神現象を扱う学問です。精神医学の対象には，正常な精神現象もあれば異常な精神現象もありますが，病気の解明やその治療を考えるという医学の性格もあり，精神医学では，異常な精神現象である精神障害の解明や治療が中心となります。精神医学では，脳科学，認知科学，心理学などを取り入れつつ，精神の異常現象や精神疾患を解明し，最終的には治療するための方策を探求する学問ということになります。

　医学における「病気」の概念を基に精神科の対象とされている「病気」の概念を考えてみましょう。精神科の病気でも，例えばアルツハイマー病のように，「疾患」の要件を満たしている病気もあります。しかし，一定の「疾患」としての要件がまだそろっていない病気もあれば，また，そもそも「疾患」としての要件をそろえることになじまない，一種の社会的概念というべき病気もあります。例えば，統合失調症や双極性障害（躁うつ病）では，一定の症状や経過・予後はありますが，病理組織学的所見は存在しませんし，その病態生理も不明です。アルコール依存症や対人恐怖症は，明らかに精神医学の対象といえますが，これに対応した脳の病変があるとは考えられません。

　従来の精神医学では，「疾患」（disease）という用語が本来の定義からするとやや安易に用いられており，「○○病」という診断名が多くみられました。しかし，最近では，「疾患」という用語の本来の定

義に立ち返り，定義を満たしていない病気については「疾患か否かを留保する」という姿勢が採られるようになり，診断名としても「○○障害」という名称が用いられることが多くなっています。

(3) 精神障害の定義

　精神障害（mental disorder）とは，精神活動が何らかの原因によって正常に機能することを妨げられた事態を指す用語です。以前は，主に精神病を意味していましたが，現在では精神病的状態と，非精神病的状態であっても平均からある程度偏った精神状態のどちらの場合も精神障害に含まれています。実際には，本人の精神的な自覚的苦痛があるか，社会生活上の行動に問題があるか，あるいはこれら両者が存在する場合に，精神障害の存在が疑われ，精神科医による診察によって診断が決定されます。実際の診断に当たっては，世界保健機関（World Health Organization：WHO）が策定し，我が国の厚生労働省が疾病分類に採用しているICD－10（International Classification of Diseases 10th version）と米国精神医学会（American Psychiatric Association：APA）が作成しているDSM－5（Diagnostic and Statistical Manual of Mental Disorders, Fifth Edition）という2つの国際的診断基準が広く使われています。

　ICD－10では，精神障害とは，「臨床的に認知される一連の症状や行動でたいていの場合苦痛や個人的機能の障害を伴う」ものとされています。なお，「個人的機能の障害を伴わない単なる社会的逸脱や葛藤それ自体は精神障害に含まれない」と定義されています。

　DSM－5では，「精神疾患とは，精神機能の基盤となる心理学的，生物学的，または発達過程の機能障害によってもたらされた，個人の認知，情動制御，または行動における臨床的に意味のある障害によって特徴づけられる症候群である。精神疾患は通常，社会的，職業的，

第1章　成年後見制度の利用者に多い精神障害

または他の重要な活動における著しい苦痛または機能低下と関連する。よくあるストレス因や喪失，例えば，愛する者との死別に対する予測可能な，もしくは文化的に許容された反応は精神疾患ではない。社会的に逸脱した行動（例：政治的，宗教的，性的に）や，主として個人と社会との間の葛藤も，上記のようにその逸脱や葛藤が個人の機能障害の結果でなければ精神疾患ではない」と定義されています。

　我が国における精神障害に関する法的定義は，「精神保健及び精神障害者福祉に関する法律」（以下，「精神保健福祉法」といいます。）のなかにあります。精神保健福祉法5条は，「この法律で「精神障害者」とは，統合失調症，精神作用物質による急性中毒又はその依存症，知的障害，精神病質その他の精神疾患を有する者をいう。」と定義しています。つまり，精神障害者とは「精神疾患を有する者」のことを意味しています。ここに掲げられているそれぞれの精神疾患の定義については，法文には明示されていませんが，厚生労働省の公式解釈によれば（精神保健福祉研究会監修『四訂精神保健福祉法詳解』（中央法規出版，2016）67頁），「精神疾患」とは，「精神上，心理上及び行動上の異常や機能障害によって，生活を送る上での能力が相当程度影響を受けている状態を包括的に表す用語として，医学上定着している言葉」であり，「精神疾患に該当するかどうかの実際の判断は，思考，現実認識，意思疎通，記憶，感情表出，問題対処等の機能が損なわれていることによって行われる」，「『精神疾患』の範疇に入る具体的な個々の疾患名は，国際疾病分類において詳細に分類されており，国際疾病分類上の該当項目（精神障害の章）全体が『精神疾患』の範囲である」とされています。つまり，ICD-10の第5章精神及び行動の障害（F00-F99）に掲げられている精神疾患を有する者が精神障害者ということになります。

3 　精神障害の分類と診断基準

　　精神障害を分類することは精神医学の体系を作ることといえます。精神障害に罹患している人は古代から文明・文化を問わずに存在していましたし，そういう人々に対するケアや治療に関する処遇制度は古代からありました。しかし，現代の精神医学の基盤をなす近代精神医学は，フランスのピネル（Philippe Pinel）やエスキロル（Jean Etienne Dominique Esquirol）によって始められたと考えられています。その頃から精神障害の分類を作成することは，精神医学における基本的かつ重要な課題でした。

(1)　状態像診断

　　患者の示している症状だけを用いて診断を行う方法を状態像診断と呼びます。この方法では，症状のみに注目して，一種の症候群を作り，それを「○○状態」と診断します。例えば，抑うつ気分，精神運動静止，希死念慮，不眠などの症状がみられる場合に，抑うつ状態と診断します。幻覚や妄想がみられ，それに伴って興奮がみられる場合に，幻覚妄想状態と診断します。

　　状態像診断は，症状のみから診断され，症状の原因となる病気を特定しません。一種の暫定診断ともいえますが，当面の治療方針の策定や正確な病名診断のための初期診断としても利用することができます。

(2)　伝統的診断――原因による分類

　　精神医学が学問として確立していく過程では，まずは，精神障害の原因を想定した分類の体系が作成されました。現代の精神医学の基礎となる診断体系を策定したドイツのクレペリンは，精神障害を，身体

に原因のあるもの（身体因）と心に原因のあるもの（心因）の2つに分け、さらに身体に原因のあるものについては、身体の外に原因のあるもの（外因）と身体の中に原因のあるもの（内因）の2つに分けて考えることを提唱しました（【表1−1】）。

【表1−1：伝統的診断による分類】

- 心因（心理的ストレス）
  ―神経症、適応障害
- 身体因
  - 外因性（身体的外因）
    ―（脳）器質性精神障害
    ―症状性精神障害
    ―中毒性精神障害
  - 内因性（素因）
    ―統合失調症、双極性障害

　心因性精神障害とは、性格や環境からのストレスなど心理的原因によって生じる精神障害のことをいいます。神経症や適応障害などが含まれます。

　外因性精神障害とは、頭部外傷、感染症、中毒などのように外部から脳に直接影響を及ぼす身体の病気によって起こる精神障害のことです。外因性精神障害には、中枢神経系そのものに病変が生じて精神症状を呈する（脳）器質性精神障害、中枢神経系以外の身体の病気の影響が脳に波及したために精神症状を呈する症状性精神障害、中枢神経系に対する作用をもった物質が外部から身体内部に入って精神症状を呈する中毒性精神障害に分けられています。

　内因とは、明らかな外的要因なしに発病し、遺伝素因が関係することが多く、神経病理学的な検索などで脳に明らかな器質病変が見出されない精神障害の原因として、内的・素質的な原因として想定された

ものです。内因という用語には，今のところはその本態が明らかではないが，科学の進歩により，いずれは身体的基盤が発見され，その本態が明らかになるであろうという期待が込められていました。内因性精神障害には，統合失調症，双極性障害（躁うつ病）等が含まれています。

(3) 伝統的診断の問題点

　伝統的診断による分類は，論理的には明解であり，我が国でも長年にわたって用いられてきました。しかし，心理的ストレスや頭部外傷を受けた人が全て精神障害になるわけではありません。こうした差異が生じる背景には内因性精神障害に想定されているような素因の存在があるのではないかという疑問が生じます。実際，1990年代以降に発表された集団遺伝学の研究により心因性精神障害にも遺伝性があることが明らかになりました。また，内因性精神障害の発症に心理的ストレスが関与していることも明らかになってきました。1960年頃から，統合失調症や双極性障害に効果のある薬剤が開発されましたが，心因性精神障害の代表である神経症のなかでも不安神経症や強迫神経症などに対しては特異的に効果のある薬剤が開発されました。これらの薬剤が効果を上げる仕組みについてはまだ明らかでない点もありますが，いずれも脳内の神経伝達物質のバランスに影響を与えることによって効果を上げていることは確実です。つまり，精神障害を病因に基づいて，外因性，内因性，心因性の３つに分けるという伝統的な診断分類には妥当性がないことが明らかになりました。

(4) 操作的診断基準

　伝統的診断では，診断基準は明示されておらず，診断する医師ごとに診断の結果がしばしば異なることもありました。教科書では，「疾患Xの特徴的症状は，A，B，Cで，時にDがみられることもある」

というような記載がなされていました。しかし、こうした記載では、BとDがみられる患者をどのように診断するのが適切であるかがはっきりしませんし、診断する医師によって判断に差異が生じる可能性があります。そこで、診断の一致率を高めることを目的として、症状と経過に関する統計的データに基づく「操作的診断基準」が作成されるようになりました。操作的診断基準では、判定者の主観を可能な限り排除できるように、精神障害ごとに、明確に記載された複数項目の診断基準を定め、患者の症状が何項目以上該当するかを確認し、その結果に基づいて診断を下します。例えば、「疾患Ｘの診断を下すためには必ずＡがなくてはならず、Ｂ、Ｃ、Ｄ、Ｅのうちの２つ以上がなくてはならない」というように診断基準が定められます。操作的診断基準では、伝統的診断とは異なり、病因は考慮されず、もっぱら患者の臨床経過に関する膨大な統計データに基づいて診断の枠組みが定められています。

我が国の精神科臨床でも広く使用されている、世界保健機関（WHO）によるICD-10と、米国精神医学会（APA）によるDSM-5とは、いずれも操作的診断基準です。参考として、【表１－２】にICD-10による精神障害の分類の概要を、【表１－３】にDSM-5による精神障害の分類の概要を示します。

【表１－２：国際疾病分類第10版（ICD-10）の概要】

- F0 症状性を含む器質性精神障害（F00-F09）
- F1 精神作用物質使用による精神及び行動の障害（F10-F19）
- F2 統合失調症，統合失調症型障害及び妄想性障害（F20-F29）
- F3 気分［感情］障害（F30-F39）
- F4 神経症性障害，ストレス関連障害及び身体表現性障害（F40-F48）
- F5 生理的障害及び身体的要因に関連した行動症候群（F50-F59）
- F6 成人のパーソナリティ及び行動の障害（F60-F69）

- F7 知的障害〈精神遅滞〉(F70-F79)
- F8 心理的発達の障害 (F80-F89)
- F9 小児〈児童〉期及び青年期に通常発症する行動及び情緒の障害 (F90-F98)

【表1-3:DSM-5の概要】

- 神経発達症群／神経発達障害群
- 統合失調症スペクトラム障害および他の精神病性障害群
- 双極性障害および関連障害群
- 抑うつ障害群
- 不安症群／不安障害群
- 強迫症および関連症群／強迫性障害および関連障害群
- 心的外傷およびストレス因関連障害群
- 解離症群／解離性障害群
- 身体症状症および関連症群
- 食行動障害および摂食障害群
- 排泄症群
- 睡眠─覚醒障害群
- 性機能不全群
- 性別違和
- 秩序破壊的・衝動制御・素行症群
- 物質関連障害および嗜癖性障害群
- 神経認知障害群
- パーソナリティ障害群
- パラフィリア障害群
- 他の精神疾患群
- 医薬品誘発性運動症群および他の医薬品有害作用
- 臨床的関与の対象となることのある他の状態

　ICDは世界中で，文化的にも経済的にも異なる国々で使用することを考慮して作成されていますので，やや折衷的な側面があります。一方，DSMは米国での使用を目的としているため，米国における精神医学のやや特殊な歴史や精神科医療の特殊な状況を反映しているところがあります。しかし，両者の間ですり合わせが行われているので，一部を除き，両者の間に大きな差異はありません。

コラム①　進行麻痺と疾患単位

　疾患単位とは，身体疾患と同様に精神疾患においても，同一の原因，同一の症状，同一の経過・予後，同一の病理解剖学的所見を持つものを1つの疾患単位とする考え方です。精神疾患における疾患単位の考え方は，カールバウム（Kahl Ludwig Kahlbaum）が提唱し，クレペリン（Emile Kraepelin）によって確立されました。クレペリンが疾患単位の考え方を確立するきっかけとなったのは，進行麻痺という精神疾患でした。

　進行麻痺（麻痺性痴呆ともいいます。）は，今ではほとんど忘れられていますが，19世紀に爆発的に増加し，わずか数十年前までは全世界で猛威を振るっていた病気でした。1910年代のドイツでは精神病院の入院患者の10～20％を進行麻痺の患者が占めていたといいます。主として中年の男性がかかる病気で，認知症の症状を示すとともに手足が痙攣し，体が麻痺していき，ついには人格が完全に崩壊して死亡する病気で，放置すると発症してから約3年で死に至る恐ろしい病気でした。最初は，まったく原因不明の謎の病気でしたが，19世紀半ばになると，患者にはある共通点があることがわかってきました。患者はみな10～20年前に梅毒にかかったことがあったのです。実は進行麻痺の正体は，長い年月，体内に潜伏していた梅毒スピロヘータが脳を侵して発症する慢性脳炎でした。ちなみに，1913年に進行麻痺の患者の髄液を培養して梅毒スピロヘータを確認したのは，野口英世です。

　クレペリンは，進行麻痺が，梅毒という病因，認知症を中心とする特徴的精神・神経症状，放置すると進行性の経過をとり，予後が

不良であること，神経病理学的に特徴的な慢性炎症・変性病変がみられることなど，上記の条件を満たすことから，これを精神医学における疾患単位のモデルとみなしました。

統合失調症や気分障害などのいわゆる内因性精神疾患は，同一の精神症状，同一の経過・予後という条件は満たしますが，原因は不明で特定の病理解剖学的所見はありません。その意味では，疾患単位の条件を満たしてはいません。しかし，クレペリン以来，病因や病理解剖学的変化は現在ではまだ不明だが，いずれ医学の進歩により必ず明らかにされるだろうという前提の下に，疾患単位若しくはそれに準ずるものと考えられてきました。

コラム② "Disorder"の訳語

"Disorder"という用語は，一般に「障害」と翻訳されています。2013年にDSM-5が出版され，その翻訳が出版される際に，病名や用語に対して様々な訳語が用いられ混乱が起きることのないように，日本精神神経学会は，「DSM-5 病名・用語翻訳ガイドライン」を作成することとし，精神科用語検討委員会を設置し，さらに，精神科関連15学会・委員会の代表者も加え，日本精神神経学会精神科病名検討連絡会が組織されました。

そこでの議論のなかで，児童青年期の疾患では，病名に障害とつくことは，児童や親に大きな衝撃を与えるため，「障害」を「症」に変えることが提案され，不安症等の疾患についてもおおむね同じような理由から「症」と訳すことが提案されました。その一方で，"Disorder"の訳を「障害」とすると，"Disability"の「障害

(碍)」と混同され，しかも"不可逆的な状態にある"との誤解を生じることもあるので，DSM－5の全病名で，「障害」を「症」に変えた方がよいとする意見もありました。しかし，「症」とすることは過剰診断・過剰治療につながる可能性があるなどの反対の意見もあり，最終的に専門学会の要望の強かった児童青年期の疾患と不安症及びその一部の関連疾患に限り，"Disorder"の訳を「症」に変えることになりました。

コラム③　アメリカ―イギリス診断研究

　アメリカとイギリスとの間で入院患者の統計に大きな差があり，アメリカでは統合失調症と診断される患者が多く，イギリスでは躁うつ病と診断される患者が多いことが知られていました。1970年前後に，こうした差異が本当の差異なのか，それとも診断に関する習慣の差異なのかを明らかにするために，ニューヨークとロンドンで250人の入院患者のそれぞれの診断を米英共通に定めた診断と比較する研究が行われました。結果として，アメリカの精神科医の診断では，統合失調症の範囲が非常に広いことが明らかになりました。アメリカのように全てを含む統合失調症概念は疾患概念として有用ではないこと，共通の診断基準を設けて診断の信頼性を高める必要があることが国際的に認識されるようになり，操作的診断基準策定のきっかけになりました。

Ⅱ　認知症

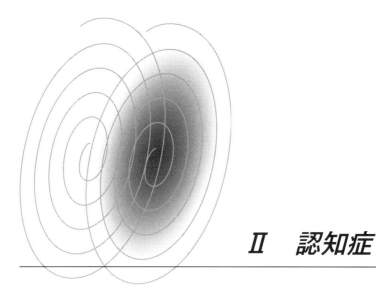

Ⅱ　認知症

アルツハイマー病の事例：Aさん（85歳，男性）

　Aさんは，大学農学部卒業後，農業をしていました。8年前に，車を運転していたAさんは，中央分離帯に乗り上げる自損事故を起こしました。タイヤはパンクし，Aさんも手にけがをしましたが，Aさんは，パンクしたまま車を運転し，血を流しながら家に帰ってきました。しかし，Aさんの家族は，特にもの忘れなどの症状があるとは思いませんでした。6年前に奥さんが亡くなった頃から，家族もAさんに徐々にもの忘れの症状が出てきたことに気が付くようになりました。よく知っているはずの親戚の家に出かけたのに道に迷ってなかなか帰ってこられなかったり，家や金庫の鍵など大切なものを無くしてしまったりするようになりました。それでも，4年

21

前までは自動車の運転をし，2年前までは農作業を続けていました。
　長男夫婦が同居していたこともあり，用意された食事を自分で食べることはでき，ボタンのないジャージなどであれば用意されれば，自分で着替えることができるなど，家での日常生活には大きな支障はみられませんでした。高血圧と糖尿病のために通院中であった内科医院で，改訂版長谷川式簡易知能評価スケール（HDS-R）を施行したところ，30点満点中9点と認知機能の低下を指摘され，認知症の専門医の診察を受けました。診察では，自分の住所や戦争中のことなど，以前の生活に関する記憶は保たれていましたが，朝ごはんに何を食べたのかは答えられません。また，曖昧な記憶のつじつまを合せようと事実とは異なることを言うこともありました。今日が何月何日かは答えられず，100引く7の計算もできませんでした。アルツハイマー病と診断されましたが，そのことを聞いて，これまでのAさんの生活を振り返った家族は，8年前の自動車事故のエピソードの頃には，既にAさんには認知症の症状が出ていたのだなと思いました。

レビー小体型認知症の事例：Bさん（80歳，男性）
　Bさんは，大学卒業後，事務職員として働き，定年後も嘱託として75歳まで働きました。4年前から，夜間，寝ているときに，夢にうなされて大声をあげたり，壁を蹴ったりすることがあることに一緒に寝ている奥さんが気付きました。この頃から好きだった碁会所にも行きたがらず，行っても楽しくないというようになりました。2年前から新しいことが覚えられない，人や物の名前がなかな

か出てこない，物を置き忘れるなど，もの忘れの症状が出てきました。近所の医師の診察を受け，頭部 MRI で大脳の委縮が認められたため，アルツハイマー病の疑いと診断されました。1年前から，計算が苦手となり，字を書くときに手が震え，身体の動きもゆっくりして，のろくなりました。この頃から，「部屋に小さな蛇がいる」「家の中に知らない男がいる」などと訴えるようになりました。日によって普通にみえるときと，混乱してぼんやりしているときとがみられました。抗精神病薬の投与を受けましたが，歩くのが小刻みになったり，ものを飲み込んだりすることがうまくできなくなったために，抗精神病薬は中止となりました。認知症の専門医の診察を受け，レビー小体型認知症と診断されました。

前頭側頭型認知症の事例：Cさん（55歳，男性）

　Cさんは，大学卒業後，市役所に就職しました。仕事一筋の真面目な勤務態度で，職場でもアイデアマンとして知られていました。2年前に課長に昇進した頃から，Cさんは，毎日のようにトイレットペーパーを買ってくるようになりました。タンスや納戸からは，新品のネクタイやビジネスシューズがたくさん出てきて，「同じようなものばかり，こんなにたくさん買ってどうするの」と奥さんと口論になったこともありました。運転中に，突然，車を止めたかと思うと，「眠い」と言って寝てしまったり，赤信号に気付かずに，交差点を通り過ぎたり，大事には至らなかったものの，ひやりとする場面もありました。仕事はきちんとできており，家族は「ストレス解消なのかもしれないから，そっとしておこう」と考えていました。

ある日，Cさんは，近所のスーパーマーケットに行きました。トイレットペーパーを購入した後，戻ってカップめんとチョコレートを店外に持ち出し，万引きの疑いで逮捕されました。Cさん自身は，お金を払わずに商品を持ち出した覚えがなく，お店の人にも通報で駆け付けた警察官にも，「盗んでない。これは冤罪だ。自分は陥れられたのではないか」と繰り返し答えていました。レシートはなく，「再び店内に戻って別の商品を盗むやり方は，よくある手口で悪質だ」と警察官もお店の人も思いました。翌日，Cさんと連絡がつかないことを心配した家族が捜索願を出そうと警察署に行き，Cさんが万引き事件のために，警察署に勾留されていたことを知りました。保釈されたあとに，家族が事件の時のことを尋ねても，その度にCさんの答えは変わり，話がかみ合いません。留置場で過ごした夜のことを，笑いながら「みんなやさしくて，ゆっくり寝られた」と言い，心配していた家族を驚かせました。深刻な状況なのに，ひとごとのように朗らかな言動に違和感を抱いた家族が大学病院を受診させ，初期の前頭側頭型認知症と診断されました。

血管性認知症の事例：Dさん（88歳，女性）

　Dさんは，高校卒業後，織物会社に勤務しました。25歳で結婚した後は，専業主婦として生活していました。30年前に高血圧症と診断され，以後，降圧剤の処方を受けていました。2年前に，胆石と胆のう炎のために入院し，1年前に胆のう摘出の手術を受けましたが，これまで脳梗塞など脳卒中のエピソードはありませんでした。次女の家族と同居しており，同居する次女の介助を受けていましたが，食事や排せつは自立していました。最近，手が震えたり，

歩行がおぼつかなくなり，神経内科を受診したところ，パーキンソニズムと診断されました。その際に撮影した頭部 MRI では，多発性脳梗塞と大脳萎縮が認められていましたが，神経内科の医師からは，認知症とは診断できないといわれていました。

　MRI を撮影した翌日，Dさんは自宅で転倒し，救急車で整形外科を受診し，右大腿骨骨折が判明し，手術を受けました。骨折で入院した直後から，Dさんは，夜間を中心に不眠・不穏となりました。看護師を頻ぱんに呼んで，「男の人がいる，いつものところに連れて行って，どうしてこんなところにいなくちゃいけないの」，「私はどうしてここにいるの……？」などと興奮気味に語りました。睡眠薬が投与され，3週間ほどで，夜はきちんと眠れるようになり，こうした不穏は収まりました。しかし，収まったあとでも，Dさんは，自分が病院にいることが理解できず，看護師が説明したこともすぐ忘れてしまいます。認知症の専門医の診察の結果，Dさんは血管性認知症の一種である多発梗塞性認知症に罹患しており，夜間の不穏状態はせん妄によるものと診断されました。

1　認知症とはどのような病気か

　平成 28（2016）年版高齢社会白書によれば，2015 年 10 月 1 日現在，我が国の 65 歳以上の高齢者人口は，過去最高の 3,392 万人となり，高齢化率は 26.7％となっています。また，高齢者人口のうち，「65 〜 74 歳人口」は 1,752 万人で総人口に占める割合は 13.8％，「75 歳以上人口」は 1,641 万人で総人口に占める割合は 12.9％となっています。現在の我が国は，4 人に 1 人が高齢者，8 人に 1 人が 75 歳以

第1章　成年後見制度の利用者に多い精神障害

上という「本格的な高齢社会」になっています。

　加齢は，認知症の最大のリスク因子であり，高齢社会の進展に伴い，認知症に罹患している人の数も増加しています。最近の疫学調査（朝田隆「都市部における認知症有病率と認知症の生活機能障害への対応」（平成23年度〜平成24年度）総合研究報告書）によれば，我が国の65歳以上の高齢者の平成22（2010）年時点での認知症の全国有病率は15（12〜17）％，全国の認知症有病者数は約439（350〜497）万人と推計されています。また，認知症とまでは診断できないが，近い将来，認知症になるリスクが高いと考えられている軽度認知障害（Mild Cognitive Impairment：MCI）の全国有病率は13（10〜16）％，全国の軽度認知障害有病者数は約380（292〜468）万人と推計されています。また，最近の厚生労働省による推計によれば，認知症に罹患する人は，2025年には約700万人に及び65歳以上の高齢者の約5人に1人は認知症高齢者で占められると予測されています。

　成年後見関係事件の統計をみても，65歳以上の高齢者が男性の約67.9％，女性の約86.4％を占め，男女共に80歳以上の者が最も多くを占めています（男性約34.2％，女性約63.3％）。これらの対象者の精神医学的診断については明らかではありませんが，高齢者の4人に1人は認知症ないしはその前段階に当たるMCIに罹患しているという事実も考慮すれば，成年後見制度の利用者の多くは，認知症に罹患している人で占められていると考えられます。

(1) 脳の老化と記憶力の低下

　「久しぶりに会った人のことが思い出せない」，あるいは，「若い頃には一度で覚えられたことが，最近では何度も繰り返さないと覚えられない」……こうした記憶力の低下を意識させられることは，ある程度の年齢以上の人であれば誰もが経験することでしょう。

老化に伴い，身体機能が低下するのと同様に，脳もまた老化し，その機能が低下します。脳の老化には，脳実質（脳を構成している細胞そのもの）の老化と脳血管の老化とがあります。脳血管の老化の代表は動脈硬化であり，これは一般の動脈硬化と同じものです。脳実質の老化では，神経細胞の萎縮・脱落や老人斑の出現などの変化が現れ，脳は萎縮します。脳萎縮を反映する脳重量は20歳代にピークとなり，以後は徐々に減少します。脳重量の減少率は，50歳代頃から次第に明らかとなり，70〜80歳代頃に最も高くなります。

　年齢を重ねることによる記憶力の低下は，脳の老化による脳神経細胞の減少の影響によって起こるものであり，誰にでも起こる「もの忘れ」です。

(2) 認知症による「もの忘れ」と老化による「もの忘れ」の違い

　認知症による「もの忘れ」も最初のうちは，老化による「もの忘れ」と区別がつかないことが多いようです。しかし，老化による「もの忘れ」はあまり進行しないのに対して，認知症による「もの忘れ」は次第に進行し重症化していきます。【表2−1】に認知症による「もの忘れ」と老化による「もの忘れ」との違いをまとめました。両者の大きな違いは，老化による「もの忘れ」では，ある体験に関する記憶の一部だけを忘れているのに対して，認知症による「もの忘れ」の場合は，ある体験に関する記憶の全てを忘れてしまうことです。例えばその日の朝食について，朝食を摂ったことは覚えているが，朝食で何を食べたかが思い出せないのは，老化による「もの忘れ」であり，朝食を摂ったこと自体を思い出せないのが，認知症による「もの忘れ」です。

【表2－1：認知症と老化による「もの忘れ」の相違点】

	認知症によるもの忘れ	老化によるもの忘れ
診断区分	病気	病気ではない
程度	進行することが多い	半年～1年では変化しない
特徴	もの忘れ以外に時間や判断が不確かになる	記憶障害のみ
	体験全体を忘れる	体験の一部分を忘れる
	物盗られ妄想などの精神症状を伴うこともある	他の精神症状は伴わない
自覚の有無	しばしば自覚していない	自覚がある

(3) 「認知症」の定義

　医学的には，「認知症」とは，ほぼ正常に発達してから後に起こる，病的かつ慢性的に認知機能の低下した状態であり，本人の日常生活の機能が著しく低下し，普通の社会生活がおくれなくなった状態と定義することができます。

　認知症とは，記憶と判断力の障害を基本とする「症候群」に該当する病気です。認知症による記憶の障害とは，新しいことを覚えることができないことと，以前に覚えたことを思い出せないことになります。また，認知症による判断力の障害とは，うまく話せなくなること（失語），簡単な所作がうまくできなくなること（失行），周りの状況をうまく認識できなくなること（失認），や計画を立てて行動することがうまくできなくなること（実行機能の障害）など，現実に即した適切な行動ができないことを指します。

　認知症は，けが（外傷），細菌やウイルスによる感染，体の中の電解質やビタミン，糖などの代謝の異常，ホルモンの分泌の異常，アル

コールや薬，有害物質などの中毒，脳卒中などの脳血管性の病気，脳細胞が脱落し脳が萎縮する神経変性疾患などが原因となって，大脳の皮質・白質・基底核の障害が一定レベルを超えて広範になると発症します。

　参考として，DSM－5の認知症の診断基準を【表2－2】に示しました。うつ病や統合失調症のような精神疾患がなく，また，せん妄などのような意識障害のない状態で，認知機能の障害があり，そのために日常生活に支障が出ている場合に，認知症と診断されることになります。従来の診断基準では，認知症の診断に当たっては，記憶障害の存在が必須とされていましたが，最新の診断基準であるDSM－5では，記憶障害の存在は必須の要件ではなくなりました。また，アルツハイマー病をはじめとして，様々な種類の認知症の診断に当たりバイオマーカー（生物学的指標）の意義が強調されるようになりました。こうした変更は，認知症に関する生物学的な研究の進歩を反映させたものといえます。

【表2－2：認知症の診断基準（DSM－5）】

A.	1つ以上の認知領域（複雑性注意，実行機能，学習および記憶，言語，知覚―運動，社会的認知）において，以前の行為水準から有意な認知の低下があるという証拠が以下に基づいている：	
	(1)	本人，本人をよく知る情報提供者，または臨床家による，有意な認知機能の低下があったという懸念，および
	(2)	標準化された神経心理学的検査によって，それがなければ他の定量化された臨床的評価によって記録された，実質的な認知行為の障害
B.	毎日の活動において，認知欠損が自立を阻害する（すなわち，最低限，請求書を支払う，内服薬を管理するなどの，複雑な手段的日常生活動作に援助を必要とする）。	

C.	その認知欠損は，せん妄の状況でのみ起こるものではない。
D.	その認知欠損は，他の精神疾患によってうまく説明されない（例：うつ病，統合失調症）。

出典：日本精神神経学会日本語版用語監修，髙橋三郎・大野裕監訳『DSM-5　精神疾患の診断・統計マニュアル』（医学書院，2014）594頁

　なお，DSM-5では病名として，従来のdementiaという用語に代えmajor neurocognitive disorderという用語が用いられるようになりました。neurocognitive disorderの日本語訳は，神経認知障害になりますが，major neurocognitive disorderの訳語としては，引き続き，認知症（正確には「認知症（DSM-5）」と表記します。）という用語が使用されています。

(4)　軽度認知障害（MCI）

　近年，アルツハイマー病などの認知症の前駆状態を軽度認知障害（mild cognitive impairment：MCI）と呼ぶようになりました。こうした前駆状態が注目されるようになったのは，アルツハイマー病発病の機序としてアミロイドβ蛋白やタウ蛋白の関与などが明らかになり，バイオマーカーなどを使用した早期診断の重要性が高まってきたことがあります。

　MCIとは，主観的なもの忘れの訴えがあり，年齢に比して記憶力が低下しているが，日常生活動作や全般的な認知機能は正常で，認知症とまでは認められない状態を指します。疫学調査によれば，地域に住む一見健常な65歳以上の高齢者の約5％程度が，MCIと診断され，追跡調査の結果では，1年に10～15％が，4年で約半数がアルツハイマー病などの認知症へと進行するとされています。軽度認知障害は，DSM-Ⅳ-TRやICD-10など従来の操作的診断基準には含

まれていませんでしたが，DSM−5で初めて診断基準に記載され精神疾患として取り扱われることになりました。

　DSM−5の軽度認知障害の診断基準を【表2−3】に示しました。【表2−2】と【表2−3】とを比べてみればわかるように，認知症と軽度認知障害の違いは，基準Bの相違です。請求書の支払，内服薬の管理などの複雑な手段的な日常生活動作に援助が必要な場合には「認知症」と診断され，これらについて自立が保たれている場合には「軽度認知障害」と診断されることになります。つまり，DSM−5では，認知症と軽度認知障害とは，1つの連続体（スペクトラム）をなす病気と考えられており，両者の相違は，認知機能の障害の程度と，それが日常生活に与えている影響の程度の相違ということができます。

【表2−3：軽度認知障害の診断基準（DSM−5）】

A.	1つ以上の認知領域（複雑性注意，実行機能，学習および記憶，言語，知覚—運動，社会的認知）において，以前の行為水準から軽度の認知の低下があるという証拠が以下に基づいている。	
	(1)	本人，本人をよく知る情報提供者，または臨床家による，軽度の認知機能の低下があったという懸念，および
	(2)	標準化された神経心理学的検査によって，それがなければ他の定量化された臨床的評価によって実証された認知行為の軽度の障害
B.	毎日の活動において，認知欠損が自立を阻害しない（すなわち，請求書を支払う，内服薬を管理するなどの複雑な手段的日常生活動作は保たれるが，以前より大きな努力，代償的方略，または工夫が必要であるかもしれない）。	
C.	その認知欠損は，せん妄の状況でのみ起こるものではない。	
D.	その認知欠損は，他の精神疾患によってうまく説明されない（例：うつ	

第1章　成年後見制度の利用者に多い精神障害

病，統合失調症）。

出典：日本精神神経学会日本語版用語監修，髙橋三郎・大野裕監訳『DSM－5　精神疾患の診断・統計マニュアル』（医学書院，2014）596頁

　なお，DSM－5では，「認知症」を表す病名として，dementiaという用語に代え major neurocognitive disorder という用語が使用されるようになったことに伴い，従来の mild cognitive impairment という用語に代わって，mild neurocognitive disorder という用語が使用されています。しかし，mild neurocognitive disorder の日本語訳には軽度認知障害（正確には「軽度認知障害（DSM－5）」と表記します。）という用語が引き続き使用されています。

(5)　認知症の分類

　認知症には種々の分類方法があり，ICD－10 と DSM－5 という，我が国の精神科臨床でよく用いられる2つの国際的診断基準の間でも，認知症の分類基準は異なっています。しかし，実際の臨床における鑑別診断の流れなどを考えると，認知症の原因や治療に対する反応性によって一次性と二次性の認知症とに区分して考えるのが現実的です。

　一次性認知症とは，脳神経細胞の脱落などの結果，脳が病的に萎縮して起こる認知症のことです。いろいろな研究が進められていますが，現在でも，その原因は明らかではありません。認知症の進行を遅らせる治療はありますが，残念ながら認知症の症状そのものを改善する治療法はありません。一次性認知症には，脳梗塞，脳出血などの脳血管性障害による血管性認知症と神経変性疾患（ある特定の神経細胞群が徐々に障害を受け脱落してしまう病気）によるアルツハイマー病（アルツハイマー型認知症），レビー小体型認知症，前頭側頭型認知症

（ピック病）などがあります。一般にいわれる認知症は，一次性認知症を指すことが多いようです。

これに対して，二次性認知症とは，原因と対処法がある程度明らかにされている疾患を原因として起こる認知症のことです。二次性認知症の原因となる疾患を【表2−4】に示しました。

【表2−4：二次性認知症の原因】

1．頭蓋内腫瘍
原発性腫瘍，転移性腫瘍，髄膜癌腫
2．無酸素脳症
蘇生後脳症，一酸化炭素中毒
3．正常圧水頭症
特発性，症候性
4．頭部外傷
脳挫傷後，硬膜外出血，硬膜下出血
5．感染症
進行麻痺，脳膿瘍，亜急性・慢性髄膜炎，ウイルス脳炎後，HIV感染，クロイツフェルト・ヤコブ病，その他の脳炎
6．内分泌異常
下垂体機能低下症，甲状腺機能低下症，副腎皮質機能低下症，副甲状腺機能低下症，副甲状腺機能亢進症，クッシング症候群など
7．代謝異常
電解質異常，反復性低血糖，ウィルソン病，ビタミンB群欠乏症など
8．中毒性
慢性アルコール中毒，一酸化炭素中毒，金属中毒（水銀，鉛，マンガンなど），有機化合物中毒（リン，トルエンなど），抗がん薬，その他の薬物中毒など

9．臓器不全・全身性疾患
肝不全，腎不全，心肺不全など

出典：武田雅俊編『現代　老年精神医療』（永井書店，2005）571頁

　例えば，内分泌異常に分類される甲状腺機能低下症は，何らかの理由（ちなみに一番多い原因は，「橋本甲状腺炎（橋本病）」と呼ばれる自己免疫疾患です。なお，自己免疫疾患とは，本来は細菌・ウイルスや腫瘍などの自己と異なる異物を認識し排除するための役割を持つ免疫系が，自分自身の正常な細胞や組織に対してまで過剰に反応し攻撃を加えてしまうことよって症状を来す疾患のことです。）によって甲状腺の働きが低下し，甲状腺ホルモンの産出が不十分な状態になった場合に起こる病気で，生命活動全体が低下してしまう病気です。甲状腺機能低下症は，様々な症状を呈しますが，精神症状としては，抑うつ状態を引き起こし，重症化すると認知症と同様の症状（仮性認知症と呼ばれます。）を呈することもあります。しかし，甲状腺機能低下症は甲状腺ホルモン製剤を経口投与（補充）することによって改善することができ，それに伴って身体症状・精神症状共に大きく改善し，仮性認知症や抑うつ症状も改善します。また，正常圧水頭症は，脳や脊髄を流れる髄液と呼ばれる水が，脳の中に溜まり，周りの脳を圧迫する病気で，認知症を引き起こすことがあります。しかし，脳外科の手術を行って髄液が溜まらないようにすると，認知症の症状は改善します。

　つまり，二次性認知症は，適切な診断と治療によって，治療可能，改善可能な認知症であり，人によっては治療によって発症以前と同様の状態に戻る人もいます。したがって，二次性認知症を一次性認知症と鑑別し，その原因を正確に診断することは臨床上極めて重要なこと

といえます。後見開始等の審判申立てや鑑定においても，二次性認知症の鑑別診断は重要であり，判断能力の評価は，二次性認知症の原因疾患の治療を可能な限り行った上で行うべきといえましょう。

2 認知症の臨床症状

認知症の臨床症状は，中核症状と呼ばれる認知機能障害と中核症状によって引き起こされる周辺症状と呼ばれる非認知機能障害とに大別されます。

中核症状とは，認知機能障害のことであり，認知症そのものの症状であり，程度の差はあっても，全ての認知症の人に必ず起こる症状です。記憶の障害，見当識の障害，判断力・理解力の障害，実行機能の障害などがあります。また，失語，失行，失認などの症状がみられます。

これに対して，周辺症状は，中核症状によって引き起こされる症状であり，非認知機能障害です。幻覚・妄想，せん妄，性格変化などの精神症状と，徘徊，過食，拒食，異食，失禁，弄便などの問題行動に分けられます。周辺症状は，人によって差があり，周囲の環境要因と関連していることもしばしばあります。

(1) 中核症状

ア 記憶障害

本人や家族が最初に気が付く認知症の症状は，「もの忘れ」，すなわち記憶障害であることが多いようです。認知症の記憶障害の特徴は，「生年月日は覚えているが，自分の年齢は答えられない」，「自分が生まれた場所は覚えているのに，最近引っ越した現住所は答えられない」というように，過去の古い記憶（遠隔記憶）は保たれて

いますが，最近の記憶（近時記憶）が障害されていることであり，その結果，新しいことを覚えることが苦手になります。

　また，同じ記憶でも，自分が実際に経験した出来事に関する記憶（エピソード記憶）や単語・概念・記号などの一般知識に関する記憶（意味記憶）に比べて，運転・水泳・楽器演奏など技能や操作に関する記憶（手続き記憶）は比較的よく保たれることが多いようです。

イ　見当識障害

　見当識とは，時間や場所や人物に対する正しい認識のことです。見当識が障害されると，「今がいつで，ここはどこで，あの人は誰か」ということがわからなくなります。認知症の見当識障害は，時間，場所，人の順に出現することが多いとされています。最初は，時間，特に日付に関する見当識が障害されます。次いで場所に関する見当識が障害され，慣れない場所で迷うようになります。さらに認知症が進行すると，今が1月なのに8月と答えたり，夏なのに冬と答えたりするように，月や季節なども間違えるようになります。また，自分が今いる場所がどこであるか，何のためにそこにいるのかもわからなくなり，病院で診察を受けているのに，自宅にいると答えたりするようになります。さらに進行すると，自分の家の中でも迷ったり，目の前にいる同居家族の顔を見ても家族とはわからず，初めて会った見知らぬ人に対するような挨拶をしたりすることもあります。

ウ　実行機能の障害

　計画を立てる，組織化する，抽象化するなどの能力を実行機能（遂行機能と呼ばれることもあります。）と呼びます。実行機能は，①目標の設定（動機付けと意図を有し，未来に向けて思考し構想す

る),②計画の立案(目標を達成するための方法の構想とその評価を行い,実際に遂行する方法を選択し,行動の手順・枠組みを決定する),③計画の実行(複雑な行動を形成する一連の各行為を順序よく,まとまったかたちで,開始,維持,変換し,また中止する),④効果的な行動遂行(常に目標を意識し,遂行中の行動がどの程度目標に近付いているかを評価する)の4つの能力から構成されていると考えられています。

　認知症では,実行機能の障害により,抽象的な思考力が低下し,推理・類推が困難になります。特に,明日の予定,例え話,「もし○○ならば,××する」といった仮定の話など,目の前の現実ではない事柄について思考することが苦手になります。自分の置かれている状況を正しく認識することができなくなり,寒くても薄着で出かけたり,真夏でもセーターを着ていたりするなどの不適切な行動も生じるようになります。人が目的をもって行動するためには,計画を立て,行動を開始し,計画に沿って順序立てた行動を行い,計画の進捗や周囲の状況に合わせて計画や行動を修正したり中止したりするなどの作業が必要になりますが,こうした作業を行うために必要とされる理解力・判断力も低下し,見通しを持った行動をとることが難しくなります。結果として,買い物,金銭管理,食事の支度など,日常生活にも支障が生じてきます。こうした理解力・判断力の低下の結果,誤解から不適切な態度や感情が生じることもあります。

エ　高次大脳皮質機能障害

　知覚,随意運動,思考,推理,記憶など,脳の高次機能を司る大脳皮質の局所的な障害によって引き起こされる障害を高次大脳皮質機能障害と呼びます。失語,失行,失認の3つがあります。

失語とは，のど，口，舌などの構音器官に異常がないのに，言葉を理解したり，しゃべったりすることがうまくできなくなることをいいます。会話の内容はわかるがうまく流暢にしゃべれないという運動性失語と，聞いた会話の内容が理解できないという感覚性失語とに大別されます。認知症が進行すると，次第にいわれた言葉が理解できなくなり，例えば，「右手を出してください」という簡単な指示に対しても，右手を出さずにキョトンとしたままでいることもあります。

　失行とは，手や足などの運動器官に異常がないのに，一連の動作を行うことがうまくできなくなることをいいます。例えば，着衣失行では，「服を着てください」というと，ズボンの一方に両足を入れたり，ズボンを頭から被ったりするなど，服を上手に着ることができません。認知症が進行すると服を脱ぐことにも支障を来すことがあります。

　失認とは，目，耳などの感覚器官に異常がないのに，目や耳などの五感を働かせて，周りの状況をうまく把握することができなくなることをいいます。視空間失認では，目で見たものの形や位置関係がはっきりと認識できなくなり，よく知っているはずの場所で道に迷ったり，目で見たものが何なのかが理解できなくなったりします。

(2) 周辺症状

　ア　幻覚

　　実際には存在しない対象を存在するかのように知覚する現象を幻覚と呼びます。幻覚は，いわゆる五感，すなわち視覚（幻視），聴覚（幻聴），触覚（幻触），嗅覚（幻嗅），味覚（幻味）のいずれの領域でも起こりえますが，認知症では，幻視が多く，ついで幻聴，

幻嗅の順になります。

人の姿が見えるという内容の幻視が多く，しばしば意識障害を伴うこともあります。「知らない人たちが家の中に勝手に入り込んで，我が物顔に振る舞う」，「そこに子どもたちが来ているじゃないか」などと訴え，恐怖を伴うことも多くみられます。犬や猫，虫が見えるという動物幻視もみられます。幻視はしばしば錯視（いわゆる見間違い）を伴い，部屋の隅にあるものが人の姿に見えることもあります。

イ　妄想

不合理なあるいは実際にはあり得ないことを，根拠が薄弱なのに強く確信し，論理的に説明されても訂正不能なものを妄想と呼びます。認知症では，被害妄想と妄想的誤認症候群が多くみられます。

被害妄想の内容は，主として自分のものを盗まれるという「もの盗られ妄想」が多くみられます。「もの盗られ妄想」では，家族や介護者など身近な人が妄想の対象となることが多いようです。年金証書，預金通帳，指輪など大切なものをしまったものの，認知症による近時記憶障害のために，その場所を忘れてしまいます。そして，見つからないのは身近な者が盗んだせいだと妄想的に解釈することによって生じると考えられています。そのほか，配偶者や子ども，介護者が不誠実で自分をだましていると確信する「不実妄想」や，そのなかでも配偶者が性的に自分を裏切っているとする「嫉妬妄想」も，認知症では頻度が高いようです。隣人，他人が家の中に入り込んでくるという「侵入妄想」や，家族が隣人から迫害を受けていると確信する「家族迫害妄想」も，時に認められます。

妄想的誤認症候群では，人物，場所，状況についての妄想的な誤認を特徴とする症候群です。身辺の親しい人（あるいは介護者）

が，他人と入れ替わっているという「カプグラ（Capgras）妄想」，同じ人物が多数いると確信する「フレゴリ（Frégoli）妄想」，自分の家がもう1つ別にあると確信している「家の誤認症候群」，テレビの中の人物がその部屋の中に実在していると確信する「テレビ誤認症候群」などがみられることがあります。

ウ　せん妄

　　せん妄とは，意識混濁に，錯覚・幻覚，精神運動興奮・不安などが加わった特殊な意識障害です。一見眠そうにみえますが，話しかけに応答することはできます。集中力は低下し，判断も混乱しており，せん妄のときのことは後で思い出せないことが多いようです。しばしば，いるはずのない人や動物が見える幻視や，植木鉢を人と見間違えるなどの錯視が出現し，そのために不安や精神運動興奮が生じます。多くの場合，急激に発症し，症状は可逆的であり適切な治療によって軽快します。1日のうちでも症状の変動が大きいことが特徴です。

　　せん妄のうち，昼間はうとうとし，夜間は不眠となり，幻覚・錯視などの症状が悪化したり，多動となって徘徊したりするような状態は，「夜間せん妄」と呼ばれ，「夕暮れ症候群（認知症において，夕方から夜間にかけて，精神症状の悪化，行動障害の増悪がみられる現象）」の原因となることも少なくありません。

エ　精神症状

　(ア)　不安・依存

　　　　認知症の人であっても，今までできたことができなくなる，今までよりもの忘れがひどくなってきているということを自覚している人は，特に認知症の初期段階では，珍しくありません。こうした自己の能力の低下に反応して，不安や焦燥などの症状が出現

することも多く，時には，こうした不安や焦燥に対する防衛的な反応として妄想が出現することもあります。不安や焦燥のために，逆に依存的な傾向が強まることもあり，1時間でも一人になると落ち着かなくなり，常に家族の後ろをついて回るといった行動を呈することもあります。

(イ)　抑うつ

意欲の低下や，思考の障害（思考が遅くなる）といった，抑うつ症状が出現することがあります。認知症にうつ病が合併する事例もあり，特に血管性認知症ではその頻度は増します。こうした事例では，認知症が実際以上に重篤だとみなされることも多いですが，逆にうつ病が改善すれば，患者の判断能力はある程度改善します。

オ　性格変化

認知症は，罹患している人の認知，行動，感情，意欲などの様々な面に変化を起こします。こうした認知症による変化は，その人の社会的生活や対人関係にも持続的な影響を与えます。周囲の人からみると，こうした認知症による変化は，その人の性格（人柄）が変化したと感じられることになります。こうした性格変化としては，自発性低下，気分変化，病前性格の尖鋭化（例えば，もともと疑い深い人がより疑い深くなるというように，元来の性格傾向が強調される）などがあります。

なお，前頭側頭型認知症では，無気力，無関心，多幸性，脱抑制など特徴的な性格変化がみられます。

カ　問題行動

(ア)　攻撃的行動

攻撃的行動には，たたく，押す，ひっかく，蹴るなどの暴力

（身体的攻撃）と，大声で叫ぶ，ののしる，かんしゃくを起こすなどの暴言（言語的攻撃）とに分けられます。また，自分の髪を引っ張る，傷つけるというような自傷行為もみられることがあります。

攻撃的行動は，特に，行動を注意・制止する時や，着衣や入浴の介助の際に起こることが多いようです。型にはめようとすることで不満が爆発するということが少なくありません。幻覚や妄想から二次的に生じる場合もあります。

攻撃的行動は患者本人の混乱を強め，介護者の負担を増大させますが，適切な対応によって攻撃的行動を減少させることが可能な場合があります。そのためには，こうした行動の発現要因を様々な角度から検討・分析することが重要となります。

(イ) 徘徊

徘徊とは，傍目には何の目的もなく，落ち着きなく過剰に歩き続ける状態をいいます。ゆっくりとした散歩ペースの歩行もありますが，一心不乱に険しい形相で歩き続け，全く制止できない場合もあります。介護者が目を離したすきに単独で外出し，路上でさまよい，時には警察に保護されたりすることもあります。徘徊する場所や時間帯によっては本人の生命に関わるような事態も起こり得ます。徘徊には，見当識障害，記憶障害，認知障害（思考・判断力の障害），感情（気分・常道の障害），不安・緊張感の5つの要因が関与していると考えられています。

(ウ) 食行動の異常

多食（1度に大量の食物を食べる），頻食（絶えず食べている，食べようとする），過食（多食と頻食を一括して行う），盗食（他人の食べ物を盗んで食べる），異食（食品でないものを口にす

る），不食（少量しか口にしない，あるいは食べたり食べなかったりする），拒食（食べまいとする）などがみられることがあります。

　㈤　不潔行為

　　認知症者による不潔行為は，排泄行動に伴う不潔行為と不十分な衛生管理とに大別されます。排泄行動に伴う不潔行為としては，失禁，弄便（便こね），放尿（不適切な場所での排尿）などが挙げられます。不十分な衛生管理としては，不十分な洗面・歯磨，入浴拒否，ごみの収集などがあります。

3　認知症の診察・診断の流れ

　認知症の診察・診断の流れは，精神科における診察・診断の流れと基本的には同じです。ここでは，認知症の診察・診断に特徴的な点を中心に，認知症の診察・診断の流れを述べておきます。

(1)　初診の流れ

　認知症に罹患している可能性が疑われる人の診察は，一般の精神科における診察と同様に，本人や家族など身近で生活している介護者との面接から始まります。認知症の場合には，記憶障害の存在もあり，本人からの情報だけでなく，身近で生活している介護者からの情報が重要となります。

　認知症の可能性が疑われる人の最初の診察で聴かれることを【表2－5】にまとめました。認知症発症の時期，発症に気付いた時点から診察日までの臨床経過を聴取し，記憶障害の内容を確認し，暴言・暴力，徘徊・行方不明，妄想などの認知症に伴う行動・精神症状の有無について聴取します。また，現在の生活状況を把握するために，日常

生活の基本的な流れを聴取します。朝何時に起きるのか，新聞を読むとか散歩といった日課があるか，1日をどのようなスケジュールで過ごしているのかなどについて尋ねます。炊事，買い物，掃除，洗濯，服薬管理，様々な費用の支払などについても尋ねます。

【表2-5：認知症の可能性が疑われる人が最初の診察で聴かれること】

発症時期
初めて異常に気が付いたのはいつか，その内容はどのようなものか
診察日までの臨床経過
主だったエピソードを順番に話してもらう
記憶障害の内容
今の記憶が問題なのか，昔の記憶が問題なのか
精神症状・行動異常
物盗られ妄想・嫉妬妄想，暴力・暴言，昼夜逆転，徘徊など
現在の生活状況
炊事，買い物，掃除，洗濯，TV番組の好み，支払

出典：野村総一郎・樋口輝彦監修，尾崎紀夫ほか編集『標準精神医学　第6版』（医学書院，2015）384頁（一部改変）

　以上の面接の結果を基に，認知症に罹患している可能性が高いと判断された場合には，認知症の重症度を把握するために，MMSE（Mini-Mental State Examination）や改訂長谷川式認知症スケール（HDS-R）のような簡単な神経心理検査が行われます。

　また，胸腹部の聴診，血圧測定などの基本的な身体診察も重要です。特に，患者本人が嫌々受診した場合には，こうした身体診察を行うことは，治療関係を築く上でも有効です。また，認知症のなかには，麻痺や感覚障害，構音障害などの神経症候を呈するものもありま

すので，腱反射などを調べる神経学的検査も行われます。
(2) 初診以降の診察・診断の流れ

初診以降の診察・診断では，①患者が認知症となっているかどうかを確定するための診察・診断と，②認知症の原因となり得る疾患のうちのどの疾患に患者が罹患しているのかを確定するための診察・診断（基礎疾患の診断）とに分けられます。

ア　認知症となっているかどうかを確定するための診察・診断

認知症となっているかどうかを確定するための診察・診断は，基本的には問診と神経心理学的検査によって行われます。認知症の診断のためによく使用される神経心理学的検査を【表2－6】にまとめました。

【表2－6：認知症の診断によく使用される神経心理学的検査】

検査名	英文名称	略称
改訂長谷川式認知症スケール	Hasegawa's Dementia Scale Revised	HDS-R
ミニメンタルステート検査	Mini-Mental State Examination	MMSE
時計描画テスト	Clock Drawing Test	CDT
ウェクスラー成人知能検査第3版	Wechsler Adult Intelligence Scale-Third Edition	WAIS－Ⅲ
ウェクスラー記憶検査	Wecheler Memory Scale-Reviced	WMS-R
リバーミード行動記憶検査	Rivermead Behavioural Memory Test	RBMT
神経行動認知状態検査	Neurobehavioral Cognitive Status Examination	COGNISTAT

イ　基礎疾患の診断

基礎疾患の診断のため行われる検査には，①一般的身体検査，②

脳の一般検査，③脳画像検査などがあります。
- (ア) 一般的身体検査

 一次性認知症と治療可能な二次性認知症との鑑別は重要です。二次性認知症の原因となる身体疾患の有無を調べるための検査が必要になります。血液検査，尿検査，内分泌検査，胸部X線検査，心電図検査などが行われます。
- (イ) 脳の一般検査

 神経学的検査のほかに，脳波検査，脳脊髄液検査などが行われます。
- (ウ) 脳画像検査

 認知症の診断では，脳画像検査のうち脳の形を調べるCT（computed tomography：コンピューター断層撮影）やMRI（magnetic resonance imaging：磁気共鳴画像法）を行うことは必須とされています。また，最近では，SPECT（single photon emission computed tomography：シングルフォトンエミッションCT，放射性同位元素を使用して脳の血流の状態を調べる検査）やPET（positron emission tomography：陽電子断層撮影法，放射性同位元素を使用して脳の代謝の状態を調べる検査）なども行われます。

 これらの検査結果を踏まえて，認知症の基礎疾患が診断されます。

4 様々な認知症

 一次性認知症には様々なものがありますが，そのうち頻度が高く，重要なものは，アルツハイマー病，レビー小体型認知症，前頭側頭型認知症，血管性認知症の4つです。

Ⅱ 認知症

(1) アルツハイマー病（アルツハイマー型認知症）

　健忘を主症状として始まる認知症であり，最も多い認知症です。脳の神経細胞の急激な減少により脳が病的に萎縮していく疾患で，原因は不明ですが，脳細胞にアミロイド（アミロイドと呼ばれるたんぱく質の塊）β（ベータ）蛋白が沈着することが原因ではないかと考えられています。DSM－5のアルツハイマー病による認知症・軽度認知障害の診断基準を【表2－7】に示しました。

【表2－7：アルツハイマー型認知症の診断基準（DSM－5）】

A.	認知症または軽度認知障害の基準を満たす。		
B.	1つまたはそれ以上の認知領域で，障害は潜行性に発症し緩徐に進行する（認知症では，少なくとも2つの領域が障害されなければならない）。		
C.	以下の確実なまたは疑いのあるアルツハイマー病の基準を満たす：		
	認知症について：		
	確実なアルツハイマー病は，以下のどちらかを満たしたときに診断されるべきである。そうでなければ疑いのあるアルツハイマー病と診断されるべきである。		
	(1)	家族歴または遺伝子検査から，アルツハイマー病の原因となる遺伝子変異の証拠がある。	
	(2)	以下の3つすべてが存在している：	
		(a)	記憶，学習，および少なくとも1つの他の認知領域の低下の証拠が明らかである（詳細な病歴または連続的な神経心理学的検査に基づいた）。
		(b)	着実に進行性で緩徐な認知機能低下があって，安定状態が続くことはない。
		(c)	混合性の病因の証拠がない（すなわち，他の神経変性または脳血管疾患がない，または認知の低下をもたらす可能性のある他の神経疾患，精神疾患，または全身性疾患がない）。
	軽度認知障害について：		

	確実なアルツハイマー病は，遺伝子検査または家族歴のいずれかで，アルツハイマー病の原因となる遺伝子変異の証拠があれば診断される。
	疑いのあるアルツハイマー病は，遺伝子検査または家族歴のいずれにもアルツハイマー病の原因となる遺伝子変異の証拠がなく，以下の3つのすべてが存在している場合に診断される。
	(1) 記憶および学習が低下している明らかな証拠がある。
	(2) 着実に進行性で緩徐な認知機能低下があって，安定状態が続くことはない。
	(3) 混合性の病因の証拠がない（すなわち，他の神経変性または脳血管疾患がない，または認知の低下をもたらす可能性のある別の神経疾患，全身性疾患または病態がない）。
D.	障害は脳血管疾患，他の神経変性疾患，物質の影響，その他の精神疾患，神経疾患，または全身性疾患ではうまく説明されない。

出典：日本精神神経学会日本語版用語監修，髙橋三郎・大野裕監訳『DSM-5　精神疾患の診断・統計マニュアル』（医学書院，2014）602～603頁

　ア　症状

　　アルツハイマー病の特徴は，記憶を中心とする認知機能の障害が進行性に悪化してゆき，その結果として社会・職業機能が損なわれることです。記憶障害のほかに，初期から見当識障害や視空間認知障害（道に迷う，ものがうまく使えない）が目立ちます。不安や抑うつ気分がみられることも少なくありません。理解・判断力も低下しますが，初期にはあまり目立たないこともあります。病状の進行に伴い，様々な認知機能障害や行動異常が出現します。

　イ　臨床経過

　　アルツハイマー病の経過は前期・中期・後期とほぼ3段階（【表2-8】）に分けることができます。

【表2-8:アルツハイマー病の経過】

	前期	中期	後期
記憶	近時記憶の障害が中心	遠隔記憶の障害も出現	家族等の記憶にも障害
見当識	時間に関する障害が中心	場所に関する障害も出現	人に関する障害も出現
生活・行動	複雑な仕事が困難	日常生活に関する買い物・金銭管理などにも障害	日常生活困難
		徘徊などの行動異常	活動性低下,寝たきり

(i) 前期

　近時記憶の障害が目立ってくる時期で,時間に関する見当識障害や自発性の低下などが起きます。新しく体験したことや情報を記憶しておくことが難しくなります。日常生活は問題なくできますが,複雑な仕事を行うことには困難が生じます。

(ii) 中期

　近時記憶にとどまらず,自己及び社会における古い情報に関する記憶(遠隔記憶)にも障害がみられるようになります。場所に関する見当識障害も現れ,外出して家に帰って来ることができなくなったり,自宅にいても他人の家にいると思い込んだりします。日常生活でも買い物・料理など判断力を要する事柄から順に自力で行うことが難しくなります。着衣・摂食・排便など,極めて基本的な事柄でも一人ではできなくなります。多動や徘徊,常同行為がみられ,失語・失行・失認などの神経心理学的症状も認められます。認知症に伴う行動・精神症状(behavioral and psychiatric symptoms of dementia:BPSD)が認められるのも主にこの時期です。

(iii) 後期

後期になると、記憶障害はさらに著しくなり、自分の配偶者・両親・兄弟の名前も忘れたりします。人物に関する見当識障害も現れ、目の前の家族に対して「誰ですか？」と尋ねたりします。着衣・摂食・排便など、極めて基本的な事柄にも常時介護が必要となります。多動・徘徊及び常同行為は、認知症の進行に伴い、活動性が減少するので減ってきます。しかし、同時に疎通性も悪くなり、意味不明の発語や仕草を行ったりするのみとなります。最終的には寝たきりとなります。嚥下障害などが起こりやすくなり、誤嚥性肺炎などを生じることもあります。

最近では、MCI期と前期を併せて前駆期Ⅰ（preclinical stageⅠ）とし、従来の中期をStageⅡ、後期をStageⅢとする臨床経過の分類もあります。記憶に限定した認知障害を認める前駆期から、記憶障害が明らかになり、失語症状が現れ、他者の言うことを理解するのが難しくなり、BPSDが生じるStageⅡ、認知症症状が最重度となるStageⅢの3段階の分類です。この分類法による臨床症状や検査所見の経過を【表2－9】に示しました。

【表2－9：アルツハイマー病の臨床経過】

前駆期：1－3年間		
軽度認知機能障害期		
	記憶	新たな学習の困難、遠隔記憶も少し障害
	知覚	地誌的失見当識、複雑な構成は困難
	言語	ある属性の言葉のリストアップが困難、失名辞、内容の乏しい繰り返し発言
	行動	無関心、時に焦燥、悲哀感や妄想

	MRI	側頭葉内側，海馬の萎縮
	PET・SPECT	頭頂葉の後部の血流低下や代謝低下

StageⅡ：2－10年間

	記憶	近時・遠隔記憶がさらに障害
	知覚	構成障害，視空間失見当識，視覚失認
	言語	流暢性失語，失名辞，錯語，理解不良，対話困難
	他の認知機能	失行，失算
	行動	落ち着かない，うろうろ
	脳波	基礎律動の徐波化
	MRI	脳室の拡大，脳溝の開大
	PET・SPECT	側頭葉の血流低下や代謝低下

StageⅢ：8－12年間

	認知機能	重度の障害
	会話	反響言語，同義反復，語間代，構音障害，最終的には無言状態
	運動機能	硬直，屈曲姿勢，両便失禁
	脳波	広汎性の徐波
	MRI	脳室の拡大，脳溝の開大
	PET・SPECT	側頭葉，前頭葉の両側性の血流低下や代謝低下

出典：野村総一郎・樋口輝彦監修，尾崎紀夫ほか編集『標準精神医学 第6版』(医学書院，2015) 390頁（一部改変）

(2) レビー小体型認知症

　脳の大脳皮質や脳幹にレビー小体と呼ばれる特殊なたんぱく質が集積し，集積した場所で神経細胞が破壊されるために起こる認知症です。アルツハイマー病とパーキンソン病の特徴を併せ持った認知症といえます。近年その特徴的な症状が広く認識されるようになり，従来

アルツハイマー病と診断されていた症例のなかにもレビー小体型認知症と診断しなおされる症例が少なからず存在していることが明らかとなり，アルツハイマー病に次いで多い認知症であると考えられています。

ア　症状

注意や意識の清明さの変動を伴う認知機能の動揺，具体的で繰り返される幻視，パーキンソニズム（パーキンソン病にみられる症状，レビー小体型認知症では，動作緩慢，筋固縮，寡動などが多くみられます。）などの症状が特徴的とされます。記憶障害は初期にはあまり目立ちません。記憶障害などが明らかになる何年も前から，レム睡眠行動障害（レム睡眠中に，骨格筋の緊張低下がなくなり，夢の内容に対応して，寝床から起き上がったり，手足を動かしたり，激しい寝言をいうなどの様々な行動が現れる睡眠障害の一種）に気付かれることが多く，この時点で認知機能が保たれていたとしても，その後，レビー小体型認知症に進行する確率が高いといわれています。また，抗精神病薬をはじめとした向精神薬に対する過敏性があり，少量の投与でも症状が悪化することがあります。

レビー小体型認知症の病理の基本は，①黒質線条体病変によるパーキンソニズム，②認知機能と神経・精神医学徴候の基盤をなす皮質病変，③自律神経障害をもたらす交感神経系の障害の３点と考えられています。【表２－10】にDSM－５のレビー小体病を伴う認知症・軽度認知障害の診断基準を示しました。

【表２－10：レビー小体型認知症の診断基準（DSM－５）】

A.	認知症または軽度認知障害の基準を満たす。
B.	その障害は潜行性に発症し緩徐に進行する。

C.	その障害は確実なまたは疑いのあるレビー小体病を伴う神経認知障害の中核的特徴および示唆的特徴の両方を満たす。	
	確実なレビー小体病を伴う認知症または軽度認知障害では，2つの中核的特徴，または1つ以上の中核的特徴と1つの示唆的特徴をもつ。	
	疑いのあるレビー小体病を伴う認知症または軽度認知障害では，1つだけの中核的特徴，または1つ以上の示唆的特徴をもつ。	
	(1) 中核的な診断的特徴：	
		(a) 認知の動揺性とともに著しく変動する注意および覚醒度
		(b) よく形作られ詳細な，繰り返し出現する幻視
		(c) 認知機能低下の進展に続いて起こる自然発生的なパーキンソニズム
	(2) 示唆的な診断的特徴：	
		(a) レム睡眠行動障害の基準を満たす。
		(b) 神経遮断薬に対する重篤な過敏性
D.	その障害は脳血管疾患，他の神経変性疾患，物質の作用，または他の精神疾患，神経疾患，全身性疾患ではうまく説明されない。	

出典：日本精神神経学会日本語版用語監修，髙橋三郎・大野裕監訳『DSM-5 精神疾患の診断・統計マニュアル』（医学書院，2014）609～610頁

　イ　臨床経過

　レビー小体型認知症は，比較的最近になって注目されるようになった変性性認知症です。そのため，これまでの多くの臨床経過に関する知見の蓄積があるアルツハイマー病などと比較すると，その経過に関する知見はさほど多くはありません。ここでは，千葉ら（村山憲男，井関栄三「Ⅳ　臨床経過・予後」井関栄三編著『レビー小体型認知症―臨床と病態―』（中外医学社，2014）37～46頁）に基づき，レビー小体型認知症の臨床経過を紹介します。彼らによれば，レビー小体型認知症の臨床経過は，前駆期，初期，中期，後期の4つに分けること

ができます。
(ⅰ) 前駆期

　記憶障害に気付かれるより前に，パーキンソン病の前駆期にみられる抑うつ，嗅覚異常，便秘などの自律神経症状，レム睡眠行動障害などの症状が出現します。最も特徴的な症状はレム睡眠行動障害であり，記憶障害や幻視などが出現する以前から家族などに気付かれていることもあります。

(ⅱ) 初期

　記憶障害が出現します。記銘や保持に比べて再生の障害が目立つことが多いようです（後記コラム①参照）。患者も忘れっぽくなったことを自覚していますが，MMSEや改訂長谷川式認知症スケール（HDS-R）のような簡易な神経心理検査では記憶障害が明らかにならないこともあります。時に記憶障害よりも注意障害や構成障害，視空間障害，実行機能障害が目立つことがあります。認知機能の動揺も初期から出現します。幻視やパーキンソニズムの出現時期は，臨床・病理学的亜型によって異なります。

(ⅲ) 中期

　中期になると，アルツハイマー病と同様の記憶障害や見当識障害，健忘失語などが顕在化します。認知機能の動揺は，初期に比べて目立たなくなります。この時期には，認知機能障害の進行とともに幻視の自覚が失われ，幻視から妄想などに発展して行動化を生じやすくなります。パーキンソニズムに関しては，進行に伴って寡動や筋固縮，歩行障害が顕著になり，視空間障害や起立性低血圧もあいまって，転倒のリスクが高くなります。幻視や妄想に対して抗精神病薬を使用した結果，パーキンソニズムが悪化して，さらに日常生活動作（ADL）の低下を来すこともあります。

(ⅳ) 後期

　　認知機能障害はレビー小体型認知症とアルツハイマー病で大きな差はなくなります。認知機能の動揺や幻視は目立たなくなります。パーキンソニズムは，四肢・体幹の筋固縮が急速に進行する場合も多く，拘縮を起こして歩行困難となり，寝たきり状態になります。嚥下機能は低下し，食事摂取が困難となり，誤嚥性肺炎が頻回となり，最終的には死に至ります。

(3) 前頭側頭型認知症（ピック病）

　　前頭葉，側頭葉が変性，萎縮する認知症で，50〜60歳代という比較的若い時期に発症します。前頭側頭型認知症の特徴は，性格変化と社会的な振る舞いの障害が前景に立つのに対して，記憶，道具的機能・視空間能力・日常生活動作は損なわれないか，比較的保たれるところにあります。特に早期では，記憶障害は目立たないのに，行動の制御困難，感情鈍麻，病識欠如がみられることが重要です。記憶障害が明らかになる前に，機転が利かず，周囲に無関心になるというような性格変化が生じ，周囲の思惑を無視し，礼節や他者への配慮を欠いた無遠慮な言動がみられるようになります。万引きや盗み食いなどの反社会的行動がきっかけとなって，前頭側頭型認知症と診断される人もいます。DSM－5の前頭側頭型認知症・前頭側頭型軽度認知障害の診断基準を【表2－11】に示しました。

【表2－11：前頭側頭型認知症の診断基準（DSM－5）】

A.	認知症または軽度認知障害の基準を満たす。	
B.	その障害は潜行性に発症し緩徐に進行する。	
C.	(1)または(2)：	
	(1)	行動障害型：

	(a)	以下の行動症状のうち3つ，またはそれ以上：	
		ⅰ	行動の脱抑制
		ⅱ	アパシーまたは無気力
		ⅲ	思いやりの欠如または共感の欠如
		ⅳ	保続的，常同的または強迫的／儀式的行動
		ⅴ	口唇傾向および食行動の変化
	(b)	社会的認知および／または実行能力の顕著な低下	
(2)	言語障害型：		
	(a)	発語量，喚語，呼称，文法，または語理解の形における，言語能力の顕著な低下	
D.	学習および記憶および知覚運動機能が比較的保たれている。		
E.	その障害は脳血管疾患，他の神経変性疾患，物質の影響，その他の精神疾患，神経疾患，または全身性疾患ではうまく説明されない。		
確実な前頭側頭型神経認知障害は，以下のどちらかを満たしたときに診断される。それ以外は疑いのある前頭側頭型神経認知障害と診断されるべきである：			
(1)	家族歴または遺伝子検査から，前頭側頭型神経認知障害の原因となる遺伝子変異の証拠がある。		
(2)	神経画像による前頭葉および／または側頭葉が突出して関与しているという証拠がある。		
疑いのある前頭側頭型神経認知障害は，遺伝子変異の証拠がなく，神経画像が実施されなかった場合に診断される。			

出典：日本精神神経学会日本語版用語監修，髙橋三郎・大野裕監訳『DSM-5 精神疾患の診断・統計マニュアル』(医学書院，2014) 606頁

　このタイプに分類される認知症を最初に報告したアーノルド・ピック (Arnold Pick) にちなんで，ピック病と呼ばれることもあります。

ア　症状

前頭側頭型認知症に特徴的な症状としては，以下のような症状があります。

① 常同行動

「毎日一定時刻に何キロも同じコースを歩き回る」，「時刻表的な生活パターン」など，同じパターンの行動に固執します。滞続言語（話や日常会話の中に常同的，惰性的に同じ内容の言葉が繰り返される状態）などがみられることもあります。

② 食行動の異常

「過食」，「食事の好みが甘いものや味の濃いものへ変わるといった嗜好の変化」，「毎日同じ料理ばかり作る・食べる」といった食行動が変化します。

③ 脱抑制（「我が道を行く行動」）

周囲の状況などを気にかけずに，本能の赴くままに行動してしまいます。時には盗み食い・万引きなどの反社会的行動を起こすこともあります。診察場面でも，問診に真剣に取り組まず（考え不精），自分の気のままに答える，診察中に鼻歌を歌う，関心がなくなると診察室や検査室から勝手に出ていく（立ち去り行動）などの行動がみられます。

④ 被影響性の亢進

目に映る看板の文字を次々に読み上げる，目の前にいる人の動作を真似るなどの行動がみられます。あるいは診察場面で，医師が頭を掻くとその仕草をまねるような模倣行動をします。

イ　臨床経過

前頭側頭型認知症の臨床経過は大きく初期，中期，末期の3期に分類されます（【表2-12】）。

【表2−12:前頭側頭型認知症の臨床経過】

初期:1−3年間		
	人格	機転がきかない,無関心
	判断力	障害あり
	実行機能	計画と抽象的事項の障害
	記憶比較的良好	記憶比較的良好
	地誌的見当識	正常
	言語	正常か失名辞,繰り返し発言
	計算	ほぼ正常
	運動機能	正常
	脳波	正常
中期:3−6年間		
	言語	常同的発語,理解不良,失語
	記憶	比較的保たれる
	視空間見当識	比較的保たれる
	判断力	さらに悪化
	実行機能	さらに悪化
	クリューヴァー・ビューシー症候群	部分症状が存在
	運動機能	比較的保たれる
	脳波	基礎律動の徐波化
	CT・MRI	前頭葉もしくは側頭葉の局所的萎縮
	PET・SPECT	両側前頭葉の血流低下や代謝低下
末期:6−12年間		
	言語	無言,理解不良
	記憶	悪化

視空間見当識	悪化
認知機能	重度の障害
運動機能	錐体外路症候,または錐体路症候の混在
脳波	広汎性の徐波,もしくは前頭葉・側頭葉の局所性徐波化
CT・MRI	前頭葉もしくは側頭葉の局所的萎縮
PET・SPECT	両側前頭葉の血流低下や代謝低下

出典：野村総一郎・樋口輝彦監修，尾崎紀夫ほか編集『標準精神医学 第6版』（医学書院，2015）397頁（一部改変）

(i) 初期

初期では，人格変化，感情面の変化，病識欠知や判断の障害が特徴です。会話や言語面での障害も出現することがあります。

(ii) 中期

中期では，失語をはじめとする認知機能障害が目立ってきます。しかし，記憶，視空間認知，計算などは少なくとも部分的には保たれています。

(iii) 末期

末期になると，無言となり，全般的な認知機能障害も進行します。寝たきり状態となり，四肢の屈曲拘縮状態を経て，死に至ります。

(4) 血管性認知症

脳血管性障害に基づく認知症を血管性認知症と呼びます。広義には，脳梗塞，脳内出血，くも膜下出血など全ての脳血管性障害による認知症が含まれますが，通常は，虚血性血管障害による認知症（虚血性血管性認知症）を意味することが多いようです。

第1章　成年後見制度の利用者に多い精神障害

ア　症状

　血管性認知症では，障害された部位によって症状は異なり，めまい，しびれ，言語障害，知的能力の低下等にはむらがあります。また，記憶力の低下が強いわりには判断力や理解力などが相対的によく保たれている場合があり，「まだら認知症」と呼ばれます。

イ　臨床経過

　経過としては，大きな脳卒中発作やストレスなどを契機として，判断能力が急激に低下することがありますが，その後やや回復し，あるいは横ばいを続けます。また，脳卒中発作が起こるたびに，認知症の症状は階段状に低下することが多いとされます。ただし，血管性認知症の経過も症状と同様に，脳血管性障害によって障害された部位によって大きく異なります。

　DSM－5の血管性認知症・血管性軽度認知障害の診断基準を【表2－13】に示しました。

【表2－13：血管性認知症の診断基準（DSM－5）】

A.	認知症または軽度認知障害の基準を満たす。	
B.	臨床的特徴が以下のどちらかによって示唆されるような血管性の病因に合致している：	
	(1)	認知欠損の発症が1回以上の脳血管性発作と時間的に関係している。
	(2)	認知機能低下が複雑性注意（処理速度も含む）および前頭葉性実行機能で顕著である証拠がある。
C.	病歴，身体診察，および／または神経認知欠損を十分に説明できると考えられる神経画像所見から，脳血管障害の存在を示す証拠がある。	
D.	その症状は，他の脳疾患や全身性疾患ではうまく説明されない。	
確実な血管性神経認知障害は以下の1つがもしあれば診断される。そうでなければ疑いのある血管性神経認知障害と診断すべきである：		

(1)	臨床的基準が脳血管性疾患によるはっきりとした脳実質の損傷を示す神経画像的証拠によって支持される（神経画像による支持）。
(2)	神経認知症候群が1回以上の記録のある脳血管性発作と時間的に関係がある。
(3)	臨床的にも遺伝的にも〔例：皮質下梗塞と白質脳症を伴う常染色体優性遺伝性脳動脈症（CADASIL）〕脳血管性疾患の証拠がある。

疑いのある血管性神経認知障害は，臨床的基準には合致するが神経画像が得られず，神経認知症候群と1回以上の脳血管性発作との時間的な関連が確証できない場合に診断される。

出典：日本精神神経学会日本語版用語監修，高橋三郎・大野裕監訳『DSM-5 精神疾患の診断・統計マニュアル』（医学書院，2014）612～613頁

5 認知症の治療

認知症の治療は，薬物療法と心理社会的アプローチである非薬物療法とに大別されます。

(1) 中核症状に対する治療

　ア　薬物療法

認知症の中核症状である認知機能障害を改善するための薬剤（抗認知症薬）の研究・開発は，我が国はもとより世界各国で行われていますが，現時点では残念ながら，認知症の中核症状を改善する薬剤は存在しません。

しかし，アルツハイマー病患者では，脳内神経伝達物質であるアセチルコリンの活動性が低下していることが明らかとなったことを契機として，アセチルコリンの活動性を増加させる薬剤についての研究・開発が行われ，いくつかの薬剤が抗認知症薬として臨床使用されるようになっています。現在，我が国で使用されている抗認知

症薬には，アセチルコリンエステラーゼ阻害薬とNMDA受容体拮抗薬の2種類があります。アセチルコリンエステラーゼ阻害薬としては，ドネペジル（商品名：アリセプト），リバスチグミン（商品名：リバスタッチパッチ，イクセロンパッチ），ガランタミン（商品名：レミニール）が使用されています。リバスチグミンは，貼り薬です。NMDA受容体拮抗薬には，メマンチン（商品名：メマリー）があります。メマンチンは，アセチルコリンエステラーゼ阻害薬とは作用機序（効果の出る仕組み）が異なるのでアセチルコリンエステラーゼ阻害薬と併用することができます。

　これらの薬剤には，アルツハイマー病の中核症状を改善する作用はありませんが，症状の進行を遅らせる作用があることが明らかになっています。また，ドネペジルは，レビー小体型認知症にも効果があることがわかっています。

イ　非薬物療法

　認知症の中核症状に対する非薬物療法としては，見当識訓練（reality orientation），認知機能回復訓練などがあります。見当識訓練では，例えば，ゲームをしながら日時，場所，スタッフ名などを強調し，正しい反応には即時に賞賛して強化し，誤った場合には誤りを明確に指摘しつつも可能な限り愛護的な対応をするといった方法が用いられます。認知機能回復訓練には，注意力訓練と記憶訓練が含まれます。

(2)　周辺症状に対する治療

　認知症のケア・介護を行う上で，周辺症状は，しばしば中核症状以上に問題となる症状です。周辺症状は，認知症による認知機能低下のみによって引き起こされるものではなく，高齢であることによる身体機能の低下や身体疾患の合併，高齢者特有の環境や心理的状況などが

複雑に絡み合って生じる症状です。したがって、その治療を考える場合も個々の認知症患者の周辺症状の背景にある要因を分析し、それぞれに応じた治療・ケアを行う必要があります。主な背景要因を【表2－14】に示しました。

【表2－14：周辺症状の背景】

身体的要因
・身体疾患（感染症，脳血管障害，生活習慣病など） ・服用している薬物の影響（特に身体疾患の治療薬） ・栄養状態 ・電解質バランスのくずれ（特に脱水など） ・不眠，過労
心理学的要因
・喪失体験による不安・心細さ ・身近な人との死別，孤独，死の恐怖，経済的不安
環境的要因
・一人暮らし，転居，部屋の模様替え，施設入所など

ア　薬物療法

　周辺症状のうち，幻覚・妄想，焦燥性興奮，暴言・暴力などに関しては，抗精神病薬，特に副作用が少ないとされる非定型（第2世代）抗精神病薬が使用されることがあります。ただし，抗精神病薬投与によって認知症の人の死亡率が高まるという報告がなされ，最近では，抗精神病薬の処方は控えられる傾向にあります。

　抑うつ症状に対しては，抗うつ薬が使用されますが，この場合も副作用の少ないとされる選択的セロトニン再取り込み阻害薬（SSRI）やセロトニン・ノルアドレナリン再取り込み阻害薬（SNRI）などが処方されます。

また，不眠などの睡眠障害に対しては睡眠導入薬が，不安・緊張に対しては，抗不安薬が処方されることがあります。

　こうした向精神薬の投与によって周辺症状の改善がみられることがありますが，一般に高齢者の場合，若年者と比較して新陳代謝が低下していること，身体疾患を合併していることが多いこと，薬物による副作用が生じやすいことなどが知られており，薬物療法の適用については慎重な検討が必要となります。例えば，向精神薬服用によってふらつきが生じ，転倒して大腿骨骨折することや，誤嚥が原因で肺炎になるなど生命に関わるような重大な結果に至ることもあり，注意が必要です。

イ　非薬物療法

　周辺症状に対する非薬物療法としては，回想法，音楽療法，動物介在療法などがあります。

(ア)　回想法

　回想法とは，高齢者が語る様々な人生史に心を込めて耳を傾け，その気持ちを尊重し，また人生の先輩としての尊敬の念をもって対応することにより，様々な問題を抱えた高齢者が，気持ちよく暮らすための心の安定を図ろうとする技法です。具体的には，個々の認知症患者の幼年時代から児童・青年期などの出来事や季節の行事などをテーマとし，懐かしい情景など五感を刺激する小道具・材料などを回想するきっかけとして用います。グループで行われるグループ回想法と個人回想法とがあります。

(イ)　音楽療法

　音楽療法とは，音楽に内在する機能を活用して，心身に失調や障害のある人々を，改善・回復に導き，社会復帰の援助やQOL（quality of life：生活の質）向上を図るための療法です。音楽療

法には，音楽を聴くことのほかに，音楽を演奏する活動も含まれます。多くの場合，音楽療法は，回想法や見当識訓練と併用されます。

(ウ) 動物介在療法

　動物介在療法とは，動物の活動を見たり，触れたり，一緒に遊んだりすることによって，周囲に対する関心を引き起こす療法です。認知症患者の焦燥感やアパシー（無関心，無気力，無感動な状態）を軽減させる効果があるといわれています。

コラム①　記憶とは

　記憶とは，過去の経験に関する情報を脳の中に蓄えておき，必要なときにそれを取り出すことです。記憶の過程は，新しいことを覚える「記銘」，それを忘れずに維持しておく「保持」，必要なときに思い出す「再生（追想）」，再生された記憶が正しいものであると判断する「再認」の４つの段階からなると考えられています。運動会での子どもの活躍する姿をDVDで録画する過程に例えれば，子どもの姿をDVDに録画する過程が「記銘」に当たり，録画されたDVDは「保持」，DVDを再生することが「再生」になりますし，再生される映像をみて，運動会のときの子どもの姿だと確認することが「再認」に当たります。

コラム②　若年性認知症とは

　認知症は，高齢者に多くみられる病気ですが，若い世代でも認知症になることがあります。64歳以下の人が認知症と診断される場合，若年性認知症と呼ばれます。もの忘れが出始め，仕事や生活に支障を来すようになっても，まだ若いからということで認知症であることに本人も周囲の人も気付かなかったり，あるいは病院で診察を受けた場合でも，うつ病や更年期障害など別の病気と間違われて，認知症と正しく診断されるまでに時間がかかってしまうこともあります。

コラム③　認知症とうつ病

　うつ病でも重篤化すると認知症と変わらない状態になってしまう

ことがあります。認知症とうつ病とでは，治療方法が大きく異なっていますが，認知症でも抑うつ症状が出現することもあり，両者の鑑別が難しい事例も少なくありません。参考として，認知症とうつ病の鑑別のポイントを【表2-15】にまとめました。

【表2-15：認知症とうつ病の相違点】

	認知症	うつ病（仮性認知症）
発症	緩徐	週か月単位，何らかの契機
もの忘れの自覚	少ない	ある
もの忘れに対する深刻さ	少ない	ある
もの忘れに対する姿勢	取り繕い的	誇張的
答え方	作話，つじつまをあわせる	否定的答え（わからない）
思考内容	他罰的	自責的，自罰的
典型的な妄想	物盗られ妄想（しまっておいた物が盗まれた）	心気妄想（ボケてしまってもうだめだ）
気分の落ち込み	少ない	ある
記憶障害	最近の記憶が主体	最近の記憶と昔の記憶に差がない
	ADLの障害と一致	軽い割にADL障害強い
睡眠障害	ない	ある
日内変動	ない	ある
持続	年単位	数カ月単位
気分	比較的安定	動揺性
脳画像所見	異常	正常
抗うつ薬治療	無効	有効

出典：服部英幸「高齢者うつ病とアルツハイマー病に伴ううつ状態の比較検討」（老年期認知症研究会誌第18巻，16頁，2011）（一部改変）

コラム④　クリューヴァー・ビューシー症候群（Klüver-Bucy Syndrome）

　側頭葉内側部，特に海馬や鉤回，扁桃核という部位が左右とも障害されることによって生じる症候群で，著しい記憶障害，情動反応の欠如，食欲や性欲の亢進，手に触れたものを何でも口にもっていこうとする口唇傾向，感情鈍麻，視覚失認（精神盲）などを特徴とする症候群です。

コラム⑤　認知症の診断——確定診断と臨床診断

　認知症，特に変性性認知症の確定診断は，患者の脳を調べて，それぞれの変性性認知症に特徴的な病理所見を確認することによって行われます。例えば，アルツハイマー病であれば，老人斑や神経原線維変化などの特徴的な病理所見がありますし，レビー小体型認知症であれば，レビー小体の存在を確認することによって行われます。しかし，病理診断は，脳を直接調べる必要があるので，患者が亡くなった後でしか行うことができません。

　実際の臨床では，認知症の診断，特に変性性認知症の診断は，問診，神経心理学的検査，画像検査などの所見を基に，どのような種類の認知症であるかを推定して診断しています。このような診断方法を臨床診断といいます。臨床診断は，症状の変化によって変わることもありますし，例えば，レビー小体型認知症という新たな診断カテゴリーの登場によってアルツハイマー病と診断されていた人がレビー小体型認知症へと診断変更されたように新たな知見が得られることによって変更されることもあります。また，臨床診断と確定診断が結果的に異なる場合もあります。

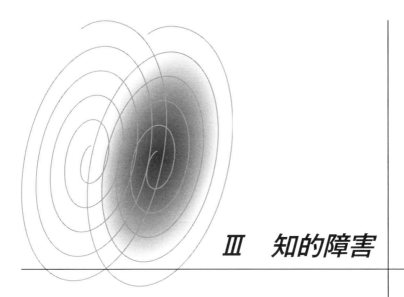

Ⅲ　知的障害

1　知的障害とはどのような病気か

　福祉や行政で使用されている知的障害は，精神医学では，知的能力障害と呼ばれています。知的能力障害は，①知的機能の発達に有意な遅れがあり，②そのため社会適応上の問題があり，③発達期に出現する，の3つの条件を満たすものをいいます。ここでいう知的機能の有意な遅れとは，知能検査で平均値の-2SD（標準偏差）以下を指しますが，これは知能指数（intelligence quotient：IQ）70未満に相当します。IQが70〜85の人は，知的能力障害には該当しませんが，時に知的能力障害に準じた援助を要することがあり，境界知能と呼ばれています。

DSM-5の知的能力障害の診断基準を【表3-1】に示しました。

【表3-1:知的能力障害の診断基準（DSM-5）】

知的能力障害（知的発達症）は発達期に発症し，概念的，社会的，および実用的な領域における知的機能と適応機能両面の欠陥を含む障害である。以下の3つの基準を満たさなければならない。	
A.	臨床的評価および個別化，標準化された知能検査によって確かめられる，論理的思考，問題解決，計画，抽象的思考，判断，学校での学習，および経験からの学習など，知的機能の欠陥。
B.	個人の自立や社会的責任において発達的および社会文化的な水準を満たすことができなくなるという適応機能の欠陥。継続的な支援がなければ，適応上の欠陥は，家庭，学校，職場，および地域社会といった多岐にわたる環境において，コミュニケーション，社会参加，および自立した生活といった複数の日常生活活動における機能を限定する。
C.	知的および適応の欠陥は，発達期の間に発症する。

出典：日本精神神経学会日本語版用語監修，髙橋三郎・大野裕監訳『DSM-5　精神疾患の診断・統計マニュアル』（医学書院，2014）33頁

ICD-10では，知的能力障害は，精神遅滞という名称で呼ばれていますが，そこでは，「精神の発達停止あるいは発達不全の状態であり，発達期に明らかになる全体的な知能水準に寄与する能力，たとえば認知，言語，運動及び社会的能力の障害によって特徴づけられる」と定義されています。

これらの診断基準からもわかるように，知的能力障害の診断は，全般的知的機能と適応機能の2つの要素から評価されています。全般的知的機能は，標準化された個別施行による知能検査による測定で得られた知能指数によって評価されます。よく使用される知能検査としては，新版K式発達検査，田中ビネー知能検査，ウェクスラー児童用知能検査（Wechsler Intelligence Scale for Children-Fourth Edition：WISC-Ⅳ）などがあります。適応機能は，日常生活における必要に

Ⅲ　知的障害

いかに効率的に対処し，年齢，社会文化的背景，地域社会状況においてその人に期待される人間的自立の基準をいかに満たしているかを基に評価されます。適応機能は教育，動機付け，人格特徴，社会的及び職業的機会，知的能力障害と合併する精神疾患及び一般的身体疾患など様々な要因に影響されることがあります。また，全般的知的機能と比較して，適応機能は治療的働きかけなどによって変化する可能性が高いと考えられています。

2　知的能力障害の重症度

知的能力障害は一般に，軽度，中等度，重度，最重度の4段階に分類されます。知的能力障害の診断及びその重症度は，これまで，主に知能指数（IQ）によって判定されていました。知的障害者福祉法によって知的障害者と認定されると療育手帳が交付されます。療育手帳交付の具体的判定基準は，都道府県ごとに定められています。参考までに，ICD－10，東京都の療育手帳（愛の手帳）の判定基準を【表3－2】に示します。

【表3－2：ICD－10，療育手帳（東京都）の判定基準】

	ICD－10	愛の手帳（療育手帳）
最重度	20未満	おおむね19以下
重度	20～34	おおむね20から34
中等度（中度）	35～49	おおむね35から49
軽度	50～69	おおむね50から75

東京都の判定基準については，東京都福祉保健局ホームページ参照

DSM－5では，知能指数は参考にとどめ，学力（概念的領域），社会性（社会的領域），生活自立能力（実用的領域）の3つの側面から，

具体的な生活状況における能力を評価して，判定をするように変更されています。

(1) 軽度知的能力障害

　　成人後の精神年齢は9～12歳に相当し，知的能力障害の約85％を占めます。就学までは特に知的機能の発達の遅れに気付かれないことも多く，小学校の勉強にはおおむねついていけますが，中学校になると勉強についていくのが困難となります。簡単な読み書きやお釣りの計算はできますが，抽象的な思考や用語を使うことができません。身の回りのことや家事は自立しています。簡単な仕事はできますが，ストレスがかかったときなどには援助が必要となります。

(2) 中等度知的能力障害

　　精神年齢は6～9歳に相当し，知的能力障害の約10％を占めます。言語の発達遅延が目立ちますが，運動機能の発達も遅れ，歩けるようになるのは3歳くらいが多いようです。普通の会話はできますが，読み書きや計算は困難となります。基本的な技能を習得するための訓練や練習が必要となります。食事，入浴，衣服の着替えなどは自立していますが，完全に自立した生活ができる人はまれで，適切な助言と指導が必要となります。熟練した監督者の指導の下で，簡単な作業をこなすことはできます。

(3) 重度知的能力障害

　　精神年齢は3～6歳に相当し，知的能力障害の3～4％を占めます。訓練により自分で自分の身の回りの世話（食事やトイレ）はできるようになります。挨拶や簡単な会話は可能です。日常生活の決まりきった行動や，簡単な繰り返しを行うことは可能ですが，常に監督や保護が必要です。

(4) 最重度知的能力障害

　精神年齢は3歳以下に相当し，知的能力障害の1～2％を占めます。言語でコミュニケーションをとることは困難ですが，喜怒哀楽の表現はできます。運動機能の発達の遅れも著しく，大半は歩くことができません。常に他人に援助をしてもらわないと生活ができません。

3　知的能力障害の原因

　知的能力障害の原因は，①特発性要因，②病理的要因，③心理社会的要因の3つに大別されます。特発性要因とは，特に原因がなく，正常知能から連続移行するものを指し，生理的知的能力障害とも呼ばれます。多因子遺伝による先天的なものと考えられています。全体の約75％を占め，多くは軽度知的能力障害です。病理的要因とは，出産前後の感染，中毒，外傷や発生異常，先天性代謝異常，染色体異常などによるものです。知的能力障害を来す主な疾患を【表3-3】にまとめました。中等度以上の知的能力障害を示すことが多く，中等度以上の知的能力障害の5分の4は病理的要因をもつといわれています。心理社会的要因とは，学習を刺激する家庭的，社会的環境を欠いていたために知的能力障害が生じたと考えられるもののことです。生後まもなく人間社会から隔離されて育った野生児は極端な例ですが，盲，聾などの感覚器障害や虐待なども原因となり得ます。

【表3-3：知的能力障害を来す主な疾患】

染色体異常
Turner症候群，Klinefelter症候群，脆弱X染色体異常症候群，Down症候群，猫鳴き症候群，Prader-Willi症候群

先天性代謝異常
アミノ酸代謝異常：フェニルケトン尿症，メープルシロップ尿症
糖質代謝障害：ガラクトス血症，糖原病
ムコ多糖類代謝異常：Hurler 症候群，Hunter 症候群
有機酸代謝異常：メチルマロン酸血症
脂質代謝異常：Tay-Sachs 病，Gaucher 病，Fabry 病，NiemannPick 病，白質ジストロフィー
核酸代謝異常：Lesch Nyhan 症候群
銅代謝障害：Wilson 病
ミトコンドリア脳筋症
神経皮膚症候群
結節性硬化症，神経線維腫症，Sturge Weber 病
感染症
先天梅毒，風疹，トキソプラズマ症，HIV 感染症，サイトメガロウイルス感染症，日本脳炎，ヘルペス脳炎
内分泌障害
クレチン病，副甲状線機能低下症
けいれん性疾患
Lennox-Gastaut 症候群
中毒
胎児性アルコール症候群，胎児性水俣病

4 知的能力障害への対応

　知的能力障害のうち，知能指数に象徴される全般的知的機能そのも

のを改善する方法は残念ながらありません。先天性代謝異常については，新生児マススクリーニングが行われています。例えば，フェニルケトン尿症が発見された場合には，低フェニルアラニン食を与えることにより，クレチン病が発見された場合には，甲状腺ホルモンを投与することにより，知的能力障害の発症を防ぐことができます。

　適応機能の改善のためには，なるべく早期に発達の遅れを発見し，それぞれの発達の時期に合わせた発達の援助を行う必要があります。乳幼児期であれば，療育センターなど通所療育施設を利用し，集団での適応状況をみながら，本人の知的発達特性に合わせた指導を行うことが重要となります。学童期になると，教育委員会などによる就学相談や就学指導を受けた上で，本人の知的能力に応じて，普通学級，特別支援学級，特別支援学校（養護学校）のいずれかに入学することになります。無理をして普通学級に入ると，友人もできず，授業にもついていけないために，学習や学校が嫌いになったり不適応行動が増えたりすることもあります。このような状況に陥ると，本来であれば望めたはずの本人なりの発達がうまくいかなくなることもあります。

　問題行動を起こすことがありますが，その原因を分析すると，周囲の環境に適応できないための行動であることが多いようです。したがって，本人に対する治療よりも，周囲の環境を調整した方が効果的なことが多いようです。本人への対応としては，体を使った運動によってストレスを解消させる，それでも改善しない場合には，行動療法的な対応（罰と報酬を組み合わせて指導する）が行われます。問題行動がひどい場合は，リスペリドンなどの抗精神病薬が用いられることもあります。

第1章　成年後見制度の利用者に多い精神障害

コラム①　知的能力障害をめぐる用語

　知的能力障害については，以前は，feeble mindedness, mental deficiency, schwachsinn（独）などを直訳して「精神薄弱」という用語が広く使われており，法律用語にも多用されていました。しかし，差別的な表現であること，また，精神障害と混同されやすいということから，「知的障害」という用語が使用されるようになり，「精神薄弱の用語の整理のための関係法律の一部を改正する法律」（平成10年9月28日法律第110号）により，法令用語としては，「知的障害」に統一されました。

　医学用語についても，「精神薄弱」次いで「精神遅滞」（mental retardation）という用語が使用されていましたが，「遅滞 retardation」という用語についても徐々に批判されるようになり，2013年に発行されたDSM－5では，知的能力障害 intellectual disability（知的発達症／知的発達障害 intellectual developmental disorder）という用語に変更になりました。

　ICD－10ではまだ精神遅滞という用語を用いています。しかし，現在進行中のICD－11の案では，知的発達障害（intellectual developmental disorder）に変更されており，これは，DSM－5の知的能力障害と同義です。

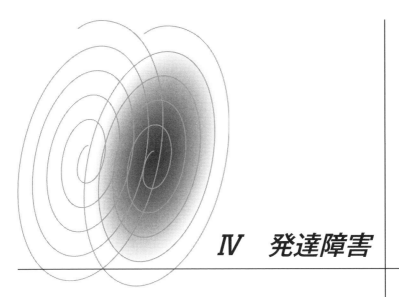

Ⅳ　発達障害

自閉症の事例：Eさん（20歳，男性）

　Eさんは，大学2年生ですが，サークルにも所属せず，友人もいません。ぼさぼさの頭でいつも大きなカバンをもってキャンパス内を歩いていました。夏休みのように講義がない時期でもEさんは，毎日のように大学に来ていました。講義にもきちんと出席していました。しかし，Eさんは，履修届を提出していなかったために，1年生のときは，ほとんど単位が取得できませんでした。ある日，Eさんは，大学内でいつも持ち歩いているカバンを無くしました。そのことに気づいたEさんは，パニック状態になり，大声で騒ぎだしたために，学生課に連れてこられました。職員が話を聞いているうちに，落ち着いてきましたが，「カバンは出てこないかもしれない」

と言われると再びパニック状態になり，「出てこないというのは盗られたということですか」，「悪い奴は殺す」，「僕も死ぬしかない」と大声でわめき続け，怒りにまかせて机を蹴り飛ばしました。

　この出来事がきっかけとなって，Ｅさんは，精神科医の診察を受けることになりました。Ｅさんやご両親との面接の結果，3歳児健診では発達の遅れは指摘されなかったこと，しかし，話をするときに視線が合いにくかったこと，幼稚園に行くのを嫌がり，玄関扉にしがみついて泣き叫んだことがあったこと，好き嫌いが激しく，肉や魚は食べられなかったこと，靴や箸などを決まった場所に置けないと，しばしば癇癪を起こしていたこと，などが明らかになりました。診察の結果，Ｅさんは自閉スペクトラム症と診断されました。

注意欠如・多動症の事例：Ｆさん（25歳，男性）

　Ｆさんは，小さい頃から活発な子どもでしたが，落ち着きがなく，身体に生傷が絶えませんでした。小学校に入学してからも，忘れ物が多く，宿題のプリントをもらっても，それをもらったことすら忘れてしまい，学校の机やロッカーの中に入れたままにしてしまい，宿題を忘れたことでよく叱られていました。学校の勉強はできたのですが，授業中，じっとしていることができず，家の中でも常に忙しく動き回っていました。大学卒業後，就職しましたが，あれもこれも手を付けてしまい，どの仕事も中途半端になってしまいます。会議中も落ち着きがなく，貧乏ゆすりが目立ちます。計画を立てて仕事を進めていくことも苦手で，ケアレスミスが目立ち，起案書の締切に間に合わなくなることもしばしばです。時間の使い方が下手で，上司からよく「時間もお金だから」と注意されていまし

た。家でも，身の回りの物を片付けることが苦手です。読書が大好きで何冊もの本を並行して読むのですが，本の整理整頓ができず，部屋の中は平積みされた数百冊の本で足の踏み場もない状態です。ある日，インターネットを見ているときに，偶然，自分と似たような人の話が出ていました。そのことがきっかけとなって，精神科医の診察を受けた結果，注意欠如・多動性障害と診断されました。

1 発達障害とはどのような病気か

　発達障害とは，心理的発達の偏りにより，言語機能，学習，コミュニケーションなどに支障を来す精神障害のことをいいます。発達障害の症状は，おおむね幼児期や児童期に認められることが多く，これまで発達障害は，精神科のなかでも児童を専門としている精神科医が専門的に取り扱う小さな領域でした。しかし，近年，生活ストレスのなかで抑うつや不安などの様々な精神症状を訴えて精神科を受診する青年や大人の中に，発達の問題に気付かれないままに成長した人が多数いることが明らかになりました。こうした発達の問題を抱える人については，発達の問題を明らかにし，その特性に合わせた対応や治療を行う必要があります。今や，一般の精神科医にも発達障害に関する知識を理解し，発達特性に応じた対応をすることが求められています。

　発達障害者支援法では，発達障害とは，「自閉症，アスペルガー症候群その他の広汎性発達障害，学習障害，注意欠陥多動性障害その他これに類する脳機能の障害であってその症状が通常低年齢において発現するもの」（同法2条1項）と定義されています。また，発達障害者支援法施行令（平成17年4月1日政令第150号）では，「脳機能の

障害であってその症状が通常低年齢において発現するもののうち，言語の障害，協調運動の障害その他厚生労働省令で定める障害とする。」（同施行令1条）と規定されています。発達障害者支援法施行規則（平成17年4月1日厚生労働省令第81号）によれば，ここでいう厚生労働省令で定める障害とは，「心理的発達の障害並びに行動及び情緒の障害（自閉症，アスペルガー症候群その他の広汎性発達障害，学習障害，注意欠陥多動性障害，言語の障害及び協調運動の障害を除く。）とする。」とされています。具体的には，ICD－10の「心理的発達の障害（F80－F89）」と「小児〈児童〉期及び青年期に通常発症する行動及び情緒の障害（F90－F98）」に含まれる障害とされています。

　文部科学省の2012年の調査によると，通常学級に在籍する児童・生徒の中で発達障害の特徴を示す子どもは全体の約6.5％という結果でした。診断を受けている子どもの数ではありませんが，発達障害の特徴を示す子どもは，約15人に1人の割合でいるということになります。成人であっても，症状が幼児期や児童期にすでに生じていたことが認められれば，発達障害という診断が下される場合があります。

　発達障害を診断するためには，生育歴の聴取が重要です。通常，幼少期に何の問題もなく成長した人が発達障害となることはありません。ただし，生育環境によっては発達の偏りが見逃されていて，後になって社会生活に問題を来して初めて発達障害の存在が明らかになることもあります。

　発達障害を根本的に治すことは困難ですが，患者の特徴を踏まえた訓練や周囲の理解を促すための援助が行われています。

　最新の操作的診断基準であるDSM－5では，発達障害は，「神経発達症群／神経発達障害群」に分類されています。参考としてICD－

Ⅳ　発達障害

10のF8「心理的発達の障害」に含まれる精神疾患を【表4－1】に，F9「小児〈児童〉期及び青年期に通常発症する行動及び情緒の障害」に含まれる精神疾患を【表4－2】に，DSM－5の「神経発達症群／神経発達障害群」に含まれる精神疾患を【表4－3】に示しました。このように発達障害には，幅広い精神疾患が含まれています。しかし，このうち重要なのは，自閉症（自閉スペクトラム症／自閉症スペクトラム障害）と注意欠如・多動症（注意欠如・多動症／注意欠如・多動性障害）の2つです。

【表4－1：心理的発達の障害（F8）に分類される精神疾患（ICD－10)】

F80	会話および言語の特異的発達障害	
F81	学力［学習能力］の特異的発達障害	
F82	運動機能の特異的発達障害	
F83	混合性特異的発達障害	
F84	広汎性発達障害	
	F84.0	小児自閉症［自閉症］
	F84.1	非定型自閉症
	F84.2	レット症候群
	F84.3	他の小児期崩壊性障害
	F84.4	精神遅滞および常同運動に関連した過動性障害
	F84.5	アスペルガー症候群
	F84.8	他の広汎性発達障害
	F84.9	広汎性発達障害，特定不能のもの
F88	他の心理的発達の障害	
F89	特定不能の心理的発達の障害	

【表4-2:小児〈児童〉期及び青年期に通常発症する行動及び情緒の障害(F9)に含まれる精神疾患(ICD-10)】

F90	多動性障害
F91	行為障害
F92	行為及び情緒の混合性障害
F93	小児〈児童〉期に特異的に発症する情緒障害
F94	小児〈児童〉期及び青年期に特異的に発症する社会的機能の障害
F95	チック障害
F98	小児〈児童〉期及び青年期に通常発症するその他の行動及び情緒の障害

【表4-3:神経発達症群/神経発達障害群に分類される精神疾患】

知的能力障害群
コミュニケーション症群/コミュニケーション障害群
自閉スペクトラム症/自閉症スペクトラム障害
注意欠如・多動症/注意欠如・多動性障害
限局性学習症/限局性学習障害
運動症群/運動障害群
チック症群/チック障害群
他の神経発達症群/他の神経発達障害群

2 自閉症

(1) 自閉症とは

①対人的相互作用の障害(社会性の障害),②言語をはじめとした社会的コミュニケーションの障害,③興味の限局,同一性保持の強迫

的欲求（こだわり）の3つを特徴とする発達障害です。

　疫学研究によれば，自閉症の有病率は1,000人中2〜3人程度，男女比は，3〜4：1で男児に多く，4人に3人は知的能力障害を伴うと考えられています。また，広汎性発達障害及び自閉スペクトラム症の有病率はおおむね100人に1人で，知的能力障害を伴うのは半数以下，男女比は自閉症と同じ程度と考えられています。

　当初は，自閉症は，心因性の原因によって起こると考えられており，親の育て方の問題であるという非難がされることもありました。現在では，原因は不明ですが，何らかの脳の機能異常によって起こる精神障害だと考えられています。

(2) 自閉症の症状

　自閉症の症状としては，以下のようなものがあります。参考としてDSM-5の診断基準を【表4-4】に示しました。診断に当たっては，これらの症状が，発達早期（乳幼児期）に出現していることが必要とされています。

【表4-4：自閉スペクトラム症／
自閉症スペクトラム障害の診断基準（DSM-5）】

A.	複数の状況で社会的コミュニケーションおよび対人的相互反応における持続的な欠陥があり，現時点または病歴によって，以下により明らかになる（以下の例は一例であり，網羅したものではない）。
(1)	相互の対人的－情緒的関係の欠落で，例えば，対人的に異常な近づき方や通常の会話のやりとりのできないことといったものから，興味，情動，または感情を共有することの少なさ，社会的相互反応を開始したり応じたりすることができないことに及ぶ。
(2)	対人的相互反応で非言語的コミュニケーション行動を用いることの欠陥，例えば，統合のよくない言語的と非言語的コミュニケーションから，視線を合わせることと身振りの異常，または身振りの理解やその使用の欠陥，顔の表情や非言語的コミュニケーションの完

		な欠陥に及ぶ。
	(3)	人間関係を発展させ，維持し，それを理解することの欠陥で，例えば，さまざまな社会的状況に合った行動に調整することの困難さから，想像上の遊びを他者と一緒にしたり友人を作ることの困難さ，または仲間に関する興味の欠如に及ぶ。
B.		行動，興味，または活動の限定された反復的な様式で，現在または病歴によって，以下の少なくとも2つにより明らかになる（以下の例は一例であり，網羅したものではない〈略〉）。
	(1)	常同的または反復的な身体の運動，物の使用，または会話（例：おもちゃを一列に並べたり物を叩いたりするなどの単調な常同運動，反響言語，独特な言い回し）。
	(2)	同一性への固執，習慣への頑ななこだわり，または言語的，非言語的な儀式的行動様式（例：小さな変化に対する極度の苦痛，移行することの困難さ，柔軟性に欠ける思考様式，儀式のようなあいさつの習慣，毎日同じ道順をたどったり，同じ食物を食べたりすることへの要求）
	(3)	強度または対象において異常なほど，きわめて限定され執着する興味（例：一般的ではない対象への強い愛着または没頭，過度に限局したまたは固執した興味）
	(4)	感覚刺激に対する過敏さまたは鈍感さ，または環境の感覚的側面に対する並外れた興味（例：痛みや体温に無関心のように見える，特定の音または触感に逆の反応をする，対象を過度に嗅いだり触れたりする，光または動きを見ることに熱中する）
C.		症状は発達早期に存在していなければならない（しかし社会的要求が能力の限界を超えるまでは症状は完全に明らかにならないかもしれないし，その後の生活で学んだ対応の仕方によって隠されている場合もある）。
D.		その症状は，社会的，職業的，または他の重要な領域における現在の機能に臨床的に意味のある障害を引き起こしている。
E.		これらの障害は，知的能力障害（知的発達症）または全般的発達遅延ではうまく説明されない。知的能力障害と自閉スペクトラム症はしばしば同時に起こり，自閉スペクトラム症と知的能力障害の併存の診断を下す

> ためには，社会的コミュニケーションが全般的な発達の水準から期待されるものより下回っていなければならない。

出典：日本精神神経学会日本語版用語監修，髙橋三郎・大野裕監訳『DSM-5 精神疾患の診断・統計マニュアル』（医学書院，2014）49～50頁

ア 対人的相互作用の障害（社会性の障害）

　自閉症の子どもは，乳幼児期から，他の人に興味を持ちません。視線が合いにくく，あやしても笑いませんし，抱かれることを嫌がることもあります。母親がいなくても平気で，人見知りをしません（逆に，極端に人見知りの激しい子どももいます）。親の目から見ると手のかからない子どもと思われていることもあります。一人遊びを好み，他の子どもと遊ぼうとしません。

　知能や言語の障害の目立たない人でも，他人の気持ちを理解したり，他人に気を遣ったりすることが苦手です。社会には暗黙のルールがありますが，そうしたルールがわかりません。場の空気を読むことができず，他人にお構いなしのマイペースで行動するので，集団行動ができません。他の人と共通の興味や関心，楽しみなどを持つことができず，仲間をつくることも不得意です。言葉を字面どおりに理解してしまうので，比喩や冗談や皮肉などが理解できませんし，いわゆる「文脈」を理解することができません。

イ 言語をはじめとした社会的コミュニケーションの障害

　自閉症の子どもでは言語の発達が遅れます。通常の発達では，発語，指差しは，1歳前後で始まり，2歳の誕生日までには意味のある単語を使うようになり（始語），3歳の誕生日までには，「お菓子ちょうだい」「おなかすいた」などのような二語文を使って意思疎通ができるようになります。これよりも遅れると言語発達に遅れがあるとみなされます。自閉症の子どもでは，始語も，指差しも遅れ

ます。言葉が出てくるようになっても，自閉症の子どもには特徴的な言語発達の障害がみられます。一本調子で抑揚に乏しい話し方で，独り言が目立ちます。相手が言った言葉や単語をオウム返しのようにそのまま繰り返すことがみられます（反響言語）。「あなた」と言うべき場面で「私」と言ったり，「あげる」と言う代わりに「もらう」と言ったり，「行く」という代わりに「来る」と言ったりします。こうした現象は「人称の逆転」と呼ばれ，立場によって使う言葉が変わることが理解できないために，逆さまの意味で言葉を使用してしまうために起こると考えられています。お菓子が欲しい場合，普通は「お菓子を取って」などと言葉で要求をしますが，自閉症の子どもでは「お菓子取って？」と疑問文になることがあります。名前を呼んでも振り向かないので，ときには聴覚障害を疑われることもあります。

　言語発達の遅れのみられない子どもでも，ジェスチャー，アイコンタクト，視線，表情などによる非言語的コミュニケーションの発達が遅れます。指差しや他の人が何かを指差しているのを見て，自分もそちらを見るという自然な行動（共同注視）ができないために，他の人と同じことに注意を向けたり，興味を抱くことができません。指差しができないために，指差しの代わりに相手の手を取って目的の物へ持っていく行動がみられ，クレーン現象と呼ばれています。

　知能や言語の障害の目立たない人では，一見すると普通に会話ができるようにみえますが，ジェスチャーやアイコンタクト，顔の表情など，非言語的なコミュニケーションを交えた会話にならないために，応対がぎこちなく見えることもあります。

ウ　興味の限局，同一性保持の強迫的欲求（こだわり）

　車，鉄道，時刻表，コンピュータなど特定のものに強い興味を持ちます。誰でも，好きなことや趣味などに熱中することはありますが，自閉症の人の場合は，過剰なまでに熱中してしまいます。特に，法則性や規則性のあるものに興味を示すことが多く，異常なほどの集中力やこだわりを示します。興味のあるものに関する情報については，情報が大量であっても全て記憶していることもあります。

　規則的な行動にこだわり，決まった道順，決まった手順，決まった日常習慣などがあり，自分で決めたこれらのルールを変更することを嫌います。例えば，普段，幼稚園に行くときに通る道が道路工事のために通れないので，別の道を通って幼稚園へ行こうとすると，泣き叫んだりして激しく抵抗するために幼稚園へ行くことができないことがあります。

　新しいことや状況の変化にうまく対応することができません。予想外の出来事が起こると混乱してしまい，パニックになります。応用が利かず，融通が利きません。

　ままごとや電車ごっこなどのごっこ遊びができません。これは，想像力の障害のために，自分は父親ではないのに父親の「役」をするというままごとでの役割や，何人かが紐でつながっていることから電車を想像して遊ぶ電車ごっこの意味がわからないためであると考えられています。

　失敗に弱く，また，失敗から学ぶことができません。思うとおりにならないと混乱します。一番にこだわります。考えや気持ちをリセットするのが苦手です。覚えたり，集めたり，並べたりする遊びが好きです。物事の細部や手順にこだわり，全体が見えません。

重症になると，くるくる回る，ピョンピョン跳ねる，体をゆする，首をふるなどの常同運動や，物眺め，手のひらを光にかざす，口に当てるなどの感覚刺激への没頭がみられることもあります。
エ　その他の症状
　(ア)　感覚の偏り
　　　自閉症の子どもでは，特定の感覚がひどく過敏なことがあります。音に過敏な場合が多く，工事現場を歩けない，車のクラクションの音でパニックになるなどがよくみられます。触覚が過敏な場合も多く，ベタベタしたものが手につくのをひどく嫌ったり，服の素材の肌触りを嫌ったりします。人に触られる感覚が嫌いなために，耳垢の掃除をさせてくれない子どもも多くみられます。大人になっても採血をさせてくれない人もいます。味覚も過敏で，極端な偏食が少なくありません。苦手な臭いがあったり，眩しい光を嫌ったり，暗いところを嫌がったりします。
　　　逆に，感覚が極端に鈍感な場合もあります。痛みを感じにくく，ケガに気付かない場合や，味覚が鈍感で，腐っているものでも食べてしまう場合もあります。
　(イ)　視覚優位
　　　自閉症の子どもの多くは，言語よりも視覚で理解する方が得意です。話して聞かせてもなかなか理解できないのに，絵や記号で説明すると理解できることがしばしばあります。
　(ウ)　パニック
　　　自閉症の子どもは，些細なことで混乱してしまいます。驚いたり不安になったり，自分の思いどおりにいかないときに，泣き叫ぶ，暴れる，自分の髪を引っ張る，頭を壁に打ちつける，自分の手を噛む，人を噛むなどの衝動的な行動がみられることがあり，

自閉症のパニックと呼ばれています。

(エ) タイムスリップ現象（記憶想起現象）

　自閉症の子どもがパニックを起こすのはストレスがかかるような状況が多いのですが，そうしたストレスのない状況でも突然パニックを起こすことがあります。パニックを起こしている時には，過去につらい体験をした場面を，突然に，また目の前で起こっているかのようにありありと思い出していることが多いようです。こうした現象をタイムスリップ現象（記憶想起現象）と呼びます。自閉症の子どもの多くは，起こった出来事をまるで写真に撮ったかのように，細かなところに至るまで鮮明に記憶する能力に長けています。タイムスリップ現象は，こうした自閉症の子どもの記憶の特性と関係があるのではないかと考えられています。

(オ) 心の理論（theory of mind）の遅れ

　「他者には他者の心があり，自分とは違う考えや信念をもっている」ということを理解する機能を心の理論と呼びます。自閉症の子どもには心の理論の発達の遅れがあるといわれています。

(3) 自閉症の治療

　自閉症の人の症状を根本から治療する方法は残念ながら存在しません。治療と教育を組み合わせた「療育」が治療の基本となります。自閉症は，発達障害なので，可能な限り早期に発見し，適切な療育を行っていくことが社会適応を改善することにつながります。療育では個々の発達領域ごとに，発達段階を正確に評価し，短期間（数か月）で到達可能な段階を目標として設定し，その達成に向けて家族と専門家が協力していきます。医療だけではなく，福祉や教育とも連携し包括的かつ計画的に，個々の子どもの障害の程度に応じた療育を考えて

いくことが大切です。

　自閉症の人の認知機能に合わせて，生活・学習環境や教材等からの情報を理解しやすいように再構成する意味理解支援の方策を構造化と呼びます。教室や作業所などで，空間の意味や期待される活動内容が明確になるように，床の線や衝立等を組み合わせたり，絵や文字等の視覚表示を工夫して，場面や活動の意味を正確に伝える工夫が行われます（環境の構造化）。また，時間の概念が希薄で，予期しないことに不安・混乱が大きいという特性を考慮して，絵や文字等の視覚的方法を用いることで，スケジュールを予告します（スケジュールの構造化）。こうした構造化を用いた療育手法としては，TEACCHプログラム（Treatment and Education of Autistic and related Communication handicapped Children：自閉症及び近縁のコミュニケーション障害の子どものための治療と教育）と呼ばれるプログラムが有名です。

　これまで自閉症という診断を受けたことがない成人の被後見人等に，自閉症の症状や行動特性に似たように思われる症状や行動がみられた場合には，本人に勧め，その同意も得た上で，発達障害を専門とする精神科医を受診させてみることが，適切な自己決定支援を行うために有用な場合があると思います。その場合，成人の発達障害を専門とする精神科医は少ないので，各都道府県・政令指定都市に設置されている発達障害者支援センターや各自治体の障害福祉課に相談し，発達障害の診断ができる精神科医を紹介してもらうのが良いと思います。発達障害を専門とする医師を受診し，問診や心理検査などを含めた自閉症に関する様々なアセスメントを行ってもらい，自閉症の有無を診断してもらうことが重要です。自閉症の診断がついた場合には，その人の発達の特性に合わせた支援の在り方を検討することができます。精神科医との連携はもちろんのこと，発達障害者支援法に規定さ

れている保健・福祉・教育・行政などの関係機関による種々の支援を利用することが可能となります。

3　注意欠如・多動症

(1)　注意欠如・多動症とは

　　注意欠如・多動症（注意欠如・多動性障害）とは，①１つの活動に集中できないほど気が散りやすいこと（不注意）と，②１つのまとまった行動ができないほどの多動や衝動性，の２つを特徴とする発達障害です。Attention Deficit Hyperactivity Disorder という英語の病名については，以前は，注意欠陥・多動性障害という訳語が当てられていましたが，2008年に現在の注意欠如・多動性障害という訳語に変更されました。その関係もあって，法令用語では，以前の「注意欠陥・多動性障害」という用語が使われていますが，同じ病気です。英語の頭文字をとってADHDと呼ばれることもあります。

　　疫学研究によれば，注意欠如・多動症の有病率は学童の約５％，成人の2.5％程度です。男女比は約３～６：１と考えられてきましたが，近年の研究では２：１程度と考えられています。

　　原因は不明ですが，脳の構造ないし機能面での発達の問題が原因であると考えられており，前頭葉のドパミン系の機能不全の関与が指摘されています。

(2)　注意欠如・多動症の症状

　　注意欠如・多動症では，不注意，多動性，衝動性の３つが主症状となります。診断に当たっては，これらの症状が12歳以前に発症していること，子どもでは精神的なストレスへの反応としても多動が起こることがあるので，診断においては，学校と家庭の両方で起こるなど

複数の場面で6か月以上症状が継続してみられることが必要とされています。参考としてDSM－5の診断基準を【表4－5】に示しました。

【表4－5：注意欠如・多動症／
注意欠如・多動性障害の診断基準（DSM－5）】

A.	(1)および／または(2)によって特徴づけられる，不注意および／または多動性―衝動性の持続的な様式で，機能または発達の妨げとなっているもの：	
	(1) 不注意：以下の症状のうち6つ（またはそれ以上）が少なくとも6か月持続したことがあり，その程度は発達の水準に不相応で，社会的および学業的／職業的活動に直接，悪影響を及ぼすほどである：	
		(a) 学業，仕事，または他の活動中に，しばしば綿密に注意することができない，または不注意な間違いをする（例：細部を見過ごしたり，見逃してしまう，作業が不正確である）。
		(b) 課題または遊びの活動中に，しばしば注意を持続することが困難である（例：講義，会話，または長時間の読書に集中し続けることが難しい）。
		(c) 直接話しかけられたときに，しばしば聞いていないように見える（例：明らかな注意を逸らすものがない状況でさえ，心がどこか他所にあるように見える）。
		(d) しばしば指示に従わず，学業，用事，職場での義務をやり遂げることができない（例：課題を始めるがすぐに集中できなくなる，また容易に脱線する）。
		(e) 課題や活動を順序立てることがしばしば困難である（例：一連の課題を遂行することが難しい，資料や持ち物を整理しておくことが難しい，作業が乱雑でまとまりがない，時間の管理が苦手，締め切りを守れない）。
		(f) 精神的努力の持続を要する課題（例：学業や宿題，青年期後期および成人では報告書の作成，書類に漏れなく記入すること，長い文書を見直すこと）に従事することをしばしば避ける，嫌う，またはいやいや行う。

(g)	課題や活動に必要なもの（例：学校教材，鉛筆，本，道具，財布，鍵，書類，眼鏡，携帯電話）をしばしばなくしてしまう。
(h)	しばしば外的な刺激（青年期後期および成人では無関係な考えも含まれる）によってすぐ気が散ってしまう。
(i)	しばしば日々の活動（例：用事を足すこと，お使いをすること，青年期後期および成人では，電話を折り返しかけること，お金の支払い，会合の約束を守ること）で忘れっぽい。
(2)	多動性および衝動性：以下の症状のうち6つ（またはそれ以上）が少なくとも6か月持続したことがあり，その程度は発達の水準に不相応で，社会的および学業的／職業的活動に直接，悪影響を及ぼすほどである：
(a)	しばしば手足をそわそわ動かしたりトントン叩いたりする，またはいすの上でもじもじする。
(b)	席についていることが求められる場面でしばしば席を離れる（例：教室，職場，その他の作業場所で，またはそこにとどまることを要求される他の場面で，自分の場所を離れる）。
(c)	不適切な状況でしばしば走り回ったり高い所へ登ったりする（注：青年または成人では，落ち着かない感じのみに限られるかもしれない）。
(d)	静かに遊んだり余暇活動につくことがしばしばできない。
(e)	しばしば"じっとしていない"，またはまるで"エンジンで動かされているように"行動する（例：レストランや会議に長時間とどまることができないかまたは不快に感じる；他の人達には，落ち着かないとか，一緒にいることが困難と感じられるかもしれない）。
(f)	しばしばしゃべりすぎる。
(g)	しばしば質問が終わる前に出し抜いて答え始めてしまう（例：他の人達の言葉の続きを言ってしまう；会話で自分の番を待つことができない）。
(h)	しばしば自分の順番を待つことが困難である（例：列に並んでいるとき）。

	(i)	しばしば他人を妨害し、邪魔する（例：会話、ゲーム、または活動に干渉する；相手に聞かずにまたは許可を得ずに他人の物を使い始めるかもしれない；青年または成人では、他人のしていることに口出ししたり、横取りすることがあるかもしれない）。
B.		不注意または多動性―衝動性の症状のうちいくつかが12歳になる前から存在していた。
C.		不注意または多動性―衝動性の症状のうちいくつかが2つ以上の状況（例：家庭、学校、職場；友人や親戚といるとき；その他の活動中）において存在する。
D.		これらの症状が、社会的、学業的、または職業的機能を損なわせているまたはその質を低下させているという明確な証拠がある。
E.		その症状は、統合失調症、または他の精神病性障害の経過中にのみ起こるものではなく、他の精神疾患（例：気分障害、不安症、解離症、パーソナリティ障害、物質中毒または離脱）ではうまく説明されない。

出典：日本精神神経学会日本語版用語監修、髙橋三郎・大野裕監訳『DSM-5　精神疾患の診断・統計マニュアル』（医学書院、2014）58～59頁

　ア　不注意（集中困難）

　　興味があることには没頭しても、勉強など気が乗らないことにはまったく集中が続きません。ケアレスミスや忘れ物、なくし物が非常に多くみられます。忘れっぽく、予定や約束をすぐ忘れてしまいます。気が散りやすく、用事をしていても何かに気を取られて用事をすることを忘れてしまいます。順序立てることが苦手で、計画、整理整頓、片付け、時間管理ができません。仕事や勉強などの課題を完成させることができず、締切を守ることができません。課題を面倒くさがり、取り掛かれないこともあります。

　イ　多動性

　　落ち着きがなく、活発に動き回ります。じっと座っていられませんし、座っていても手足や体を常に動かしています。おしゃべりで

うるさく，走り回ったり高い所に上がりたがります。
　　ウ　衝動性
　　　　順番が待てません。相手が話し終える前に話し始めてしまいます。他人の話に口を挟んだりします。出しゃばったり，他人の邪魔をしたり，他人に干渉したりします。
(3)　注意欠如・多動症の治療
　　注意欠如・多動症の治療には，環境調整・精神療法と薬物療法があります。
　　ア　環境調整・精神療法
　　　　まずは刺激を制御することが重要になります。例えば，授業中は教師以外の人や環境からの刺激を減らすために，教師に近くに座らせるなどの工夫を行います。こまめに声をかける必要はありますが，叱って治るものではありませんので，強く叱ることは避け，多動以外のところで本人の良い所を褒めるなど，自己肯定感を高めるような工夫が必要になります。「注意する→また繰り返す→叱る→また繰り返す→厳しい罰→反発→厳罰→問題行動」といった悪循環に陥らないことが重要になります。療育的対応として，「指示は短く」「刺激の少ない環境設定」「生活パターンは一定」などの指導も行われます。
　　イ　薬物療法
　　　　環境調整や精神療法的対応を十分行っても改善不十分な場合には，薬物療法が行われます。
　　　　精神刺激薬であり，ドパミン再取り込み阻害作用をもつメチルフェニデート（商品名：リタリン）が長年用いられてきました。メチルフェニデートは即効性がありますが，依存や乱用，作用時間の短さなどの問題がありました。現在はメチルフェニデートの徐放錠

(薬効を長時間にわたって持続させるために，内容成分を徐々に放出させる錠剤）が使用されています。また，近年開発されたノルアドレナリン再取り込み阻害薬であるアトモキセチン（商品名：ストラテラ）も使用されています。アトモキセチンは，メチルフェニデートのような即効性はないので，1日2回の服用を数週間続けることによって効果が現れます。メチルフェニデートのような依存や乱用の心配はありません。

Ⅳ　発達障害

コラム①　発達障害者支援法

　発達障害者支援法は，それまでの障害者支援制度の狭間に陥っていた知的（能力）障害や身体障害のない発達障害者に対して社会福祉的援助の道を開くために制定された法律です。発達障害者支援法は，発達障害者を総合的に支援することを目指す法律です。発達障害に関する法的定義（同法2条）を定めるとともに，発達障害を早期に発見し，発達障害者の年齢や障害の特性に応じた発達支援を行うことを国及び地方公共団体の責務（同法3条）として定めています。

　発達障害の早期発見のための施策（同法5条）として，乳幼児健診（1歳6か月・3歳）（母子保健法12条，13条）や就学前健診（学校保健安全法11条）の際に，発達障害の有無を調べるために行動発達のチェックをする「発達障害スクリーニング」が導入されています。発達障害の早期支援として，障害児通園施設や児童向けのデイサービスなどにおいて，日常的な基本動作や集団生活に向けての訓練を受けられるようになっています（発達障害者支援法6条）。また，学校教育における発達障害児（または発達障害者）への支援（同法8条），発達障害者の就労の支援（同法10条），発達障害者やその家族に対する相談・助言や発達障害者に関与する医療・保健・福祉・教育・行政などの関係機関との連絡調整やコンサルテーション，発達障害に関する普及啓発や研修等の事業を行う発達障害者支援センターの指定（同法14条）等が定められています。

コラム② 自閉症の概念の変遷

　米国の児童精神科医であるカナー（Leo Kanner）は，1943年に「生まれたときから人や状況に通常の方法でかかわりをもつことができないこと」を基本的特徴とする子どもに関する症例報告を行い，1944年にそうした特徴をもつ子どもを「早期幼児自閉症」と命名したのが自閉症概念のはじまりです。カナーは，①社会性の障害（他者と情緒的な交流ができない），②言語発達の遅れ，③行動や興味の著しい限定と反復的情動的な行動（いわゆる「こだわり」）という3つの特徴が3歳以前からみられるものを自閉症と考えていました。

　同年にオーストリアの小児科医アスペルガー（Hans Asperger）も自閉的な4人の子どもについて報告し，「自閉的精神病質」と名付けましたが，第二次世界大戦のためもあって，彼の功績は世界的には注目されないまま年月が過ぎました。しかし，1981年に英国のウィング（Lorna Wing）がアスペルガーの業績を紹介し，「アスペルガー症候群（Asperger syndrome）」と命名しました。

　アスペルガー症候群が知られるようになると，カナーの提唱した自閉症との異同が議論されるようになり，知的能力と言語の発達に遅れがないもの，つまりカナーの定義の①と③を満たし，②を満たさないものをアスペルガー症候群と診断するようになりました。

　自閉症と診断される人の4人に3人は知的能力障害を伴いますが，知的能力障害のない人もいて高機能自閉症と呼ばれます。高機能自閉症の人では，幼児期に言語発達に遅れがあっても，知的機能が高いために，言語発達が進み，発達の遅れが目立たなくなりま

す。そのため，青年期以降では，アスペルガー症候群との区別をつけることが難しくなります。また，研究が進み，①は満たすが②や③は十分に満たさない子どももかなりいることがわかりました。これらをまとめて，広汎性発達障害と呼ぶようになりました。広汎性発達障害は，自閉症，アスペルガー症候群，特定不能の広汎性発達障害の3つに大別されるようになりました。しかし，3つの中では特定不能の広汎性障害が約半数を占めることがわかりました。また，高機能自閉症とアスペルガー症候群は臨床経過などに差がほとんどないため，両者を区別する必要はないとする意見が徐々に多くなりました。

　アスペルガー症候群の名付け親であるウィングは，自閉症と診断されないために公的支援が得られないアスペルガー症候群の子どもも，自閉症の子どもと同様の生活上の困難を抱えており，同様の支援の必要性があること，3つの症状のうち，②を言語に限らず非言語を含めたコミュニケーション全般とし，③を想像力の障害とすれば，アスペルガー症候群もこの「3つ組」の症状を満たすことを指摘しました。ウィングは，自閉症とアスペルガー症候群を区別することなく，この障害を最重度から正常範囲の偏りまでの連続した帯（スペクトラム）と捉えて，自閉症スペクトラムと呼ぶことを提唱していました。近年，こうしたウィングの意見が広く支持されるようになり，2013年に発行されたDSM－5では，広汎性発達障害に代わって，自閉症スペクトラム概念が採用され，自閉症やアスペルガー症候群などの下位分類は廃止されることになりました。

コラム③ 「心の理論」を調べるには──サリーとアン課題

「心の理論」の発達の有無を調べる検査課題として，有名なものに「サリーとアン課題」と呼ばれるものがあります。以下に内容を示します。

1．サリーとアンが，部屋で一緒に遊んでいる。
2．サリーは，ボールをかごの中に入れて部屋を出て行く。
3．サリーがいない間に，アンがボールを別の箱の中に移す。
4．サリーが部屋に戻ってくる。

上記の場面を被験者に示し，「サリーはボールを取り出そうと，最初にどこを探すか？」と被験者に質問します。正解は「かごの中」ですが，心の理論の発達が遅れている人の場合は，「箱」と答えます。健常児は4歳程度で正解できるようになりますが，心の理論の発達が遅れていると，他者が自分とは違う見解を持っていることを想像するのが難しいために，自分が知っている事実をそのまま答えてしまいます。自閉症の子どもでは，IQが正常でも，正解するのは10歳程度になることもしばしばあります。

V 統合失調症

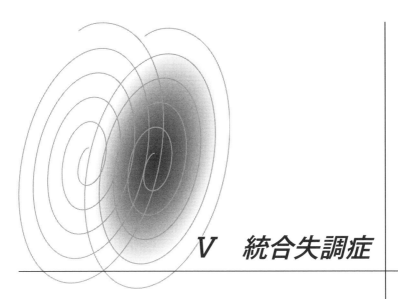

V 統合失調症

統合失調症の事例：Gさん（29歳，男性）

　Gさんは，理工系の大学院を卒業した後，建設会社に就職しました。会社の寮で暮らし，会社の仕事も問題なく行っていました。X年3月頃からGさんは急に無口になりました。その一方で，仕事で同僚と話す際には，些細なことをきっかけに急に怒り出したり，怒鳴ったりするようになりました。4月下旬，Gさんは，突然上司に「人間関係が煩わしくなった。辞めてやる」と大声で言い，そのまま辞表を出して，郷里の実家に戻りました。郷里に帰ったGさんは，両親に，「会社の同僚が（自分の）悪口を言うのが聞こえる」，「会社の同僚に迫害されている」，「会社の同僚に操られている」，「会社の同僚の考えが頭に入り込んでくる」，「テレビで自分のこと

> を放送している」などと言うようになりました。実家では自分の部屋に閉じこもりがちで，まるで誰かと会話しているような感じで，独り言を言いますが，小声で，何と言っているのかは聞き取れません。時々ニヤニヤと笑ったりもしますが，なぜ笑うのか尋ねても，別に何でもないと言います。昼夜逆転した不規則な生活となり，身の回りのことにもだらしなくなり，入浴なども嫌がるようになりました。

1 統合失調症とはどのような病気か

　統合失調症とは，脳の機能異常により，幻覚や妄想などが出現したり，思考や感情がまとまらなくなったりするなど様々な症状を来す精神病の一種です。いろいろな研究が進められていますが，現在でもその原因は不明です。適切な治療を受けないと，しばしば進行性に経過し，末期には，感情の起伏がなくなり，自分の殻に閉じこもり，一日中何もせずにぶらぶらすごすというような特徴的な精神状態（残遺状態）を呈することがあります。

　統合失調症という病気自体は，人類の歴史が始まったころから存在していたと考えられ，既に古代ギリシアの時代の文献には，今日の統合失調症と推測されるような事例が記載されています。しかし，統合失調症という病気が精神障害と認識され，統合失調症という疾患の概念が形成され始めるのは19世紀に入ってからのことになります。

　統合失調症の発生率（一般人口中における統合失調症の発生頻度）は0.7〜0.8％とされており，この数値は国や時代を問わずほぼ一定といわれています。発症は，10代後半から30代半ばまでがほとんどですが，一部には，もっと高齢で発症する人もいます。発生率に男女

差はないとされていますが，発症の仕方や経過，予後には男性と女性とで差があると考えられています。一般に，男性の方が，発症年齢が若く，経過・予後は不良なことが多いようです。なお，有病率（ある時点で統合失調症に罹患している人の割合）については，0.5～1.5％と報告されていますが，これについては地域差や時代による変動の存在が指摘されています。

【表5－1：統合失調症の診断基準（ICD－10）】

a.	考想化声・考想吹入・考想奪取・考想伝播
b.	支配される・影響される・抵抗できないという性質の妄想など
c.	患者の行動への注釈・複数の仲間内で患者のことを噂する性質の幻聴など
d.	宗教的・政治的な（特殊な）身分，超人的能力など，文化的背景に照らして不適切・不可能な妄想（荒唐無稽な誇大妄想など）
e.	持続的な幻覚＋浮動性・部分的な妄想／支配観念
f.	思路の障害
g.	緊張病症状
h.	無気力，会話の貧困，情動的反応の鈍麻・不適切さ，社会的ひきこもり・社会的能力の低下
i.	関心喪失，目的欠如，無為，自己中心的態度，社会的ひきこもり

（融道男ほか監訳『ICD－10 精神および行動の障害―臨床記述と診断ガイドライン　新訂版』（医学書院，2005）を基に筆者にて作成）

【表5－2：統合失調症の診断基準（DSM－5）】

A.	以下のうち2つ（またはそれ以上），おのおのが1か月間（または治療が成功した際はより短い期間）ほとんどいつも存在する。これらのうち少なくとも1つは(1)か(2)か(3)である。	
	(1)	妄想

	(2)	幻覚
	(3)	まとまりのない発語（例：頻繁な脱線または滅裂）
	(4)	ひどくまとまりのない，または緊張病性の行動
	(5)	陰性症状（すなわち情動表出の減少，意欲欠如）
B.	障害の始まり以降の期間の大部分で，仕事，対人関係，自己管理などの面で1つ以上の機能のレベルが病前に獲得していた水準より著しく低下している（または，小児期や青年期の発症の場合，期待される対人的，学業的，職業的水準にまで達しない）。	
C.	障害の持続的な徴候が少なくとも6か月間存在する。この6か月の期間には，基準Aを満たす各症状（すなわち，活動期の症状）は少なくとも1か月（または，治療が成功した場合はより短い期間）存在しなければならないが，前駆期または残遺期の症状の存在する期間を含んでもよい。これらの前駆期または残遺期の期間では，障害の徴候は陰性症状のみか，もしくは基準Aにあげられた症状の2つまたはそれ以上が弱められた形（例：奇妙な信念，異常な知覚体験）で表されることがある。	
D.	統合失調感情障害と「抑うつ障害または双極性障害，精神病性の特徴を伴う」が以下のいずれかの理由で除外されていること。	
	(1)	活動期の症状と同時に，抑うつエピソード，躁病エピソードが発症していない。
	(2)	活動期の症状中に気分エピソードが発症していた場合，その持続期間の合計は，疾病の活動期および残遺期の持続期間の合計の半分に満たない。
E.	その障害は，物質（例：乱用薬物，医薬品）または他の医学的疾患の生理学的作用によるものではない。	
F.	自閉スペクトラム症や小児期発症のコミュニケーション症の病歴があれば，統合失調症の追加診断は，顕著な幻覚や妄想が，その他の統合失調症の診断の必須症状に加え，少なくとも1か月（または，治療が成功した場合はより短い）存在する場合にのみ与えられる。	

出典：日本精神神経学会日本語版用語監修，髙橋三郎・大野裕監訳『DSM-5 精神疾患の診断・統計マニュアル』（医学書院，2014）99頁

V　統合失調症

2　統合失調症の臨床症状

　統合失調症の症状は，思考・情動・意欲など人格全体に現れます。しかしながら，その症状は，妄想，幻覚，思考障害，緊張病症候群，奇妙な行動などを中心とした陽性症状と，感情鈍麻，無感情，無欲，自閉，快感喪失などの陰性症状とに分けられます。また，近年では，認知機能の障害にも注目が集まっています。

(1)　幻覚

　幻覚とは，実際には存在しない対象を存在するかのように知覚する現象をいいます。幻覚は，いわゆる五感，すなわち視覚（幻視），聴覚（幻聴），触覚（幻触），嗅覚（幻嗅），味覚（幻味）のいずれの領域でも起こり得ますが，統合失調症では幻聴が大部分です。典型的な幻聴は，対話形式の幻聴と呼ばれ，「幻聴の主が患者に話しかけてくるのに対して患者が応答すると，それについてまた相手が話しかけ

【図5－1：統合失調症の代表的な症状】

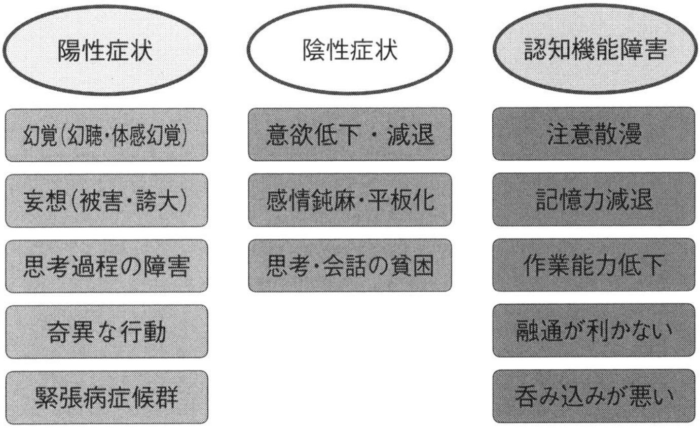

陽性症状	陰性症状	認知機能障害
幻覚（幻聴・体感幻覚）	意欲低下・減退	注意散漫
妄想（被害・誇大）	感情鈍麻・平板化	記憶力減退
思考過程の障害	思考・会話の貧困	作業能力低下
奇異な行動		融通が利かない
緊張病症候群		呑み込みが悪い

る」というものと、「複数の声（幻聴）が患者のことを三人称で噂し合っているのが聞こえる」というものがあります。自分の考えていることが同時に他人の声になって聞こえるという体験（考想化声）もあります。

　幻視、幻嗅、幻味が出現することは稀ですが、「誰かが自分の身体に電気をかけて嫌がらせをする（電波体験）」「自分の性器をいたずらする」「脳味噌が腐って流れ出す」など、奇妙な内容の体感幻覚がみられます。

(2) 妄想

　内容が不合理であり得ないにもかかわらず、強く確信されていて、他の人からの説明などによって訂正することのできない考えを妄想といいます。統合失調症では、幻覚と並んでよく観察される症状です。

　妄想はその発生の仕方によって、一次妄想と二次妄想とに大別されます。一次妄想とは、他人にも本人にもその成り立ちが理解できない妄想をいいます。真性妄想と呼ばれることもあります。周囲がなんとなく変化し、新しい意味を帯びてきて、何かただごとならないことが起きているという不気味な気分（妄想気分）が起こります。こうした体験が強くなると、何か大事件が起こりそうだ、大きな天変地異が起こる、地球が破裂する、世界の終末が来るなどと感じるようになります（世界没落感）。何かを見たり、聞いたりしたことをきっかけにそれに対して、一般的には理解できない特別な意味付けをし（妄想知覚）、突然現実にそぐわない考えが浮び、それがそのまま直感的に確信されます（妄想着想）。こうした妄想気分、妄想知覚、妄想着想は、統合失調症に特徴的な症状と考えられています。これに対して、二次妄想とは幻覚などの精神症状から生じる妄想のことで、妄想様観念と呼ばれることもあります。「声が聞こえてくるのは、自分を抹殺する

ためだ」と考えるなど，幻覚などの病的体験を心理的に説明しようとすることから生じる妄想です。

統合失調症で観察される妄想の特徴は，自分と関係のないものを自分と関係づけて考える自己関係づけにあります。妄想は内容によって，被害妄想（迫害妄想，関係妄想，注察妄想，追跡妄想，被毒妄想，物理的被害妄想，憑き物妄想）と誇大妄想（宗教的誇大妄想，予言者妄想，発明妄想，血統妄想，恋愛妄想）とに大別されます。初期には被害妄想が中心となります。誇大妄想は慢性期に現れることが多いのですが，初期でも外界の事象が全て自己と関係があるという考えが拡大され，世界は自己を中心として動いている，自分は世界を支配できるという自己万能感に発展し，誇大妄想が出現することもあります。

妄想は，時間の経過とともに種々の現実世界での体験が取り込まれ複雑で体系的なものになり，患者の確信の度合いも強まってきます（妄想加工，妄想構築，妄想体系）。

(3) 思路障害（思考過程の障害）

統合失調症では，物事をまとめたり論理的に考えたりすること（思路）に障害が生じます。話の内容は大体わかるけれども，話の脈絡やまとまりが十分でなくわかりにくくなります（連合弛緩）。さらに進むと，思考の内容はばらばらになり話の内容も理解不能な状態（滅裂思考ないし支離滅裂）になります。さらにひどくなると談話は単なる言葉の羅列となります（言葉のサラダ）。また，思考の進行がブレーキをかけられたように急に停止してしまう（思考途絶）こともあり，会話中であれば，急に黙りこんでしまいます。また，自分勝手に新しい言葉を作り，これに自分だけに通じる特別な意味を与えて使用すること（言語新作）もみられます。

(4) 自我障害

統合失調症では，自己と他者・外界とを区別する自我境界が曖昧になります。そのため，自分の行動や体験が自分のものであるという感覚に障害を生じることがあります。自分で考え，感じ，知覚しているという実感が喪失あるいは減弱します（離人感）。自分の考えでない考えがひとりでに浮かぶ（自生思考）こともみられます。さらに自我境界が曖昧になると，自分の思考・感情・行動が他人や外部の力により支配されていると考えるようになります。これを「させられ体験」（作為体験）と呼び，統合失調症に特有の症状と考えられています。

自分の考えが周囲に知れわたる（考想伝播），自分が考えていることが相手にすぐわかってしまう（考想察知），自分の考えが他人に操られる（思考干渉），他人に考えを吹き込まれる（思考吹入），自分の考えを抜き取られる（思考奪取）などの症状が現れます。自分の中に別の自分が存在して，本来の自分の意志や行動が邪魔されたり，命令に従わされると訴えることもあります（二重自我）。

(5) 思考・会話の貧困

会話をしていても比喩やことわざなどの抽象的な言い回しが使用できなかったり理解できなかったりすることがあり，思考の貧困，会話の貧困などと呼ばれます。また，「母は女性だから，女性は全て私の母である」など，言葉の持つ普遍的な概念が失われることもあります。

(6) 意欲・行動の障害

能動性，自発性が低下し（意欲の低下），積極的に仕事や勉強をしようとしなくなります。朝寝坊をして，1日中，何もしない怠惰な生活を送っていても，退屈を感じなくなります（無為）。身だしなみもだらしなく，動作も不活発になり，食べては眠るという生活になります。能動性がさらに低下すると，終日臥床して無為に過ごすこともあ

ります。

　表情は動きに乏しく，硬く冷たい印象を与え，時に眉をひそめたり（ひそめ眉），口を尖らせたり（とがり口）するなど，奇妙な表情が見られます。ぶつぶつ独り言をいったり（独語），おかしなこともないのにひとりでくすくす笑ったり（空笑）することもあります。わざと奇をてらう傾向（衒奇症），ひねくれた態度（ひねくれ症）がみられることもあります。

(7) 緊張病症候群

　主に緊張型統合失調症にみられる意志発動の障害を特徴とする一連の症状（緊張病症状）を緊張病症候群と呼びます。緊張病症候群では，①（緊張病性）昏迷（周囲に対する反応性が著明に低下し，自発運動や活動が減退した状態），②緘黙・無言症（言語中枢や構音機構に器質的異常がないのに口を閉ざして喋らない状態），③（緊張病性）興奮（外的刺激の影響によらない，明らかに目的のない興奮），④保持（不適切あるいは奇異な姿勢を自発的にとり，保持すること），⑤拒絶症（患者を動かそうとするあらゆる指示や意図に対して，明らかに動機を欠いた抵抗を示したり，逆の方向に動いたりすること），⑥硬直（患者を動かそうとする努力に抗して固い姿勢を保持すること），⑦ろう屈症（カタレプシー：まるで蝋人形のように手足や身体をとらされた位置のままで保持すること），⑧命令自動症（指示への自動的な服従），⑨反響言語（他の人がしゃべったばかりの単語や語句を，おうむ返しに，明らかに意味のない繰り返しをすること）や反響動作（他の人の動作を繰り返して模倣すること），⑩常同症（意味も目的もなく同じ行動を異常な頻度で繰り返す。例えば，体をゆする，手をこする，うなずく，顔をしかめるなど），⑪わざとらしさ（普通の所作を奇妙，迂遠に演じる）などの症状がみられます。緊張病症候群で

は，幻聴や妄想のような言語に基づく症状ではなく，非言語的な精神運動に関連する症状が中心となります。興奮と昏迷，多動と寡動，拒絶と命令自動というように対極的な症状が交代して出現します。極めて重篤な精神病状態であり，目的をもった行動を取ることが困難な状態です。なお，緊張病症候群は，うつ病，双極性障害，脳炎などによる器質性精神障害などでも見られます。

(8) 感情障害

周囲への関心が乏しくなり，感情を起こすような外からの刺激に対する反応性が低下し，喜怒哀楽の情や身体的苦痛に対しても鈍感になります（感情の平板化，感情鈍麻）。しかし初期には敏感で傷つきやすい面があり，重大な出来事にはほとんど反応を示さないにもかかわらず，些細なことに不相応な強い感情反応を示し不調和な印象を与えることもあります（感情の不調和）。

なお，幻覚・妄想などの急性期症状が軽快した後に抑うつ状態を呈することがあり，統合失調症後抑うつ（post-schizophrenic depression）あるいは精神病後抑うつ（post-psychotic depression）と呼ばれます。この抑うつ状態は患者の自殺の危険性を高めることが知られており，注意が必要です。

(9) 両価性

同一対象に対して，愛と憎しみ，好きと嫌いといった相反し矛盾する感情を同時に持つ状態を両価性と呼びます。感情だけでなく，意志（何かをしようとすると同時に，しまいとする）や知的な面（相反する考えを同時に持つ）にも認められることがあります。

(10) 自閉

自分の世界に閉じこもり，他者とのコミュニケーションを取らなくなることを自閉と呼びます。統合失調症の主症状の1つであり，患者

は，日常生活全般に不活発となり，学校や仕事を休み自宅に引きこもるなど社会的引きこもりの状態になります。

(11) 疎通性の障害

人と人とが相対して会話をするときは，一般に，単に言葉をやりとりする（言語的コミュニケーション）だけでなく，声の大きさ，音調，表情，しぐさなどの非言語的コミュニケーションによって感情の交流が行われ，相互理解がなされたと実感できます。統合失調症患者と相対して会話をするときに，会話自体は成立しているにもかかわらず，共感性に乏しく，お互いの意志が通じ合わない印象を受けることがあり，これを非疎通性と呼びます。疎通性の障害は，接触の障害，ラポールの障害と呼ばれることもあります。

オランダのリュムケ（Henricus Cornelius Rümke）は，こうした統合失調症患者と接している面接者の内面に起こる特有の感情をプレコックス感と名付けました。かつては，プレコックス感の有無は，統合失調症という診断を下す上での重要な指標とされており，その有無を正しく診断できるかどうかが精神科医として一人前の診断能力を身に付けていることの証しとされていた時代もありました。しかし，ICD-10やDSM-5など，現在の精神科臨床で広く使用されている操作的診断基準では，プレコックス感の有無は診断基準に取り入れられてはいません。

現在では，プレコックス感は，統合失調症患者に常に起こる現象ではなく，治療が進むにつれ治療者にもはや感じられなくなることもある現象と考えられており，病勢に応じて消長する可逆性を持った感情であると考えられています。

(12) 陽性症状と陰性症状

統合失調症の臨床症状のうち，幻覚，妄想，思路障害，奇異な行

動，緊張病症候群などを陽性症状と呼びます。感情の平板化・感情鈍麻，思考の貧困，意欲低下，無為，自閉，快感喪失などを陰性症状と呼びます。陽性症状は，「ないはずのものがある」症状であり，脳のドパミン系の過剰反応が関係していると考えられています。これに対して，陰性症状は，「あるはずのものがない」症状であり，前頭葉機能の低下が関係していると考えられています。

急性期（初回エピソードや再発時）には陽性症状が顕著にみられ，慢性期（残遺期）には陰性症状が前景となります。

⒀ 認知機能障害

認知機能とは，脳に情報を取り込んで，それを処理し，判断し，その結果を外部に表明する過程のことです。記憶，思考，理解，計算，学習，言語，判断などの知的な能力のことです。近年の研究により，統合失調症では，これらの認知機能の障害がみられ，生活・社会活動全般に支障を来していることがわかってきました。記憶力が低下し，新しい仕事のやり方を覚えることが難しくなります。作業の途中で，どこまで終了したかわからなくなることもあります。周囲の様々な情報や刺激に対して，取るに足らないものを無視して必要なものだけに注意を集中することができなくなります（注意の障害）。例えば会話中に，周囲の動きや物音などにとらわれて，落ち着きがなくなったりします。仕事や勉強などにも集中できなくなります。計画したり判断したりする力（実行機能）が低下し，買い物をする，料理をするなどもうまくできなくなります。様々な情報に対して，類似点と相違点を区別して物事をグループに分けて概念化する機能が低下します（概念形成の低下）。そのため，過去の類似の体験に基づいての対応ができません。例えば，箱は積み上げ，衣類はタンスにしまうといった整理整頓ができなかったり，手順よく料理ができないなどの不具合が生じ

ます。

3 病期別にみた症状と治療目標

　統合失調症の症状は，経過にしたがって，急性期，回復期，安定期に分けることができます。病期によって，主としてみられる症状は異なり，それに応じて治療の目標や治療方法にも違いがあります。

(1) 急性期の症状と治療

　幻覚，妄想，興奮などの陽性症状が主ですが，感情的に不安定で切迫感が強い状態でもあります。周囲とのコミュニケーションに支障を来し，病識（自分が病気であるという意識）を欠いていることもしばしばあります。急性期の治療の目標は，精神症状の速やかな改善を図り，社会生活機能の低下を最小限にすることです。治療を行う場の選択も重要で，入院で行うか在宅のまま外来治療で行うかは，精神症状の重症度だけでは判断できません。居住環境，家族など介護者の有無，患者自身の病識，医師と患者間の治療関係などを考慮して総合的に判断することになります。精神科病院へ強制入院をさせた上で治療を行う必要があるときもあります。成年後見人・保佐人は，精神保健福祉法の医療保護入院（同法33条）に同意する権限を持っていますので（同条1項1号），精神科医療機関との連携が求められることになります。

　急性期の治療は，抗精神病薬を中心とした薬物療法が主体となります。心理社会的な治療としては，家族への働きかけが中心であり，家族の患者の病気や治療に対する理解を深めるための心理教育が行われます。

(2) 回復期の症状と治療

臨界期，寛解後疲弊病期，転回期などとも呼ばれます。再発・再燃を繰り返すごとに治療に対する反応性が低下することが知られており，回復期では，再発の防止が治療上重要となります。陰性症状が目立つのもこの時期からです。

回復期の治療目標は，患者にかかるストレスを最小限にし，精神状態を安定させ，社会復帰のための準備を行うことです。回復期には，一過性に不安・焦燥，抑うつ，希死念慮などが出現することがあり（統合失調症後抑うつ），注意が必要です。

回復期の治療では，基本的に急性期の治療で効果のあった薬物が継続されます。病状の改善に伴い，急性期と同量の抗精神病薬を服用していると副作用が出現することが多いのですが，急激な減薬は精神症状の悪化を引き起こす可能性もあります。精神症状に関する綿密な評価とともに副作用の出現に注意しつつ，抗精神病薬を徐々に減薬していくことが必要となります。

心理社会的な治療としては，患者に対して病状の説明を行い，統合失調症という病気に関する教育や病名の告知などを行います。病名告知の要点は，ただ単に病名を告げることではなく，病気を正しく理解してもらうこと，病気とどのように向き合っていけばよいかを理解してもらうこと，治療に希望を持ってもらうことです。発病や再発の契機となったストレス要因を明確にした上で，症状再燃時の対処方法や服薬継続の重要性の理解などに関する心理教育を行います。具体的な技法としては，レクリエーション療法，作業療法，社会生活技能訓練（Social Skills Training：SST）などが行われます。また，家族に対しても心理教育を行い，患者の病気や病状への理解を深める必要があります。

(3) 安定期の症状と治療

　維持期と呼ばれることもあります。陽性症状，陰性症状共にある程度固定します。全ての人が慢性化するわけではありませんが，大体70〜80％のケースで何らかの症状が残ります。安定期の治療の目標は，再発を防ぐとともに，社会的な生活機能レベルやQOL（quality of life：生活の質）を維持し，その向上を図ることです。

　薬物療法に関しては，症状を注意深く観察しながら，抗精神病薬を徐々に減量し，必要最小限の用量で維持するようにします。副作用に注意し，服薬アドヒアランス（従来，医師の処方を患者がきちんと守って服薬するという意味でコンプライアンス（compliance）という用語が用いられてきましたが，近年の医療では，患者が主体的に自らの治療に積極的に関与することが理想とされ，自分自身の医療に関しては，自分で責任をもって治療法を守るという意味でアドヒアランス（adherence）という用語が用いられるようになっています。）を保つことが，再発防止のために重要となります。持効性抗精神病薬（デポ剤：効力を持続させるために抗精神病薬の成分が徐々に放出するように作られた薬剤）は，経口服薬と比較して，再発予防効果が高いとされていますが，我が国ではその使用は多くはありません。

　安定期の患者に対しては，回復期に引き続きレクリエーション療法，作業療法，SSTなどが行われますが，回復期と比較して病状が安定しているので，より構造化された，また負荷の高いプログラムを行うことができます。地域生活への定着とその質を高めるために，デイ・ケアの利用，生活訓練施設（援護寮），入所授産施設，福祉ホーム，グループホームなどの居住サービスの利用，職業リハビリテーション，ケア・マネージメントなどが行われます。

4 統合失調症の経過・予後

経過は一般的に初期、中期、長期の3段階に分けることができます。

初期は、およそ発病から5年あたりまでの時期で、①幻覚・妄想といった症状を起こす急性期の段階（急性期）と、②治療などによって症状が静まり、病状が安定する段階（寛解期）とに分けられます。初期には、こうした急性期─寛解期を1サイクルとして、何度か繰り返します。

中期は、発病後5年から10年頃までの時期です。軽快へ向かって行く人もいれば、残遺状態（陰性症状がより強く残っていく状態）に向かっていく人もいます。

長期は、発病後10年以上経過した時期です。これまでの長期予後調査の結果をまとめると、非常に良好な予後が20〜30％であり、部分的な寛解を合わせると70％を超えます。しかし、およそ20〜30％は残遺状態から回復せず、予後不良となります。

【図5-2：統合失調症の経過】

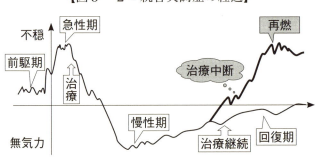

5 統合失調症の治療

　統合失調症の治療の基本は薬物療法（主に抗精神病薬）です。薬物療法によって幻覚・妄想・興奮などの急性期症状がある程度コントロールされた状態にならなければ，心理社会的治療は十分に行えません。心理社会的な治療としては，作業療法やSSTなどがあります。

　薬物療法によって寛解期に導入されても，その後の経過は服薬継続の有無によって左右されます。服薬を継続しない人では，70〜80％の人が診断された時から1年以内に統合失調症の症状を再発しますが，服薬を継続できた人では再発率は20〜30％程度に下がり，また，症状も大幅に少なくなるとされています。

(1) 薬物療法

　統合失調症の薬物療法の中心となるのは，抗精神病薬です。抗精神病薬は，向精神薬（中枢神経系に作用して精神機能に影響を及ぼす薬物）の一種で，強力精神安定剤（メジャートランキライザー），神経弛緩（遮断）薬とも呼ばれます。抗精神病薬は，脳内で過剰に活動しているドパミン神経の活動を抑えることによって，統合失調症の症状を改善すると考えられています。抗精神病薬は，従来型（定型）抗精神病薬と新規（非定型）抗精神病薬とに分けられます。主な抗精神病薬の薬物名・商品名・薬理学的分類を【表5-3】に示します。

　定型抗精神病薬の効果は，抗ドパミン作用が中心であり，幻覚，妄想，精神運動興奮などの陽性症状に対する効果はありますが，意欲障害などの陰性症状に対する効果はあまりないとされています。また，抗精神病薬による副作用も生じやすいとされています。非定型抗精神病薬は，ドパミン神経の活動だけでなく，セロトニン神経の活動を抑

制する効果（抗セロトニン作用。脳内に7種類あるセロトニン受容体のうちの5-HT2A受容体を遮断する）も併せ持っています。陽性症状に加えて陰性症状に対する効果も一定程度あり，副作用が少ないといわれています。現在では，陽性症状に加えて陰性症状に対する効果も一定程度あり，副作用が少ない新規抗精神病薬が薬物療法の第一選択です。

抗精神病薬の副作用としては，手指振戦（手指の震え），四肢硬直（体が硬くなる）などのパーキンソン様症状，ジストニア（目が上を向く，ろれつが回らない），アカシジア（足がムズムズして，じっとしていられず，落ち着きなく歩き回る），口渇，便秘，尿閉，起立性低血圧（立ちくらみ），生理不順，乳汁分泌などがあります。

【表5-3：主な抗精神病薬】

	薬物名	主な商品名	薬理学的分類
定型	クロルプロマジン	ウィタミン，コントミン	フェノチアジン系
	レボメプロマジン	ヒルナミン，レボトミン	フェノチアジン系
	ペルフェナジン	ピーゼットシー	フェノチアジン系
	フルフェナジン	フルメジン	フェノチアジン系
	ハロペリドール	セレネース，リントン，ハロステン	ブチロフェノン系
	プロムペリドール	インプロメン	ブチロフェノン系
	チミペロン	トロンペロン	ブチロフェノン系
	スルピリド	ドグマチール，ミラドール	ベンズアミド系
	スルトプリド	バルネチール	ベンズアミド系
非定型	リスペリドン	リスパダール	SDA
	ペロスピロン	ルーラン	SDA
	ブロナンセリン	ロナセン	SDA

クエチアピン	セロクエル	ジベンゾチアゼピン系,MARTA
オランザピン	ジプレキサ	MARTA
アリピプラゾール	エビリファイ	DSS
クロザピン	クロザリール	

※SDA：セロトニン・ドパミン拮抗薬（serotonin-dopamine antagonist）
　MARTA：多元作用型受容体標的化抗精神病薬（multi-acting-redeptor-targeted-antipsychotics）
　DSS：ドパミン・システムスタビライザー（Dopamine System Stabilizer）

(2) 心理社会的治療

統合失調症に対する心理社会的な治療としては，精神療法，作業療法，レクリエーション療法，社会生活技能訓練（Social Skills Training：SST）などがあります。

ア　精神療法

統合失調症の精神療法には，支持的精神療法，認知行動療法，集団精神療法があります。

(ア)　支持的精神療法

支持的精神療法は，統合失調症に対する特別な治療ではありませんが，精神科における精神療法の基本であり，治療に不可欠な良好な患者と医師の関係を築く上で必要不可欠なものです。統合失調症患者は慢性的な不安や恐怖の中で生活しており，外界は敵意に満ちた脅威として体験されています。医師が信頼に値すること，患者を理解しようと努めていることを伝えるようにします。幻覚や妄想についても，患者がそのように体験していることを尊重し，否定や安易な肯定を避け，中立的態度をとります。患者の訴えを傾聴し，患者のつらさや苦しみに対して共感を示し，薬物療法が現在の症状を和らげるのに役立つことを説明し，病気に対

する不安を取り除くことに努めます。
　(イ)　認知行動療法
　　　認知行動療法は誤った信念や歪められた思考パターンを修正するための精神療法です。統合失調症では，妄想的信念や幻聴に関わる信念などを対象として行われます。妄想や幻聴そのものを否定するのではなく，肯定しつつも，いろいろな角度から検討し，妄想や幻聴の内容についての非合理性を自覚できるようにして，誤った信念と距離をとれるようにし，幻聴に対しては影響されないように具体的な対処の仕方を身に付けさせることを目的として行われます。
　(ウ)　集団精神療法
　　　集団精神療法は，複数の患者が集まってそれぞれの抱える心の問題を話し合うことで自分の心の問題を客観的に認識し，同時に困難な状況を乗り越える方法や技能を身に付けることを目指す精神療法です。グループディスカッションを通じて，自分の問題を語り，あるいは他人の話を聞いて，それに対して感じたことを発言する中で自分の考えや反応の仕方の問題を知ることができます。
　イ　作業療法
　　作業療法は，薬物療法のない時代から存在した治療法です。作業療法士の指導の下で，手芸や園芸，料理，木工などの軽作業を通じて，楽しみや充実感，達成感などを再体験し，日常生活や社会生活機能の回復を目指す療法です。作業療法には，生きがいや楽しみを見いだすためのレクリエーション性が高いものから，パソコンによる作業など将来の就労を目指した職業リハビリテーションの性格の強いものまで種々のものがあります。

ウ　レクリエーション療法

　レクリエーション療法とは，遊びやスポーツ，芸術活動などのレクリエーション活動を通して，患者に周囲の人たちとのふれあいや，それに伴う楽しさや喜びを味わう体験を提供し，患者に慰安や気分転換をもたらす療法です。緊張緩和，対人関係の改善などが期待でき，また，治療者にとっては，言語を介さなくても当事者と接近できるという利点があります。

　集団で行われることが多く，最近では，企画や運営に患者自身が参加することが多いようです。卓球，バドミントン，ソフトボール，バレーボールなどスポーツ，ダンスや民謡などから，絵画やコーラス，楽器の演奏，あるいは音楽や映画の鑑賞などの活動もあります。これらには練習しながら上達していく感覚，周囲との協同作業で得られる連帯感，試合や舞台などで体験する気持ちの高まりや達成感などが治療的効果になると考えられています。

エ　社会生活技能訓練（Social Skills Training：SST）

　社会生活技能訓練（SST）は，ソーシャルスキル・トレーニング，生活技能訓練とも呼ばれ，統合失調症によって低下した社会技能や生活技能を回復するために行われます。社会生活技能訓練は，認知行動療法と社会的学習理論に基づく，いくつかの治療技法を組み合わせた学習パッケージです。我が国では，1980年代後半より導入され，1994年には入院患者を対象とした社会生活技能訓練は，「入院生活技能訓練療法」として診療報酬にも組み込まれています。

　社会生活技能訓練は，個人療法としても集団療法としても行われますが，集団で行う場合には，仲間同士の援助や相互の社会的学習の促進などのメリットがあり，集団で行われることが多いです。集団で行われる場合には，8名程度の参加者（患者）と2名の治療者

（リーダーとコリーダー）とで行われることが多いようです。施行に当たっては，参加者それぞれに必要な社会生活技能を特定し，個々の参加者の実際の生活場面を想定した上で，ロールプレイの形式を用いて行われます。

　社会生活技能訓練には，基本訓練モデル，問題解決技能訓練，課題領域別モジュールの3つがありますが，いずれも基本訓練モデルが技術的に基本となっています。基本訓練モデルの具体的な流れを【図5－3】に示します。基本訓練モデルでは，主に対人的コミュニケーションが円滑に行えるように，相手の話を理解し，どのように反応すればよいのかを判断処理し，自分の考えを正確に相手に伝えるなどの訓練が行われます。問題解決技能訓練モデルでは，思い込みやこだわりが激しいために問題解決の選択肢が狭まりがちな患者に対して，より望ましい対処法について案を出し，長所，短所を検討した上で最終的な選択をするという問題解決に対する取り組み方を学習させます。課題領域別モジュールは，服薬，症状の自己管理，基本会話，余暇の過ごし方など特定の課題に関する技能の習得のためにあらかじめ作成された学習プログラムのパッケージで，我が国でよく使用されているものとして，服薬自己管理モジュール，症状自己管理モジュールなどがあります。

Ⅴ 統合失調症

【図5-3：社会生活技能訓練セッションの流れ】

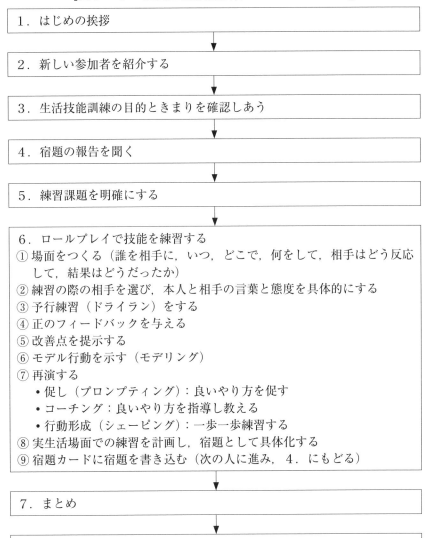

1. はじめの挨拶
2. 新しい参加者を紹介する
3. 生活技能訓練の目的ときまりを確認しあう
4. 宿題の報告を聞く
5. 練習課題を明確にする
6. ロールプレイで技能を練習する
① 場面をつくる（誰を相手に，いつ，どこで，何をして，相手はどう反応して，結果はどうだったか）
② 練習の際の相手を選び，本人と相手の言葉と態度を具体的にする
③ 予行練習（ドライラン）をする
④ 正のフィードバックを与える
⑤ 改善点を提示する
⑥ モデル行動を示す（モデリング）
⑦ 再演する
  • 促し（プロンプティング）：良いやり方を促す
  • コーチング：良いやり方を指導し教える
  • 行動形成（シェーピング）：一歩一歩練習する
⑧ 実生活場面での練習を計画し，宿題として具体化する
⑨ 宿題カードに宿題を書き込む（次の人に進み，4．にもどる）
7. まとめ
8. 終わりの挨拶（次回の予告）

出典：池淵恵美「社会生活技能訓練」『統合失調症治療ガイドライン　第2版』（医学書院，2008）230頁

第1章　成年後見制度の利用者に多い精神障害

コラム①　統合失調症と精神分裂病

　統合失調症とは，schizophrenia（ドイツ語ではSchizophrenie）の和訳です。これまで，我が国では，schizophreniaという疾患名に，精神分裂病という訳語を使用してきました。しかし，「精神」が「分裂する」という言葉づかいは患者に対する偏見や差別を生み出し，また患者や家族もその名前に屈辱を感じるということもあって，訳語変更への要望が以前からなされてきました。日本精神神経学会では用語変更のための委員会を作り，長期にわたる検討を加えた結果，平成14（2002）年8月の総会で，統合失調症という病名に変更することを公式に決定しました。これを受けて厚生労働省は，精神保健福祉法の入院届や精神障害者保健福祉手帳に関する診断書，診療報酬のレセプト病名に「精神分裂病」に代えて「統合失調症」という用語を使用することを認める旨の通知を行いました。その後，統合失調症という用語の定着状況を踏まえ，厚生労働省は，2005年の精神保健福祉法の改正に当たり，「精神障害者」の定義（同法5条）中の「精神分裂病」という用語は「統合失調症」に変更され，法的にも統合失調症という病名が定着しました。

コラム②　クロザピン

　非定型抗精神病薬に分類されるクロザピンは非定型抗精神病薬を含む他の抗精神病薬では治療効果の得られない幻覚や妄想をもつ患者に対しても治療効果があるとされています。しかし，無顆粒球症（白血球のうち顆粒球がほとんどなくなった状態で，体内の免疫機

能を担っている顆粒球が減少するため，感染しやすくなります。放置していると肺炎や敗血症のために死に至ることもあります。）や糖尿病性昏睡など，生命の危険を伴うような重篤な副作用が生じることがあり，使用に当たっては血液検査を定期的に行い，重篤な副作用が生じた場合には，血液内科医，糖尿病専門医などと連携をとって対応する必要があります。そのため，クロザピンは，クロザリル患者モニタリングサービス（Clozaril Patient Monitoring Service：CPMS）に登録された医師・薬剤師並びに医療機関・薬局でしか処方できず，その使用に当たっては患者本人又は代諾者に対して文書による説明を行い，文書による同意を得た上で，原則18週間の入院管理下で使用を開始すること，並びに使用全例について追跡調査が義務付けられています。

第1章　成年後見制度の利用者に多い精神障害

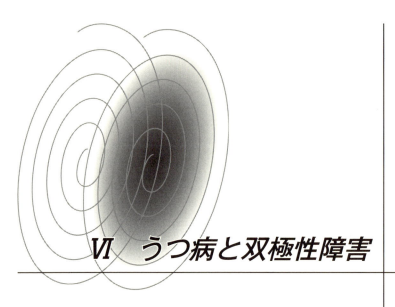

Ⅵ　うつ病と双極性障害

うつ病の事例：Hさん（60歳，女性）

　Hさんは，高校卒業後，商社に勤めました。29歳で結婚を契機に退職し，以後は，専業主婦として生活しています。夫との間に2人の子どもがいますが，子どもは独立し，現在は，夫婦2人で暮らしています。

　3か月前から，「気分が落ち込む」ようになり，夜もよく眠れなくなりました。以前から俳句が趣味で，毎月のように句会に出ていたのですが，最近では，句会に出掛けても，俳句も思い浮かばず，少しも楽しいと感じられなくなりました。身体もだるく，疲れやすく，家で食事の支度をするのも，おっくうになりました。食欲もわかず，体重も減ってきました。1週間前からは，「お金のことが心

配」，「大変だ。生活出来ない」と繰り返し言うようになり，落ち着かず，食事もろくにとれない状態になりました。心配した夫に連れられて，精神科を受診しましたが，「生活が大変で〜。私は大丈夫です〜。病気じゃありませんから〜。それより治療費も払えないんです〜」と終始お金に関する心配についての話を続けていました。

双極性障害の事例：Ｉさん（26 歳，女性）

Ｉさんは，高校卒業後，専門学校に進学し，幼稚園教諭と保育士の資格を取得しました。資格取得後は，幼稚園に勤務していました。勤務態度は真面目で，仕事に熱心に取り組み，他の職員や園長からも仕事ぶりを評価されていました。両親と妹との４人で暮らしていました。

１か月ほど前から，両親は，Ｉさんが夜遅くまで起きていることに気が付きました。遅くまで起きているのに，朝はすっきりした気分で起きてきます。Ｉさんが職場に電話をかけるのを傍で聞いていると，Ｉさんは大声で一方的にしゃべっていました。２週間前からは，幼稚園でも大声でしゃべりっ放しで，園長が話しかけてもしゃべるのをやめません。他の職員の仕事にも手を出し，子どもの世話を強引に行おうとし，園長が注意してもやめようとしません。

心配した園長が両親と相談し，Ｉさんは精神科を受診することになりました。Ｉさんは，診察室の椅子に座っていることができません。壁に向かって拝んだり，快活な口調で「その時計は何製ですか？」と診察医の時計をのぞきこんだり，突然ケラケラと笑い出したりと全く落ち着かない状態でした。

第1章　成年後見制度の利用者に多い精神障害

1　気分障害とはどのような病気か

　気分とは，特別の対象や内容を持たずに，比較的長く緩やかに続いている感情の状態をいいます。機嫌が良い，快適である，うつ的である，不愉快である，調子が高く元気はつらつとしている，などのような状態です。人には誰でも，気分のよい日や悪い日があります。何か良いことがあると，うきうきして，気分が良くなり，口数も増えます。逆に，悲しいことがあると，気分は沈みがちとなり，元気がなくなり，口数も減ってしまいます。こうした気分の浮き沈み，変化は誰にでも起こることです。しかし，気分障害の人に起こる気分の浮き沈みは，こうした健康なときに起こる気分の浮き沈みと比較して，程度が強く，持続期間が長く，日常生活に支障を来すことに特徴があります。すなわち，自分ではコントロールできないほどの激しい躁状態や，苦しくて生きているのがつらいほどのうつ状態が，気分の切り替えができないまま一定期間以上続いており，その人の日常生活に支障が出ている場合に，精神疾患としての気分障害と診断されることになります。

　厚生労働省による平成26年患者調査によれば，気分［感情］障害（躁うつ病を含みます。）の推計患者数は，112万2,000人（入院28万8,000人，通院83万4,000人）となっています。同じ調査による精神科病院の入院患者の推計患者数をみると，統合失調症60.0％，うつ病・双極性障害8.4％，認知症6.1％，アルコール関連障害4.0％であり，精神科病院の外来通院患者の推計患者数では，統合失調症45.9％，うつ病・双極性障害19.0％，神経症性障害7.7％，アルコール関連障害4.2％，認知症2.0％となっています。また，我が国で行われた

Ⅵ　うつ病と双極性障害

疫学調査によれば，うつ病の生涯有病率（生まれてから調査時点までの間にうつ病の診断基準を満たす状態にあった人の割合）は6％，双極性障害Ⅰ型の生涯有病率は0.4％でした。こうしたデータにも示されるように，気分障害に罹患する患者の頻度は高く，自殺の誘因となる場合や，長期間にわたって就労・就学が困難な状態を引き起こすなど，大きな社会的損失をもたらすことから，その対策が重要視されています。

2　気分障害の症状

　気分障害の主な症状は，気分の変化です。気分が落ち込むうつ病相とその反対に気分が高揚する躁病相・軽躁病相とがあり，うつ病（抑うつ障害）では，うつ病相がみられ，双極性障害（躁うつ病）では，その経過の中で，うつ病相と躁病相・軽躁病相とがみられます。また，うつ病相と躁病相・軽躁病相が入り混じる混合病相がみられることもあります。
(1)　うつ病相（抑うつエピソード）の症状
　ア　うつ病相の基本症状
　　うつ病相（抑うつエピソード）の基本症状は，①気分の落ち込み（抑うつ気分）と，②好きなことにも興味・関心が持てなくなり，何をやっても楽しむことができないこと（興味又は喜びの喪失），の2つです。
　　㈰　抑うつ気分
　　　患者は，自分の状態について，「気が滅入る」，「気分が落ち込む」，「憂うつ」，「悲しい」，「希望が持てない」，「寂しい」，「むなしい」，「くよくよ考えこむ」などと訴えます。患者自身の言葉の

ほかに，暗く沈んだ表情，単調で力のない口調，うつむきがちな姿勢，涙もろさなど，患者の行動・雰囲気から抑うつ気分が明らかになることもあります。

(イ)　興味・関心や喜びの喪失

趣味や娯楽など，もともと楽しみにしていたことにも興味や関心が持てず，仮に行ったとしても楽しさが感じられなくなります。「何をしても面白く感じない」，「人と話すのが好きなのにかえってうっとうしく感じる」，「毎朝読んでいた新聞を読む気になれない」，「週末は必ずゴルフの練習に行っていたがつまらなくなって行けない」など，関心や欲求が著しく低下します。仕事や学業にも関心が乏しくなります。

イ　うつ病相のその他の症状

基本症状以外に以下のような症状がみられます。

(ア)　体重あるいは食欲の変化

食欲が低下し，体重も減少します。「おいしいものを食べたい気持ちがなくなる」，「おいしいと感じられない」，「何を食べてもおいしくない」，「何を食べても味がしない」などと訴えます。「お腹がすかない」と言いながらも，何か食べないといけないと思うために，食べ物を無理やり押し込んでいることもあります。時に，甘い物が欲しくなり，過食になり体重が増加することもあります。

(イ)　睡眠の変化

不眠となることが多くみられます。寝つきが悪くなり（入眠困難），夜中に途中で目が覚めてしまい，もう一度寝つくことができません（中途覚醒）。特に，自分が起きる予定の時間でもないのに，朝早くに目が覚めてしまい，そのあと眠れない（早朝覚

醒）ことは，うつ病相にみられる典型的な不眠とされています。睡眠の質も悪くなり，よく眠ったという感覚（熟眠感）が失われます。

不眠とは反対に過眠を呈することもありますが，その場合も「眠ってもすっきりせず，長い間眠ってしまう」という熟眠感の欠如が過眠の背景にあることが多いようです。

(ウ) 精神運動性の焦燥もしくは抑制

じっとしていられず，落ち着きなく体を動かしたり，手をよじったり，足踏みを頻回にしたり，歩き回ったりします。内的な緊張感と連動した活動性の亢進であり，精神運動性の焦燥と呼ばれます。また，反対に，体の動きが遅くなったり減ったりし，口数が減り，声も小さくなるなどの症状がみられることがあり，抑制と呼ばれます。抑制症状が強くなるとうつ病性昏迷と呼ばれる状態に陥り，外部からの刺激にも反応を示さず，言葉を発することなく，ひたすら臥床したままの状態になることもあります。

(エ) 疲労感又は気力の減退

何もしていないのに，ひどく疲れを感じたり，体が非常に重く強い倦怠感を感じる症状がみられます。気力が低下して何もする気が起きず，洋服を着るといった日常的なことにさえ時間がかかってしまいます。本人は，何とかしなければならないと思い，気持ちは焦るのですが，どうしても気力が湧いてこないといった状態です。「疲れやすい」，「おっくう」，「やる気が出ない」，「気力が湧かない」などと訴えることが多いようです。

(オ) 無価値感あるいは自責感

特に理由もなく自分を過剰に責めたり，過去の些細なことを思い出しては悩んだりします。自己評価が極端に低くなり，「自分

は役立たずの人間だ」と考えたり，「皆に申し訳ない」と考えたりします。自責感が強まると，「自分はこの世からいなくなった方がよい」と思い込み，会社の業績が落ちたことなど自分と関係のないことまで自分の責任だと思い込むようになったりします。

(カ) 思考力や集中力の減退あるいは決断困難

注意力が散漫になり，集中することができなくなるため，仕事や家事が以前のように進まなかったり，できなくなったりします。また，決断力が低下し，あれかこれかと考え込んでしまうために何も決められない状態に陥ることがあります。「考えが進まない」，「決められない」という訴えになります。悲観的な決断をして会社を辞めてしまったり，離婚をしてしまうこともあります。

(キ) 自殺念慮，自殺企図

気持ちが沈んでつらくて仕方がないため，死んでしまった方がましだと考えてしまいます。「役立たずの自分など，この世の中にいないほうがよい」，「迷惑をかけて申し訳ないので，消えて無くなりたい」といった自殺念慮（希死念慮）が生じることがあります。自殺念慮から，自殺行為そのものにつながる可能性もあります。

(ク) 不安

不安は多くの患者にみられる症状です。いろいろな症状が重なり，今までできていたこともままならなくなるため，「自分はこのままどうなってしまうんだろう」，「周りからどう見られているんだろう」，「一人でいることがたまらなくつらい」といった不安が次々と襲ってきます。

(ケ) 身体症状

全身倦怠感，腰痛，肩こり・肩の痛み，頭痛などの身体の痛

み，めまい，胃腸症状（下痢や便秘），発汗，性欲減退・インポテンツなどの身体症状がみられることも多いようです。

参考として，【表6-1】にDSM-5の抑うつエピソードの診断基準を示しました。診断に当たっては，2つの基本症状のうち1つは必ず存在していなければなりません。また，基準Aに示されている症状が5つ以上存在している必要があります。それぞれの症状の持続期間は，2週間以上にわたって，ほぼ毎日続くこと（希死念慮については毎日でなくてもよい）が必要とされています。

【表6-1：抑うつエピソードの診断基準（DSM-5）】

A.	以下の症状のうち5つ（またはそれ以上）が同じ2週間の間に存在し，病前の機能からの変化を起こしている。これらの症状のうち少なくとも1つは，(1)抑うつ気分，または(2)興味または喜びの喪失である。 注：明らかに他の医学的疾患に起因する症状は含まない。
(1)	その人自身の言葉（例：悲しみ，空虚感，または絶望感を感じる）か，他者の観察（例：涙を流しているように見える）によって示される，ほとんど1日中，ほとんど毎日の抑うつ気分（注：子どもや青年では易怒的な気分もありうる）
(2)	ほとんど1日中，ほとんど毎日の，すべて，またはほとんどすべての活動における興味または喜びの著しい減退（その人の説明，または他者の観察によって示される）
(3)	食事療法をしていないのに，有意の体重減少，または体重増加（例：1か月で体重の5％以上の変化），またはほとんど毎日の食欲の減退または増加（注：子どもの場合，期待される体重増加が見られないことも考慮せよ）
(4)	ほとんど毎日の不眠または過眠
(5)	ほとんど毎日の精神運動焦燥または制止（他者によって観察可能で，ただ単に落ち着きがないとか，のろくなったという主観的感覚ではないもの）

第1章　成年後見制度の利用者に多い精神障害

	(6)	ほとんど毎日の疲労感，または気力の減退
	(7)	ほとんど毎日の無価値感，または過剰であるか不適切な罪責感（妄想的であることもある。単に自分をとがめること，または病気になったことに対する罪悪感ではない）
	(8)	思考力や集中力の減退，または決断困難がほとんど毎日認められる（その人自身の言葉による，または他者によって観察される）
	(9)	死についての反復思考（死の恐怖だけではない）。特別な計画はないが反復的な自殺念慮，または自殺企図，または自殺するためのはっきりとした計画
B.		その症状は，臨床的に意味のある苦痛，または社会的，職業的，または他の重要な領域における機能の障害を引き起こしている。
C.		そのエピソードは物質の生理学的作用，または他の医学的疾患によるものではない。

注：重大な喪失（例：親しい者との死別，経済的破綻，災害による損失，重篤な医学的疾患・障害）への反応は，基準Aに記載したような強い悲しみ，喪失の反芻，不眠，食欲不振，体重減少を含むことがあり，抑うつエピソードに類似している場合がある。これらの症状は，喪失に際し生じることは理解可能で，適切なものであるかもしれないが，重大な喪失に対する正常な反応に加えて，抑うつエピソードの存在も入念に検討すべきである。その決定には，喪失についてどのように苦痛を表現するかという点に関して，各個人の生活史や文化的規範に基づいて，臨床的な判断を実行することが不可欠である。

出典：日本精神神経学会日本語版用語監修，髙橋三郎・大野裕監訳『DSM-5　精神疾患の診断・統計マニュアル』（医学書院，2014）125～126頁

(2) 躁病相（躁病エピソード）の症状

　ア　躁病相の基本症状

　　躁病相の基本症状は，①気分が高揚する，開放的になる，あるいは怒りっぽくなる，という気分の変化と，②気力・活動性の増加，の2つです。

　　躁病相では，患者は，気分が高揚しているために，自分の状態について，「気分が良い」，「うきうきする」と述べます。気分爽快で

Ⅵ うつ病と双極性障害

あり、楽しくて仕方がない様子になります。気分の高揚が軽度にとどまるうちは、家族や職場の同僚など患者の周囲の人からも、「快活」、「陽気」などと肯定的に評価されます。気分が開放的となるために、見ず知らずの人にも誰かれとなく話しかけて回ったり、服装や化粧が派手になったりします。基本的には上機嫌なのですが、高揚した気分のために、ちょっとしたことでひどくイライラして怒りっぽくなることがあります。特に、気分の高揚の程度が著しくなった場合、あるいは開放的な気分に基づく言動が他の人によって妨げられたりする場合には、こうした怒りっぽさが前面に出るようになります。

イ 躁病相のその他の症状

基本症状以外に以下のような症状がみられます。

(ア) 自尊心の肥大・誇大的思考

自己評価が高くなり、自分が誰よりも優れた人間のように思うなど、過度の自尊心を持つようになります。自己の能力を過信してしまい、実現不可能な計画を立ててしまいます。何事もうまくいくように思えて楽観的になります。思考も誇大的になり、時には、「電話一本で何千人でも友だちを呼べる」、「自分にはすごい超能力がある」、「自分は神と関係がある」というような誇大妄想が出現することもあります。

(イ) 睡眠欲求の減少

睡眠時間が短すぎるのではないかと思えるような状態であっても、すっきりした気分で目覚め、睡眠が不足していると思いません。眠らなくても平気で、夜遅くまで構わず行動し、朝早くから起き出して活動します。休まずに行動していても疲労を感じません。

(ウ) 多弁

　話したい気持ちが強くなり，また次から次へと生じるために，多弁となります。声も大きくなり，早口でしゃべり，周囲が口を差し挟むのも難しい状態となります。多弁のために，声がかすれていることもしばしばです。話の内容も，駄洒落や悪ふざけと判断されるような内容のものが多くなります。しゃべり続けようとせずにはいられずに，次々と話し続ける状態を会話心迫と呼びます。前述のように，怒りっぽくなっている場合には，会話も不平，不満，批判といった内容が主となります。

(エ) 観念奔逸

　考えが次から次へと浮かび，思考が本来の筋道から外れ，飛躍し，話のまとまりがなくなります。話の内容は，連想が豊かでどんどん広がりますが，逆にどの話も中途半端な内容でまとまりません。考えのつながりが，論理よりも好き嫌いなどの感情や語音の類似などによって行われるために，論理的思考が不可能となります。このような状態を観念奔逸と呼びます。

(オ) 注意の散漫

　注意の転導性が亢進し，ちょっとした刺激にも反応してしまうために，容易に注意がそれてしまいます。例えば，会話をしている最中でも周囲の音や周囲に見えるものに気を取られてしまい，会話がそちらの方にそれていってしまいます。また，会話をしている相手の服装に気が散り，話題に集中できないといったことが起こります。

(カ) 目標指向性のある行動の増加・精神運動性の焦燥

　対人面を中心として，性的，職業的，宗教的，政治的な目的を持った計画や行動が増加します。活動性が高まり，動きが多く，

あちこち動き回ります（多動）。朝早くから起き出して，人に電話したり，会社に出勤して，仕事をするなど，盛んに活動します。ひどくなると，瞬時もじっとしていられず，絶えず動き回り，手当たり次第に何かをしようとするのですが，作業にまとまりがなく，意味のあることができなくなってしまいます。このような状態を行為心拍又は作業心拍と呼びます。じっとしていられず，落ち着きなく体を動かしたり，手をよじったり，足踏みを頻回にしたり，歩き回ったりするなど，内的な緊張感と連動した活動性の亢進（精神運動性の焦燥）がみられることもあります。

㋖　困った結果につながる可能性が高い活動に熱中する

　　困った結果を引き起こす可能性が高いにもかかわらず，自らの楽しみに熱中してしまいます。気分の高揚のために，誇大的，開放的，楽観的となり，また，観念奔逸や注意散漫のために，計画性を欠くようになり，後で困ったことになるのが明らかなのに，つい自分が楽しいことに熱中してしまいます。借金をしてまで不相応な高額の買い物をしたり，異性に声をかけて性的に無分別な行動に走ったり，暴力や恥ずかしい行動をしたりします。こうした問題行動のために，これまで長い間かけて築いてきた人間関係を一瞬にして失ってしまう場合もあります。

参考として，【表6－2】にDSM－5の躁病エピソードの診断基準を示しました。躁病エピソードの診断には，基本症状である，気分，気力・活動性の変化が1日の大半を占める状態がほぼ毎日，少なくとも1週間以上続くことが必要とされています。ただし，入院を要するほどの気分の変化と気力・活動性の増加のみられる場合には，期間が1週間未満であっても診断基準を満たすことになります。診断に

当たっては、これらの基本症状がある期間内に、基準Aに掲げられた基本症状以外の7つの症状のうち、3つ以上の症状が、顕著に、かつまた、持続して存在していることが必要とされています。ただし、気分の高揚や開放感が乏しく、怒りっぽさだけがみられる場合には、4つ以上の症状が存在していることが必要とされています。

【表6－2：躁病エピソードの診断基準（DSM－5）】

A.	気分が異常かつ持続的に高揚し、開放的または易怒的となる。加えて、異常にかつ持続的に亢進した目標指向性の活動または活力がある。このような普段とは異なる期間が、少なくとも1週間、ほぼ毎日、1日の大半において持続する（入院治療が必要な場合はいかなる期間でもよい）。	
B.	気分が障害され、活動または活力が亢進した期間中、以下の症状のうち3つ（またはそれ以上）（気分が易怒性のみの場合は4つ）が有意の差をもつほどに示され、普段の行動とは明らかに異なった変化を象徴している。	
	(1)	自尊心の肥大、または誇大
	(2)	睡眠欲求の減少（例：3時間眠っただけで十分な休息がとれたと感じる）
	(3)	普段より多弁であるか、しゃべり続けようとする切迫感
	(4)	観念奔逸、またはいくつもの考えがせめぎ合っているといった主観的な体験
	(5)	注意散漫（すなわち、注意があまりにも容易に、重要でないまたは関係のない外的刺激によって他に転じる）が報告される、または観察される。
	(6)	目標指向性の活動（社会的、職場または学校内、性的のいずれか）の増加、または精神運動焦燥（すなわち、無意味な非目標指向性の活動）
	(7)	困った結果につながる可能性が高い活動に熱中すること（例：制御のきかない買いあさり、性的無分別、またはばかげた事業への投資などに専念すること）

C.	この気分の障害は，社会的または職業的機能に著しい障害を引き起こしている，あるいは自分自身または他人に害を及ぼすことを防ぐため入院が必要であるほど重篤である，または精神病性の特徴を伴う。
D.	本エピソードは，物質（例：乱用薬物，医薬品，または他の治療）の生理学的作用，または他の医学的疾患によるものではない。 注：抗うつ治療（例：医薬品，電気けいれん療法）の間に生じた完全な躁病エピソードが，それらの治療により生じる生理学的作用を超えて十分な症候群に達してそれが続く場合は，躁病エピソード，つまり双極Ⅰ型障害の診断とするのがふさわしいとする証拠が存在する。

注：基準A～Dが躁病エピソードを構成する。少なくとも生涯に一度の躁病エピソードがみられることが，双極Ⅰ型障害の診断には必要である。

出典：日本精神神経学会日本語版用語監修，髙橋三郎・大野裕監訳『DSM-5 精神疾患の診断・統計マニュアル』（医学書院，2014）124頁

　これらの症状によって，その人が本来持っている社会的機能（職業や学業など）が損なわれている状態にある場合，その人の自傷・他害を防止するために入院が必要な状態にある場合，あるいは，妄想や幻覚などの精神病症状を呈している場合に，その人は，躁病エピソードに罹患していると診断されます。躁病エピソードを示している人は，病識（自分が病気であるという意識）が乏しく，本人は，むしろ「好調」と考えていることが多く，治療導入に困難を伴う場合が少なくありません。

(3) 軽躁病相（軽躁病エピソード）の症状

　躁病相と同様の症状がありますが，その程度が軽く，その人が元来持っている社会的な能力が残されている状態にとどまっている場合を軽躁病相（軽躁病エピソード）と呼びます。DSM-5では，躁病エピソードと基本症状を含む症状項目は同じですが，症状の持続期間は4日以内と短くてよく，また，症状も社会的又は職業的機能に著しい障害を引き起こしたり，または，入院を必要とするほど重篤ではない

程度と規定されています。なお，妄想や幻覚などの精神病症状が存在する人は，躁病相と診断されることになります。

(4) 混合病相（混合性エピソード）の症状

双極性障害の経過中にうつ病の症状と躁病の症状が入り混じって出現する場合があり，こうした状態を混合状態と呼びます。混合状態（混合病相）は，双極性障害に罹患している人で，躁病相からうつ病相へと移行するとき，あるいは，うつ病相から躁病相へと移行するときに，みられることが多いようです。

一般に，躁状態では，気分は高揚し，思考面では考えが次から次へと浮かび（観念奔逸），行動は活発となり，多弁・多動となります。これに対して，抑うつ状態では，気分は沈み，思考は停滞し（抑制），行動も不活発となり，口数も少なくなります。気分，思考，行動の各要素がそれぞれ一致して，躁状態ないし抑うつ状態に特徴的な症状を呈していることになります。躁状態と抑うつ状態の移行期にみられる混合状態では，こうした気分，思考，行動の三要素について，ある要素は躁状態の症状を呈し，ある要素は抑うつ状態の症状を呈しているような状態のことです。

例えば，気分は落ち込み，不安が強い状態であるのに，頭の中では「ああでもない，こうでもない」というようにいろいろな考えが浮かび，じっとしていられない，というように，気分は抑うつ状態の症状であるのに，思考や行動については躁状態の症状を呈していることがあります。また，ひどく興奮しており，行動は活発でしゃべり続けているのに，気分は死にたくなってしまうほど憂うつである，というように，躁病とうつ病の症状が混じって出現している状態を示すこともあります。躁病とうつ病の重篤な症状が同時に存在している，混合病相が出現している時には，自殺の危険率が高いことが報告されてお

り，治療に当たっては，自殺の危険性に関して十分な注意を払う必要があります。

3　気分障害の診断分類

　気分障害には，うつ病，躁病，双極性障害（躁うつ病），気分変調症，気分循環症などがあります。参考までに，【表6-3】にICD-10の気分障害の診断分類を，【表6-4】にDSM-5の抑うつ障害と双極性障害の診断分類を示しました。このうち重要なのは，うつ病と双極性障害（躁うつ病）の2つです。

【表6-3：気分（感情）障害の診断分類（ICD-10）】

```
躁病エピソード
双極性感情障害（躁うつ病）
うつ病エピソード
反復性うつ病性障害
持続性気分（感情）障害
　　気分変調症
　　気分循環症
他の気分（感情）障害
特定不能の気分（感情）障害
```

【表6-4：抑うつ障害と双極性障害の診断分類（DSM-5）】

抑うつ障害群
重篤気分調節症
うつ病（大うつ病性障害）
持続性抑うつ障害（気分変調症）
月経前不快気分障害
物質・医薬品誘発性抑うつ障害
他の医学的疾患による抑うつ障害

他の特定される抑うつ障害
特定不能の抑うつ障害
双極性障害および関連障害群
双極Ⅰ型障害
双極Ⅱ型障害
気分循環性障害
物質・医薬品誘発性双極性障害および関連障害
他の医学的疾患による双極性障害および関連障害

(1) うつ病

　何の原因もないのに，うつ状態が続く病気です。うつ状態では，気分が落ち込み，好きなものにも興味が持てず，考えや動作が鈍くなります。DSM－5では，うつ病（大うつ病性障害）の診断に当たっては，1回以上の抑うつエピソードがあることが必要とされています。

　うつうつとした，絶望的な気持ちが一日中続き（抑うつ気分），好きなことにも興味・関心が持てなくなります（興味関心の低下）。食べ物の味がわからなくなり，食欲が低下し，体重も減ります。不眠となり，特に用もないのに朝早くに目が覚めてしまいます（早朝覚醒）。動作や頭の働きも，いつもよりゆっくりになり（制止），迷いが多くなり物事を決めることができにくくなります。将来に対して希望が持てず，何を考えても悪いほうに考えがちとなります。自分は生きる価値のない人間だとしか思えず，死にたくなってしまいます（希死念慮）。

　抑うつ気分や制止などの症状は，1日の中でも強くなったり弱くなったりする（日内変動）ことがあります。日内変動は，「朝起きたときの気分は最悪」で，「朝は，何もする気にならない」が，午後や夕方になると「ようやく何かをする気になる」といったように「朝に最も調子が悪く，夕方以降になると少し楽になる」といったパターン

を示すことが多いようです。日内変動は，伝統的な診断では，内因性うつ病の代表的な症状と考えられていました。

　重症のうつ病では，妄想などの精神病症状が出ることもあります。「取り返しがつかない過ちを犯した」などという内容の罪業妄想，「不治の病にかかっていて，助からない」などという内容の心気妄想，「（お金は十分にあるのに）家にお金がないので入院費が払えない」などという貧困妄想が，うつ病にみられる代表的な妄想であり，これらはまとめて微小妄想と呼ばれます。また，自分の存在自体，あるいは自分の身体や臓器，自分が住んでいる世界全体を否定する否定妄想がみられることもあります。

(2) 双極性障害（躁うつ病）

　うつ状態と躁状態を呈する病気です。うつ状態と躁状態の症状の比較を【表6-5】にまとめました。

【表6-5：躁状態とうつ状態の症状】

	躁状態	うつ状態
気分	高ぶっている（爽快気分）	落ち込んでいる（抑うつ気分）
	上機嫌なことも，不機嫌なことも	イライラすることもある
活動性	自尊心が肥大し，様々な活動に手を出したくなる	意欲が出ず，日常生活が困難
思考	次から次へと考えが浮かぶ	考えそのものが前に進まない
会話の様子	一方的に多くを語る	途切れ途切れで先に進まない
注意力	注意散漫で気が移りやすい	ぼーっとして注意力がない
睡眠	睡眠の必要を感じなくなる	眠れない
		ときに眠りすぎることもある
食欲・性欲	増進する	減退する
		ときに食べすぎることもある
行動の問題	喧嘩や暴力に至ることもある	自殺のおそれがある

DSM－5では，双極性障害は，双極Ⅰ型障害と双極Ⅱ型障害とに分けられています。双極Ⅰ型障害の診断に当たっては，1回又はそれ以上の回数の躁病エピソードがみられることが必要とされています。双極Ⅰ型障害に罹患している人の多くは，抑うつエピソードも経験していますが，抑うつエピソードの存在自体は，必須とはされていません。双極Ⅱ型障害の診断に当たっては，少なくとも1回以上の抑うつエピソードと，少なくとも1回の軽躁病エピソードがみられることが必要とされています。抑うつエピソードがみられない場合には，双極Ⅱ型障害とは診断されません。

躁状態では，気分は高揚し，活動性が増します。不眠不休であっても，疲れを感じません。多弁で早口になり，一方的に話します。次から次へと考えが浮かびますが，すぐ気が散り，集中できません。誇大的になり，尊大な態度をとったり，些細なことで周囲の人とトラブルになります。誇大性が高じると，「超能力がある」などの誇大妄想に発展することがあります。

4　気分障害の自殺のリスク

抑うつエピソードの診断基準に希死念慮が入っているように，気分障害では，自殺企図を行う人は多く，自殺既遂に至る人も少なくありません。自殺既遂者の約3分の1はうつ病，双極性障害に罹患していた人であるとされています。

一般の人と比較して，うつ病に罹患している人は，外来患者で約5倍，自殺企図でない入院患者で約10倍，自殺企図による入院患者で約20倍に自殺のリスクが上昇するという報告があります。自殺のリスクが高いうつ病患者の特徴として，男性，単身者，過去の自殺未遂

Ⅵ うつ病と双極性障害

の既往歴，自殺者の家族歴，物質使用障害の合併（アルコール依存）などが挙げられています。双極性障害に罹患している人は，うつ病に罹患している人よりさらに自殺のリスクが高く，自殺の生涯リスクは少なくとも一般の人の15倍以上と考えられており，精神疾患の中でも最も自殺のリスクが高いと考えられています。

5　気分障害の経過・予後

(1) うつ病

　一般に，うつ病の症状は，6か月〜2年続くと考えられています。治療を行わない状態で経過を観察した研究によれば，うつ病と診断された人の40％が1年後に症状がおおむね消退した状態（寛解）となり，20％の人では症状が減りますが，残りの40％の人では依然として抑うつエピソードの診断基準を満たす状態のままでした。これに対して，抗うつ薬による治療を行うと，どの抗うつ薬であっても約50〜70％の人では症状が減り，抗うつ薬治療を8週間行うと，症状が減った人の約3分の2が寛解となったとされています。ただし，約10％の人では，様々なうつ病の治療を行っても十分な治療効果が得られないと考えられています。

　初めてうつ病となった人の約50〜60％には，2度目の抑うつエピソードが生じ，再発を繰り返すごとに，再発率が上がることが報告されています。うつ病を最初に発症する際には，過労などの心理社会的ストレスが関係していることが多いのですが，再発を繰り返すうちに，きっかけとなる事柄（心理社会的ストレス）がなくても再発しやすくなります。したがって，治療の初期の段階から，再発予防を心掛けることが重要となります。

なお，最初はうつ病として発症した症例の5〜15％は，その後に，双極性障害へと診断が変更されるため，経過観察に当たっては，双極性障害の可能性を常に考慮しておく必要があります。

(2) 双極性障害

双極性障害に罹患している人では，躁病相が一度しかないという人はまれで，一生のうちに，再発を繰り返す人が90％以上を占めるといわれています。したがって，再発予防を考えることが治療上，極めて重要となります。また，双極性障害の約10〜20％は，年に4回以上も躁病エピソードないし抑うつエピソードを繰り返す急速交代型を示すとされています。

一般に，躁状態の人は，いつもよりも調子が良いと感じているので，自分が病気であることがわかりません。中には躁状態にある自分が，本来の自分なのだと思う人もいます。そのため，診察を受けようと思うのは，気分が落ち込んで苦しくなったうつ状態のときがほとんどです。特に双極Ⅱ型の軽躁状態はⅠ型のように激しくないので，うつ病と診断されてしまいがちです。また，混合状態といって，うつ状態と躁状態が混じって出現することもあります。

残念ながら，現時点では，双極性障害によるうつ状態なのか，うつ病によるうつ状態なのかを診察で区別できるような方法はありません。実際，双極性障害の患者が正しい診断を受けるまでに，平均7.5年もかかっているという報告もあるように，診断は容易ではありません。双極性障害のうつ状態であることに気付かれないまま抗うつ薬で治療を続けていると，うつ状態が治らないばかりか，急激に躁状態が出現（躁転）したりする恐れがあります。

Ⅵ　うつ病と双極性障害

6　気分障害の治療

(1) うつ病の治療

　うつ病治療の四本柱は，休養，環境調整，薬物療法，精神療法です。

　ア　休養・環境調査

　　十分な休養をとって心と体を休ませることがうつ病治療の第一歩です。職場であれば配置転換や残業時間の軽減，家庭であれば家事の分担や手伝いなどの環境調整によって，ストレスを軽減することが重要です。休むことは悪いことではありませんし，「何かやらなければ」と焦ることもありません。

　イ　薬物療法

　　薬物療法が必要な場合には，抗うつ薬が使用されます。最近では，セロトニンやノルアドレナリンに作用する，SSRI（選択的セロトニン再取り込み阻害剤）やSNRI（セロトニン・ノルアドレナリン再取り込み阻害剤），NaSSA（ノルアドレナリン作動性・特異的セロトニン作動性抗うつ剤）などの抗うつ薬が使われることが多いようです。抗うつ薬は，最初は少量から開始し，徐々に適切な服用量に調整していきます。抗うつ薬の効果が現れるまでには，服用開始から2～3週間ほどかかるため，吐き気や眠気，めまい，頭痛などの副作用が先に出ることがあります。

　　そのほか，患者の症状に応じて，抗不安薬，睡眠導入薬，気分安定薬，非定型抗精神病薬などが使用されます。

　ウ　精神療法

　　うつ病の原因となったストレスを振り返って対処法を学んで調子の良い状態を維持し，再発を防ぐ目的で行われるのが精神療法で

す。精神療法としては，認知行動療法と対人関係療法があります。認知行動療法では，悲観的な物事の捉え方や考え方のくせを改善することによって，うつ状態を悪化させる思考の悪循環を断ち切る方法を学びます。対人関係療法は，現在の対人関係の問題（ストレス）を解決し，家族や職場・学校の仲間，友人などとの良好な人間関係を回復させ，再発を防ぐために行います。良い対人関係ができると，周囲の人たちに病気を受け入れてもらうことができ，サポートを受けることができますから，治療の動機付けと症状の改善につながります。

エ　電気けいれん療法

難治性うつ病や抗うつ薬の副作用が出やすい高齢者に対しては，無けいれん電気けいれん療法が行われることがあります。

(2) 双極性障害の治療

双極性障害の治療では，躁状態やうつ状態から回復し，再発を予防することが目的となります。薬物治療と心理社会的治療が用いられます。

ア　薬物療法

双極性障害には，気分安定薬と呼ばれる薬が有効です。気分安定薬としては，リチウム，バルプロ酸，カルバマゼピン，ラモトリギンがあります。

この中で，最も基本的な薬物は，リチウムです。リチウムには，躁状態とうつ状態を改善する効果，躁状態・うつ状態を予防する効果，自殺を予防する効果があります。ただし，リチウムは副作用が強く，血中濃度を測定しながら服用する必要があります。

その他，躁状態に対して抗精神病薬が使用されます。

イ　心理社会的治療

心理社会的治療としては，心理教育，家族療法，対人関係・社会

リズム療法があります。

　心理教育では，病気の性質や薬の作用と副作用を理解し，再発のしるし（徴候）は何なのかを自分自身で把握することを目指します。再発の初期に治療を開始できれば，ひどい再発にならなくて済むからです。そのために，再発した時に，最初に出る症状（初期徴候）を確認し，本人と家族で共有することが大事です。再発のきっかけになりやすいストレスを事前に予測し，それに対する対処法などを学ぶことも有効です。また，睡眠覚醒リズム表に睡眠時間や気分・行動を記録することによって，気分の波と睡眠覚醒リズムや日常の行動との関係を客観的に捉えられるようにします。家族療法は，双極性障害に対する家族の理解を深め，患者さんと家族が協力して病気に立ち向かえるようにすることを目的にしています。

　対人関係・社会リズム療法は，対人関係から生じるストレスや双極性障害にかかってしまったことに対するストレスを軽減させる対人関係療法と，社会生活のリズムを規則正しく整えることを目的とする社会リズム療法を組み合わせた治療法です。対人関係療法については，うつ病のところで触れました。社会リズム療法では，起床や出勤，夕食などの時間や他人から受けた刺激の度合い，イベントなどを記録することで，自分の生活リズムがどのようなものか，どんな場合に自分の社会リズムが不規則になりやすいかを理解し，修正できるようになります。

第1章　成年後見制度の利用者に多い精神障害

コラム①　気分障害からうつ病と双極性障害へ

　うつ病と双極性障害は、どちらも気分の変化を主症状とするところに共通性があり、これまで、併せて気分障害（mood disorder）という１つの精神疾患として取り扱われてきました。気分障害は、感情障害（affective disorder）と呼ばれることもあります。

　ICD-10では、気分（感情）障害（mood (affective) disorder）とされており、米国精神医学会のDSMでも、DSM-Ⅳ-TRまでは、気分障害（mood disorder）として１章にまとめられていました。しかし、2013年に公表されたDSMの最新版であるDSM-5では、それまでの気分障害に相当する部分は、うつ病（抑うつ障害群 Depressive Disorders）と双極性障害（双極性障害及び関連障害群 Bipolar and Related Disorders）という２つの章に分かれています。

　精神医学の診断分類の体系は、医学の進歩に伴い時代とともに変化していますが、うつ病と双極性障害の概念も変化してきています。現在は、従来の「気分障害」という１つの疾患から「うつ病」と「双極性障害」という２つの疾患への移行期にあるといえます。

コラム②　気分障害概念の歴史的変遷

　かつての伝統的診断では、うつ病や躁うつ病は、統合失調症と並ぶ内因性精神病の代表と考えられていました。しかし、近年の操作的診断基準よって診断されるうつ病と双極性障害の概念は、伝統的診断による内因性精神病としてのうつ病・躁うつ病とは大きく異なったものとなっています。

Ⅵ　うつ病と双極性障害

　精神医学における診断体系を確立したドイツの精神医学者であるクレペリン（Emile Kraepelin）は，精神疾患をその原因（病因）に基づき，「外因」性精神疾患，「心因」性精神疾患，「内因」性精神疾患の3種類に分類することを提唱しました。クレペリンは，内因性疾患として，今日の統合失調症の原型である早発性痴呆とうつ病と双極性障害の原型である躁うつ病を，それぞれ独立した疾患であると考えていました。クレペリンは，躁うつ病は経過中に，抑うつ状態，躁状態，両者の特徴が混合してみられる「混合状態」を呈することがありますが，これらは躁うつ病という1つの疾患としてまとめて考えるのが妥当であり，抑うつ症状しか示さない単極性うつ病も躁うつ病という疾患に含まれると考えていました。クレペリンは，躁うつ病の特徴は周期的に経過し，病相期（抑うつ状態や躁状態の時期）以外の時期には正常に回復するという点にあり，幻覚・妄想・思路障害などの急性期症状がなくなった後にも意欲低下，無為，自閉などの陰性症状が残存し，時間の経過とともに荒廃状態に陥る経過を示す統合失調症とは対照的と考えていました。クレペリンが提唱した，抑うつ状態や躁状態を呈する精神疾患は「躁うつ病に一元化される」という考え方は，長い間，精神医学の主流でした。

　1960年代以降，躁うつ病の経過，発症率の性差，遺伝歴，病前性格などの研究結果を考慮して，「双極性障害」と「単極性うつ病」の2つに分けるべきだという考え方，すなわち二元論が提唱されるようになりました。また，躁うつ病は当初は，内因性精神疾患と考えられていましたが，うつ病の中には心因性のものがあり，それを

「神経症性うつ病」として,「内因性うつ病」とは区別する考え方が提唱されるようになりました。

　診断の一致率を高めることを目的として作成されるようになった操作的診断基準では,伝統的診断とは異なり,病因を考慮せずに,患者の臨床経過に関する膨大な統計データに基づいて診断の枠組みが定められるようになりました。気分障害に関する,症候論,家族歴,遺伝学的な研究のデータに基づき,DSM‐5では,従来の気分障害は,うつ病と双極性障害という2つの疾患に分けられることになりました。

コラム③　内因性うつ病の病前性格

　ドイツのクレッチマー（Ernst Kretschmer）は,躁うつ病患者には循環気質という性格傾向を示す人が多い点に着目し,循環気質が病的状態に至ったものが躁うつ病であると考えました。循環気質とは,社交的で,他者と同調して生きようと努め,現実指向性の強い性格傾向をいいます。しかし,その後の研究により循環気質と躁うつ病との間には関連がないことが明らかになりました。

　我が国の下田光造は,躁うつ病の病前性格として執着性格という性格を提唱しました。執着性格とは,仕事熱心,凝り性,徹底的,正直,几帳面,強い正義感や義務責任感,ごまかしやずぼらができない,などを特徴とする性格傾向のことをいい,「几帳面さ」と「熱中性」という2つの特性を持ちます。下田は,ある期間の過労（誘因）によって睡眠障害や疲労が起こり,通常の人であれば自から休養状態に入るような状況になっても,執着性格の人では,休養

に入らずに，活動を続け，ますます過労に陥り，疲弊の頂点で抑うつ状態や躁状態を発症すると考えました。

1960年代，ドイツのテレンバッハ（Hubertus Tellenbach）は，内因性うつ病の病前性格として「メランコリー親和型性格（typus melancholicus）」を提唱しました。メランコリー親和型性格は必ずしも世界中で受け入れられた考え方とはいえませんが，我が国の精神医学界では1980年代から広く支持されている考え方です。

メランコリー親和型性格とは，秩序指向性，他者配慮性，徹底性が強い性格傾向をいいます。この性格傾向を持つ人は，毎日が特に問題もなく，決められたとおり過ごせばよいときには，勤勉で真面目であるとして周囲からの評価も高いものとなります。しかし，環境の変化に対し柔軟に対応することが苦手で，また，他人との関係を重視しすぎて，他人からの依頼や申し出を断り切れずに多くの仕事を抱えこむ傾向があります。

テレンバッハは，メランコリー親和型性格の人が，職場の昇進，転勤，配置換えといった，それまでと違った役割を果たす必要が生じる状況，特に「どこまで自分が引き受ければよいのかわからない」，「同時にいくつかの役割が割り振られる」といった状況に置かれると，「あれもこれもやらねばならない」と優先順位がつかなくなり，しかも，「徹底的にやりたい」ので完璧を追い求める結果，自分の許容範囲を超えてしまい，うつ病を発症すると考えました。状況因がうつ病の発症に結びつくためには，メランコリー親和型性格が存在していなければならず，その意味では心因性ではなく，あ

くまで内因性うつ病と考えていました。

　メランコリー親和型性格は，下田の執着性格との共通点も多いのですが，執着性格が生物学的概念であるのに対して，メランコリー親和型性格はより心理学的概念といえます。「メランコリー親和型性格」を病前性格とする内因性うつ病という考え方は，「病前性格」「状況因」「治療法」が一体化しており，臨床的にも有用でしたので，広く日本の精神医学界に受け入れられました。また，勤勉で，企業社会に適応してきた勤労者が，喜ぶべき昇進といった状況因によって，うつ病に陥ることがあること，明確な方針に基づいた治療可能性が呈示されたことは，一般の人に対するうつ病の啓発活動においても大きな意義がありました。

　なお，最近，「メランコリー親和型性格」を示さず，自責性も乏しく，「抑うつ」を自ら訴える患者が目立つようになり，「現代型うつ病」あるいは「新型うつ病」と称されています。しかし，この概念は，精神医学的にはいまだ十分な合意に至った概念ではありません。

コラム④　混合病相の診断について

　混合病相について，DSM-5の1つ前の版に当たるDSM-Ⅳ-TRでは，混合病エピソードという診断カテゴリーが，躁病エピソード，大うつ病エピソードとならぶ気分エピソードの1つとして設定されていました。DSM-Ⅳ-TRの混合病エピソードの診断基準では，「少なくとも1週間の間ほとんど毎日，躁病エピソードの基準と大うつ病エピソードの基準を（期間を除いて）ともに満た

す」ことが必要とされていました。しかし，双極性障害の治療過程において，治療者が混合病相の出現に早期に気付き，自殺危険性などに注意を払うことが重要であるにもかかわらず，DSM－Ⅳ－TRの混合病エピソードの定義に従うと，期間や診断に必要とされる症状項目が厳格であるがゆえに，混合病相が過少に評価されてしまい，結果として治療者による適切な対応がなされにくいという批判がありました。こうした批判も考慮して，DSM－5では，混合病相を診断するのではなく，気分エピソードに対して「混合性の特徴をもつもの」という特定項目を付与することへと変更がなされました。

　【表6－6】にDSM－5の「躁病または軽躁病エピソード，混合性の特徴を伴う」の診断基準を，【表6－7】にDSM－5の「抑うつエピソード，混合性の特徴を伴う」の診断基準を示しました。表でわかるように，「混合性の特徴」の有無を判断する基準は，躁病・軽躁病エピソードと抑うつエピソードとでは異なっています。いずれの基準もDSM－Ⅳ－TRにおいて混合病エピソードの診断に際して要求された，「躁病エピソードと大うつ病エピソードの基準をすべてともに満たす」という基準に比べると，診断に必要とされる症状の数が少なくなるなど，基準が緩和されています。

【表6－6:「躁病または軽躁病エピソード，混合性の特徴を伴う」の診断基準（DSM－5）】

A.	躁病エピソードまたは軽躁病エピソードの基準を完全に満たし，現在または直近の，躁病または軽躁病エピソード期間の大半において，以下の症状のうち少なくとも3つ以上が存在する。
(1)	その人自身の言葉（例：悲しみまたは空虚感を感じる）か，他者の観察（例：涙を流しているように見える）によって示される，顕著な不快気分または抑うつ気分
(2)	すべて，またはほとんどすべての活動における，興味または喜びの著しい減退（その人の説明，または他者の観察によって示される）
(3)	ほぼ毎日の精神運動性の制止（他者によって観察可能で，ただ単にのろくなったという主観的感覚ではないもの）
(4)	易疲労感，または気力の減退
(5)	無価値感または過剰であるか不適切な罪責感（単に自分をとがめること，または病気になったことに対する罪の認識ではない）
(6)	死についての反復思考（死の恐怖だけではない），特別な計画はないが反復的な自殺念慮，または自殺企図または自殺するための特別の計画
B.	混合性症状は他者によって観察可能であり，その人の通常の行動から変化を起こしている。
C.	その症状が，躁病エピソードと抑うつエピソードを同時に完全に満たす場合は，躁病における顕著な障害と臨床的重症度のため，「躁病エピソード，混合性の特徴を伴う」と診断されるべきである。
D.	混合性症状は，物質（例：乱用薬物，医薬品，他の治療）の直接的な生理学的作用によるものではない。

出典：日本精神神経学会日本語版用語監修，髙橋三郎・大野裕監訳『DSM－5 精神疾患の診断・統計マニュアル』（医学書院，2014）149頁

【表6-7:「抑うつエピソード,混合性の特徴を伴う」の診断基準(DSM-5)】

A.	抑うつエピソードの基準を完全に満たし,現在のまたは直近の抑うつエピソードの期間の大半において,以下の躁・軽躁症状のうち少なくとも3つ以上が存在する。	
	(1)	高揚した,開放的な気分
	(2)	自尊心の肥大,または誇大
	(3)	普段より多弁であるか,しゃべり続けようとする心迫
	(4)	観念奔逸,またはいくつもの考えが競い合っているという主観的体験
	(5)	気力または目標指向性の活動の増加(社会的,職場または学校内,性的のいずれか)
	(6)	困った結果につながる可能性が高い活動に熱中すること(例:制御のきかない買いあさり,性的無分別,またはばかげた事業への投資などに専念すること)
	(7)	睡眠欲求の減少(普段よりも眠らないのにもかかわらず,よく休めたと感じる;不眠とは対照的である)
B.	混合性症状は他者によって観察可能で,その人の通常の行動から変化を起こしている。	
C.	その症状が,躁病エピソードと抑うつエピソードを同時に完全に満たす場合には,「躁病エピソード,混合性の特徴を伴う」と診断されるべきである。	
D.	混合性症状は,物質の生理学的作用によるものではない(例:乱用薬物,医薬品,または他の治療)。	

注:抑うつエピソードに関連する混合性の特徴は,双極Ⅰ型障害又は双極Ⅱ型障害に発展する重大な危険要因であることがわかっている。その結果,この特定用語の存在に注意することは,治療計画及び治療反応を追跡するうえで,臨床的に有用である。

出典:日本精神神経学会日本語版用語監修,高橋三郎・大野裕監訳『DSM-5 精神疾患の診断・統計マニュアル』(医学書院,2014) 149〜150頁

第1章　成年後見制度の利用者に多い精神障害

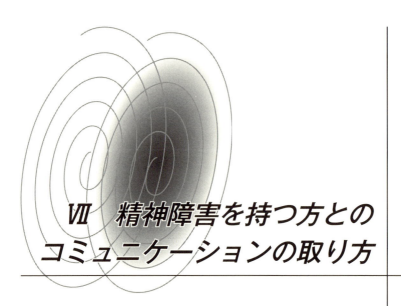

Ⅶ　精神障害を持つ方とのコミュニケーションの取り方

1　成年後見制度の利用者とのコミュニケーションのあり方

(1) 成年後見人等の取るべき姿勢

　成年後見制度の利用者の多くは，認知症高齢者，知的障害者，精神障害者で占められていると考えられます。成年後見人等には，身上配慮義務があり，成年後見制度の利用者の支援のニーズを把握した上で，必要とされる支援を行っていかなければなりません。財産保護だけを考えていればよかった禁治産・準禁治産制度の時代とは異なり，現行の成年後見制度では，能力制限による本人保護という従来の理念と自己決定の尊重・残存能力の活用という新しい理念との調和を目指しています。現在の成年後見制度の下では，利用者の支援のニーズを

Ⅶ　精神障害を持つ方とのコミュニケーションの取り方

把握するためには，成年後見人等は利用者が現在どのような生活を送っているのか，その現状を把握することから始めることになるでしょう。しかし，自己決定支援を適切に行っていくためには，現在の生活だけではなく，利用者がこれまでどのような生活を送ってきたのか，どのような信条を持って生活してきたのか，好みや嗜好はどのようなものなのかを把握する必要があります。また，利用者が，今後の生活についてどのような意向や希望を持っているのかを知っておくことも重要です。こうしたことを知るためには，利用者とよく話すことが，重要になります。つまり，適切な支援を行っていく上では，利用者とのコミュニケーションを確立することが必要不可欠となります。

　それでは，利用者とのコミュニケーションを確立するためには，どのようなことが必要でしょうか。まずは，利用者との間に信頼関係を築くことが重要だと思います。自分のこれまでの生活や信条，現在の思いや，今後の生活に関する意向・希望を語る相手は，やはり信頼のおける人でなければなりません。そして，信頼関係を築くためには，まずは，対等な1人の人間として接することが重要になります。支援を行っていく過程では，利用者の意向や希望の実現が難しい場合もあります。対等な1人の人間として接するということは，こうした場合であっても，その場しのぎのいいかげんな対応をしないということです。必要と考えられる支援について，利用者と真摯に話し合い，実現が困難な場合には，その理由を説明して，納得してもらうように努める姿勢が大切だと思います。

(2)　精神障害の影響を把握し，理解する

　精神障害は，個々の患者の精神機能や認知機能に様々な影響を与えます。利用者を支援し，利用者とコミュニケーションをとるためには，個々の利用者の思考や行動に精神障害が与えている影響を把握

し，理解することが重要になります。患者の思考や行動に精神障害が与える影響は，当然，精神障害の種類によって異なります。仮に同じ精神障害に罹患している人であっても，病期や病状によっても，その影響は異なります。また，同じような症状がある場合でも，その症状の影響は，その人のこれまでの生活や元々の性格によっても異なりますし，その人の生活環境や対人関係などによって異なることもあります。つまり，個々の利用者ごとに精神障害の影響の仕方や程度は異なることになります。利用者を支援するに当たっては，個々の利用者の精神障害が，その人の思考や行動に与えている影響を，把握し，理解しておくことが重要です。つまり，個別・具体的な理解が必要ということです。

これまで，成年後見制度の利用者に多いと思われる精神障害について，どのような病気であり，どのような症状があり，どのような治療があるかについて解説してきました。利用者とのコミュニケーションの取り方を考える上で知っておくべき知識は，これらの解説を読むことによって，おわかりいただけるのではないかと思います。ここでは，成年後見制度の利用者の大多数を占める，認知症高齢者，知的障害者，統合失調症患者について，医師の立場から注意しておいてほしいことについて述べることにします。

ア　認知症高齢者

　(ｱ)　認知症の人の特徴

　　　認知症の特徴の1つは，症状が進行していくことです。認知症の人では，一旦獲得された社会性や日常生活技能が，症状の進行に伴って失われていきます。社会性や日常生活技能の失われ方は，人によって様々であり，認知症のタイプによっても異なります。全体的に少しずつ失われていく人もいれば，ある特定の事柄だけ

Ⅶ　精神障害を持つ方とのコミュニケーションの取り方

ができなくなってしばらくはそのままの状態という人もいます。
(イ)　認知症であることを正しく認識することの重要性

　徐々に進行していく認知症の症状は，毎日身近に接する家族や介護者には，かえって気付かれにくいといわれています。また，特に初期の認知症の人では，記憶障害があるだけの人もいます。記憶障害があるからといって，論理的な思考ができなくなっているわけではありません。周囲の状況をみて，適当に話を合わせることができる人もいます。少し話をしただけでは，認知症なのかどうかよくわからないこともあります。万引きや傷害などの問題行動が生じて，初めて医療機関を受診して，認知症に罹患していたということが判明することもあります。また，認知症の人が起こした事件の記録をみると，事件後の精神鑑定で初めて認知症に罹患していたことが判明した人もいます。

　認知症の人の性格変化や問題行動の背景に認知症が存在していることに，本人はもとより家族や介護者も気が付かないままでいると，認知症の人の迷惑行動を，いやがらせのためにわざとやっていると家族や介護者が受け取ってしまうことがあります。このような状況に陥ると，認知症の人と家族・介護者との間に感情的な葛藤が生じてしまい，介護やケアもうまくいきません。気を付けていないと高齢者虐待のようなことにもつながりかねません。認知症に罹患している人を正しく認知症と診断し，その人の認知症の症状を家族・介護者が正しく理解することによって，こうした状況を陥ることを防ぐことができます。

　もちろん，成年後見制度の利用者の場合には，家庭裁判所における審判の際に提出される鑑定書・診断書によって，認知症という診断名自体は付いています。しかし，どのような認知症の症状

が出ているのか，認知症があってもどのようなことはできるのか，認知症によってどのようなことができなくなっているのかは，利用者本人や家族・介護者から話を聞くことによってしかわかりません。

　認知症であることがわかっていても，家族や介護者などの第三者からの客観的な情報なしに，認知症の人とだけ話をしていると，認知症であることに気が付かないこともあります。特に，初期の認知症で記憶障害の目立たない人や元来の知的機能や社会生活能力の高い人の場合には，医師であっても，いわゆる世間話のレベルで話をしているときなどには，話している相手が認知症とは思えないこともあります。成年後見人等も面接を行うときには，まずは，本人から話を聞くことになりますが，そこで，聞いた情報を家族や介護者からの情報と照らし合わせることを忘れてはならないと思います。

(ウ)　認知症の人への対応で注意すべきこと

　既に述べたように，認知症の人であっても，判断能力の障害の程度は様々です。かなり進行した人であっても，全てのことがわからなくなるわけではありません。例えば，徘徊のように一見したところ無意味に思えるような行動であっても，よく話を聞くと本人なりの理由があることがあります。無理に，徘徊をやめさせようとすると，そのことに反応して，かえって興奮したりすることもありますが，徘徊する本人なりの理由を聞いて，それに合わせて対応することによって，問題行動が解決することもあります。例えば，会社に行かなければならないと思っている人の場合であれば，「今日は，会社は休みです」といってあげると徘徊が治まることがあります。こうした対応は一見するとその場しのぎ

Ⅶ　精神障害を持つ方とのコミュニケーションの取り方

の対応に見えるかもしれません。しかし，本人の思いを聞き，その思いを踏まえた対応を行っているのであって，その場しのぎのいい加減な対応とはいえません。むしろ，健忘や失見当識などの認知症の人にみられる症状を踏まえた適切な対応といえるのです。

【表7-1】に認知症の人への対処の方法を示しました。

また，認知症の人の理解力を高めるためのコミュニケーションの工夫を【表7-2】に示しました。この表は，もともとは，認知症の人の治療への理解を手助けするための工夫として示されたものですが，治療同意以外の意思決定支援にも応用可能な工夫だと思います。

【表7-1：認知症の方への対処の原則】

コミュニケーションの原則
1．話題を直接関係があることに集中する
2．指示を簡単なものにする
3．情報の量を減らして，要点を絞る
4．小さな情報に分ける
5．その情報をゆっくりとひとつずつ提示する
6．時間をとって注意をじっくり払うようにする
7．その人の自身の言葉で復唱させる（書いてもらう）
8．注意を喚起する
9．周りの騒音を少なくする
10．手振り身振りを使う
11．落ち着いた調子で話す
12．沈黙しても急かさず，待つ
13．よく耳を傾けて何を言おうとしているのか聴き取る

第1章　成年後見制度の利用者に多い精神障害

困った行動への対応の原則
1．日頃からいい家族関係を作っておく
2．非難や説得は効果がない。誉める，嬉しがる，感謝する
3．楽しいこと，興味のあることができるように話しかけ，一緒に行動する
4．困った行動のパターンをしっかり観察する
5．困った行動の原因を考え，それを取り除くように努力する
6．できるだけ制止せず，冷静に収まるのを待つ

出典：「認知症予防・支援マニュアル」分担研究班『認知症予防・支援マニュアル（改訂版）』（2009）32頁

【表7－2：本人の理解力を高めるための工夫】

聴覚	・補聴器がある場合はなるべく装着してもらう ・本人の正面から口の形を見るように促し，大きく口を開けて発音して見せる ・必要以上に大きな声で伝えようとせずに（騒音曝露といって難聴を悪化させる場合がある。），適宜，筆談など視覚的補助を用いる
注意	・人の出入りや他の人の話し声などが気にならず集中できる環境を設定する ・話す前に名前を呼んで注意を喚起する
記憶	・一文を短く区切る。キーワードとなる言葉は一文に1～2個程度が理想的 ・字や図など視覚的な補助を使うと，記憶に残りやすい。また，説明のときに使ったメモや図を，後日の確認のときに使うと思い出しやすい
理解	・本人の教育歴や認知機能レベルに応じた言葉やなじみのある表現への言い換えを行う ・説明内容のポイントをわかりやすく書いて指し示す ・実際の病変の部位を確認しながら説明する
選択	・選択肢を2つに絞る

| ・「はい」「いいえ」で答えられる質問 |

出典：加藤佑佳，成本迅「治療同意にかかわる意思決定の支援」『老年精神医学雑誌』第26巻第9号（ワールドプランニング，2015）1007頁

イ　知的障害

　　知的障害者の能力は，「知的能力」だけではなく，「日常生活能力」「適応能力」を含めて総合的に判定されます。知的障害者の能力の特徴は，一度獲得した後に失われたものではなく，獲得されてこなかった能力が多数あることです。認知症や統合失調症の人の場合には，もともとあった能力が「どの程度失われているのか」という視点で能力を捉えますが，知的障害の場合には，「どこまで獲得されているのか」という視点で能力を捉える必要があります。その意味で，知的障害者にとって必要なのは，「リハビリテーション（機能等の回復）」というよりは，「ハビリテーション（機能等の獲得）」ということになります。知的障害者であっても，具体的な経験を積み，対処方法を学習することによって，知識や理解を深めることが期待できます。

　　知的障害者とのコミュニケーションを考える上で，重要と思われるのは，抽象的な概念の理解が困難なことが多いということです。そのため，目の前の現実的かつ具体的なことについては理解できるけれども，見たこともないこと，聞いたこともないことに関しては，それがどのようなものかを理解することが難しいということです。将来に関する希望や意向を聞く場合でも，なるべく具体的に説明していかないと理解できません。例えば，将来どうしたいかを聞くときに，「グループホームに入りたいですか」と聞くだけだと「グループホームって何？」となってしまい，うまくイメージがで

きません。そういう場合には，グループホームとはどういところかを事細かに説明する方法もありますが，一番確実なのは，一緒に見学に行って「グループホームとはこういうところだ」と本人がイメージできるようにすることです。日常生活について聴き取る場合でも，できるだけ具体的に聴き取っていく必要があります。例えば，本人が「お金がたくさんあります」と言っているとします。本人はたくさんあるつもりで生活に支障がないと思って答えているわけですが，もっと細かく，年金はいくらぐらいもらっているのか，それをどう使っているのか，その結果どうなっているかということまで具体的に聞いていかないと，本人がどの程度，理解しているのかは評価できません。

【表7-3】に知的障害者の行動特性を，【表7-4】に知的障害者と接する上での配慮をまとめました。

【表7-3：知的障害者の行動特性】

- 見たこと，聞いたことが正確に認知できず，模写や反復をさせると不正確になることがあります。
- ある問題に直面した場合，これまでの経験を役立たせ臨機応変に対応することが不得意で，異なった状況でもこれまでのやり方を押し通して解決しようとする場合もあります。
- ある状況から共通事項を見出すことが困難であるため応用がききません。ひとつのことに習熟したからといって関連することなら十分できるとは限りません。
- 一般には一度に複数の指示を与えると混乱してしまいます。
- 先のことを予見し，計画を立てて行動したり欲求をコントロールすることが難しい場合があります。
- 難しい話で話しかけられたり，話が早すぎたりすると理解することが難しくなります。
- 障害の程度によっては，読み書きや金銭の計算等が困難な場合がありま

Ⅶ 精神障害を持つ方とのコミュニケーションの取り方

す。

出典：栃木県公式ホームページ，パンフレット9頁
　　　(http://www.pref.tochigi.lg.jp/e05/welfare/shougaisha/fukushi/shougai_sessuru_menu.html)（2017.1.20)

【表7-4：知的障害者と接する上での配慮】

本人が理解するためには
・本人の理解の程度に合わせてやさしく繰り返し説明してください。 ・突発的な出来事があった場合，十分話し合うか同伴者の人に相談してください。
他の人に頼りすぎるとき
・なるべく直接本人に話をして自分で決めるようにうながすことが大切です。 ・失敗経験が多いので何事にも自信が持てない場合がときおり見られます。笑顔でやさしい言葉をかけてください。
本人とのコミュニケーションを図るために
・障害者本人にとって分かりやすい言葉で，本人に合わせた話し方をしてください。 ・分かったかどうかを確認しながら聞いていく等の配慮も必要でしょう。 ・言葉を補うため，カード等を利用してコミュニケーションをとった方が良い場合もあります。 ・見通しを持った行動が難しい場合があります。"右へまっすぐ行き，つきあたりを左に曲がる"など2つ以上の行動を同時に説明すると混乱します。ひとつずつ教えてください。

出典：栃木県公式ホームページ，パンフレット9頁
　　　(http://www.pref.tochigi.lg.jp/e05/welfare/shougaisha/fukushi/shougai_sessuru_menu.html)（2017.1.20)

ウ　統合失調症
　(ア)　統合失調症の人の特徴
　　　　統合失調症の特徴は，症状には変動があり，病状によって，良

くなったり，悪くなったりすることです。つまり，その人の行動や判断が，病状によって大きく変わるということです。病状が悪く，幻覚や妄想などの陽性症状が活発な時には，その人の思考も行動も幻覚や妄想に強く影響されてしまいます。その結果，自殺企図をしたり，他害行為に及んだりすることもあります。しかし，こうした状況は病状に応じた適切な精神科治療を行うことにより，改善します。治療により幻覚や妄想などの病的体験は少なくなり，行動の異常などもみられなくなります。統合失調症患者が，地域で安定した生活を送るためには，継続的に精神科医の診察を受け，病状のモニタリングや薬物療法の調整を受けることが重要です。成年後見人・保佐人は，精神保健福祉法の医療保護入院という強制措置に同意する権限を有していますので（同法33条1項1号），利用者にとって必要な医療を確保するためにも，精神科医療機関との連絡・連携を密にする必要があります。

(イ) 統合失調症の人の行動特性

【表7-5】に統合失調症に罹患している人の行動特性をまとめました。

【表7-5：統合失調症患者の行動特性】

- 状況の把握が苦手で，臨機応変な対応が難しい
- 名誉や世間体をひどく気にする
- 状況の変化に弱く，課題に直面すると混乱する
- 目先の利にとらわれて，後先を考えずに行動する
- 過去の経験に照らして行動できず，同じ失敗を繰り返す
- 方便としての嘘をつくことができず，断れない
- 自己像がひどく曖昧で，他人に影響されやすい

参考：統合失調症ナビ
（http://www.mental-navi.net/togoshicchosho/ikiru/for-around2.html）

Ⅶ　精神障害を持つ方とのコミュニケーションの取り方

① 状況の把握が苦手で，臨機応変な対応が難しい

　状況の把握が苦手なために，融通が利かず，場にふさわしい態度や行動がうまくとれません。物事を杓子定規に捉え，変化を嫌います。例えば，あとひとつネジを締めれば製品が完成するという場面でも，終業のベルが鳴ると作業を止めてしまいます。臨機応変な対応が苦手であり，「気をきかす」という行動ができません。そのため，周囲の人にはかたくなな印象を与えます。

② 名誉や世間体をひどく気にする

　名誉や世間体を気にするなど，他人からの評価に敏感で，ひどくこだわります。名誉や世間体を傷付けられたと感じるような出来事がきっかけとなって病状が悪化することもあります。

③ 状況の変化に弱く，課題に直面すると混乱する

　決められたパターンの生活を送ることは苦にならないのですが，新しい場面や課題に直面すると状況判断や決断がうまくできません。決断することが苦手で，二者択一のような決断を迫られるとひどく混乱してしまいます。

④ 目先の利にとらわれて，後先を考えずに行動する

　人がひとつの目的をもって行動するためには，様々な情報を集め，比較衡量をし，目的達成のための計画を立て，計画の進捗状況をみながら適宜必要な修正を行って最終的な目的を達成します。統合失調症の人はこうした目的達成のために必要な思考プロセスをたどることが苦手で，目先の利にとらわれて，後先も考えずに行動を起こしてしまいがちです。

⑤ 過去の経験に照らして行動できず，同じ失敗を繰り返す

　過去の体験から得られた知識や教訓を経験として自分のもの

にすることが苦手です。以前に同じような体験をしていてもそれを経験として生かすことができないために，同じ失敗を何度も繰り返します。同じ仕事をしていても，なかなか「慣れる」ことができず，その都度，一から教え直さなければならないこともあります。

⑥ 方便としての嘘をつくことができず，断れない

人間関係には，「オモテ」と「ウラ」がありますが，統合失調症の人は，「オモテ」と「ウラ」を使い分けることが苦手です。そのため，他人から頼まれたことが，自分にはできないとわかっていても，方便としての嘘や婉曲的な言い回しで適当にあしらうことができません。そのまま引き受けてしまい，無理を重ねた結果，病状が悪くなることもあります。冗談が通じず，堅く生真面目な統合失調症の人の性格傾向もこうした特性と通じるところがあります。

⑦ 自己像がひどく曖昧で，他人に影響されやすい

自己像がひどく曖昧で自分というものがありません。他人の考えに影響されやすくなります。曖昧な自己像が現実を正しく認識する能力の低さと結び付くと非現実的なうぬぼれや高望みとなります。また，逆に，自己評価の低さと結びつくと全てが他人任せの受動的態度となり，そのためにだまされてしまうこともしばしばです。

(ウ) 統合失調症の人への対応で注意すべきこと

その場しのぎのいい加減な対応をせずに，真摯に向き合うことが重要なことは，統合失調症の場合でも同じです。しかし，前述したように，統合失調症の人の行動や判断は，病状によって大きく左右されます。病状が悪化しているときには，幻覚や妄想は，

Ⅶ 精神障害を持つ方とのコミュニケーションの取り方

　本人にとっては現実の世界の出来事です。そうした状況にある本人に対して，幻覚や妄想を否定しても，かえって本人の不信感を招くだけとなりかねません。その一方で，その場しのぎで，幻覚や妄想を肯定することも，かえって本人の幻覚や妄想を強化することにつながり，適切とはいえません。例えば，「殺してやる」という幻聴で困っている利用者がいた場合には，幻聴そのものについては，否定も肯定もせずに，幻聴が聴こえて困っていることに「大変だね」「つらいね」と共感を示すことが重要です。また，面接をしているその最中に，幻聴が聴こえるといってきた場合には，聴こえることのつらさに共感を示しつつ，自分には聴こえないという事実も伝えることが適切です。

　統合失調症の人の病状悪化にはその人ごとの兆候やパターンがあります。成年後見人等もそうした病状悪化の兆候やパターンを把握しておくべきです。利用者が普段言わないことを言い出したり，病状悪化の兆候を示した場合には，利用者が受診している精神科医療機関に連絡を取り，早期に受診できるように手配することが必要です。病状が悪化しているときには，薬物療法を中心とした治療的な介入を行うことが何より大切です。

　(イ)の行動特性のところでも述べましたが，統合失調症の人には，病状が安定しているときでも，統合失調症による認知機能障害の影響があり，特有の行動パターンがみられます。こうした行動特性を踏まえて対応することが必要と思います。何かをやろうと思うと，目標達成までに必要な様々な思考のプロセスを踏まずに，思い付きで行動を始めて失敗してしまうこと，また，何かを伝えるときでも，婉曲な表現や曖昧な言葉ではメッセージが伝わらないので，具体的かつ断定的に伝える必要があること，などは

特に重要です。

2　地域支援ネットワークの一員としての成年後見人

　成年後見人には，与えられた権限の範囲で，利用者の身上に配慮する義務があります。我が国の成年後見制度は，「精神上の障害」があることを制度利用の要件にしていますから，成年後見制度の利用者には，何らかの「精神上の障害」があることになります。成年後見制度の利用者の多くは，認知症高齢者，知的障害者，統合失調症患者で占められています。介護保険法や障害者総合支援法による種々の福祉サービス対象を利用せずに，これらの「精神上の障害」を抱えている利用者の支援を行っていくことはできません。成年後見人は，自分で介護を行う必要はありませんが，利用者の生活を支えていくために必要とされる介護・福祉サービスをコーディネートし，権限の範囲内で，それらのサービスの契約の支援や代行を行う必要があります。

　介護保険制度でも障害者総合支援法でも，サービス利用の認定に主治医の意見書が必要とされているように，地域で生活する利用者を支援するための種々のサービスを手配するに当たり，医療機関との連携は必須となります。利用者が統合失調症に罹患している場合には，精神科医療機関との連携が重要になります。

　統合失調症を中心とした精神障害者の地域支援ネットワークには，精神科医療機関以外に，作業所・グループホームなどの社会資源，保健所などの行政機関も参加し，情報の共有と専門性に応じた役割分担を行うことが望ましいとされています。認知症高齢者や知的障害者についても，医療，介護，生活支援を行う各種のサービスが有機的に連携したネットワークを形成して，支援を行うことが重要とされていま

す。こうした地域における支援のネットワークにおいては，情報の共有とそれぞれの機関の専門性に応じた役割分担が重要となります。

　利用者の自己決定支援という職務を十分に果たすためには，成年後見人等は，医学・医療や福祉に関する知識を備えるとともに，利用者の特性に応じた地域支援ネットワークの一員として，その職務と権限に応じた役割を果たしていくことが重要と思います。

第2章

成年後見制度の利用者の自己決定支援

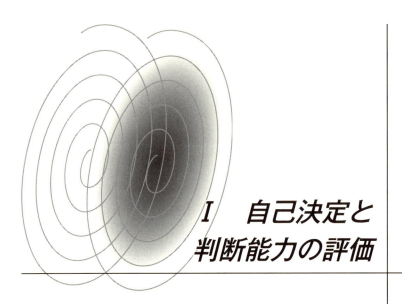

I 自己決定と判断能力の評価

1 自己決定と判断能力

　自己決定とは，自分のことは自分で決めるということです。法律学では，自己決定権とは「個人が一定の私的事項について，公権力の干渉を受けずに自ら決定する権利」とされています（法令用語研究会編『有斐閣法律用語辞典　第4版』（有斐閣，2012）483頁）。

　19世紀イギリスの思想家ジョン＝スチュアート＝ミル（John Stuart Mill）は，その著書『自由論』（Mill JS: On Liberty 1859―塩尻公明・木村健康訳『自由論』（岩波書店，1971）24～25頁）の中で，「文明社会のどの成員に対してにせよ，彼の意志に反して権力を行使しても正当とされるための唯一の目的は，他の成員に及ぶ害の防止」

にあり，「いかなる人の行為でも，そのひとが社会に対して責を負わねばならぬ唯一の部分は，他人に関係する部分」であり，「個人は彼自身に対して，すなわち彼自身の肉体と精神とに対しては，その主権者なのである」（ミルの他者危害の原理），と述べています。加藤（加藤尚武『現代倫理学入門』（講談社，1997）5頁）によれば，ミルの自由論は，「①判断能力のある大人なら，②自分の生命，身体，財産にかんして，③他人に危害を及ぼさない限り，④たとえその決定が当人にとって不利益なことでも，⑤自己決定の権限をもつ」と要約されます。

　ここで重要なことは，自己決定権を行使することができるのは，「判断能力がある大人」に限られるということです。まず，大人＝成人でなければなりませんし，それから「判断能力がある」ことが必要です。判断能力がない人や，判断能力が著しく低下している人の場合には，自己決定権を行使できないこともあり得るということです。例えば，統合失調症のような精神障害に罹患している人が，幻覚や妄想などの症状のために判断能力が著しく低下した状態にある場合には，その言動を無条件に本人の自己決定として尊重していると，周囲に混乱が生じるだけでなく，本人自身の生命や身体の安全が損なわれることもあり得ます。場合によっては，本人は自分に医療が必要であることを理解できないと判断して，精神保健福祉法に基づいて精神科病院へ非自発的入院をさせることが必要になることもあります。

　もう1つ重要なことは，たとえその決定が本人にとって不利益な決定，明らかに本人が損をするような決定であっても，「判断能力のある大人」の決定であれば，それを他の人がやめさせることはできないということです。ただし，こうした自己決定を行えるのは，あくまでも，「他人に危害を加えない」「他人に迷惑をかけない」範囲のことだ

けになります。要するに、判断能力のある大人であれば、自分のことは自分の好きなように決めてよいが、他の人に迷惑をかけてはいけないということになります。判断能力がある大人には、他人に危害を加えない範囲のことについては、自己に不利益な決定を行う自由があります（法律学では愚行権と呼ぶことがあります。）。こうした自由がある代わりに、自己決定の結果により起こった不利益もまた、自分で選択した結果として本人が引き受けなければなりません。

あくまでも、成人の自己決定権の行使に当たっては、「判断能力がある」ことと「他人に危害を加えない」ことの2つが重要です。この2つが保たれていれば、他人から干渉されることなく自己決定を行うことができます。しかし、この2つの条件が保たれていない人に関しては、必要に応じて、他人（国や社会）が介入する場合があるということになります。

2　判断能力とは

国語の辞書を引いてみると「判断能力」という項目はありません。代わりにあるのは「判断力」という項目です。いくつかの辞書の「判断力」の定義を【表1-1】に示しました。辞書の定義は、それぞれ違いますが、要するに判断（能）力とは、物事を正しく認識・評価して、ある判断を下すことができる精神的能力ということになります。

【表1-1：「判断力」の辞書の定義】

- 物事を正しく認識・評価・決断する精神的能力。
　　　　　　　　（新村出編『広辞苑　第六版』（岩波書店、2008））
- 物事を正確に判断する能力。
　　　（小学館国語辞典編集部『日本国語大辞典　第2版』（小学館、2000））
- 物事を正しく認識し、評価する能力。

(「デジタル大辞泉」（小学館，2016））
- 正当な判断を下しうる能力。知性・感情・意思などが具体的な状況に正しく対応する力。

（松村明編『大辞林　第三版』（三省堂，2016））

3　法的概念としての判断能力──意思能力，事理弁識能力，行為能力

　民法の領域で，いわゆる判断能力に相当する概念としては，意思能力，行為能力，事理弁識能力という3つの概念があります。

(1)　意思能力

　意思能力とは，「法律関係を発生させる意思を形成し，それを行為の形で外部に発表して結果を判断，予測できる知的能力」のことであり，意思能力の有無は「画一的，形式的にではなく，個々の法律行為について具体的に判断される」と考えられています（法令用語研究会編『有斐閣法律用語辞典　第4版』（有斐閣，2012）19頁）。この定義をみてもわかるように，財産行為をするための意思能力と婚姻・離婚・養子縁組などの身分行為に必要とされる意思能力とは当然異なったものとなります。また，同じ財産行為をするための意思能力であっても，年金程度の収入を管理するための意思能力と不動産の購入や多額の預貯金の管理のような高額の財産管理とでは，当然，必要とされる意思能力は異なることになります。

(2)　行為能力

　行為能力とは，「法律行為を単独で行うことができる法律上の資格」のことをいいます（法令用語研究会編『有斐閣法律用語辞典　第4版』（有斐閣，2012）327頁）。民法では，意思能力のない人（意思無能力者）が行った法律行為は無効とされています。しかし，意思無能

力を理由として法律行為の無効を主張するためにはその行為を行った時に意思無能力であったことを，意思無能力を主張する側が証明する必要がありますが，過去に遡って証明する必要があり，実際に証明することは困難な場合が多くなります。また仮に，後から契約の相手方が意思無能力であったことが証明される場合には，そうした事情を知らずに（善意）取引を行った人にとっては，予想できない損害を受けることになります。そこで，意思能力の完全でない人による法律行為は取り消すことができると法に規定しておくこと，すなわち本人が単独で法律行為を行う能力をあらかじめ制限しておくことによって，意思無能力の証明の困難さを回避し，また取引の安全を図る制度として民法に成年後見制度が設けられています。成年後見制度の対象者は行為能力が制限されているため，制限（行為）能力者制度と呼ばれることもあります。

(3) 事理弁識能力

　後見開始などの審判に伴って行われる鑑定・診断では，「事理を弁識する能力」（事理弁識能力）の有無・程度が問題とされます。ここでいう「事理」とは，「法律行為の利害得失（利益・不利益）」という意味であり，「事理弁識能力」とは，知的能力，日常的な事柄を理解する能力（狭義の事理弁識能力），社会適応能力の3つの概念を全て統合した広義の判断能力であるとされています。事理弁識能力は，しばしば意思能力と同じ概念だと説明されることもありますが，立法者の見解（小林昭彦，原司『平成11年民法一部改正等の解説』（法曹会，2002）64頁）によれば，「後見開始等の審判で問題とされる，『事理を弁識する能力』は，いわゆる判断能力という意味であり，意思能力とは同義ではない。法律行為を行った結果（法律行為に基づく権利義務の変動）を理解するに足る精神能力を指す意思能力は，有効

な意思の存否を決するために，その有無のみが問題とされ，その程度は問題とされない。意思能力を有しながらも，取引の実際にあって，十分に自己の利害得失を認識して経済合理性に則った意思決定をするに足る能力が，法律行為における判断能力（事理弁識能力）である。」とされています。つまり，立法者は，意思能力と事理弁識能力は異なった概念であり，意思能力は相対化し得ないが，事理弁識能力は相対化し得ると考えていることになります。

4　能力判定の方法

　判断能力の判定方法には，結果（outcome）判定法，状態（status）判定法，機能（functional）判定法という３つのアプローチがあるとされます。

(1)　結果判定法

　結果判定法では，判断能力は本人の意思決定の結果によって判定されます。つまり，本人の意思決定の結果が一般人の常識・規範に適合しているかどうかによって，能力の有無は決定されることになります。したがって，実際の能力判定では，能力評価を行う人の価値観からみて本人の意思決定の結果が正しいか否かによって能力は評価されることになります。結果判定法では，普通の人から見て明らかにこれは損だという決定をする人は，判断能力がないと判定されます。例えば，自分の生活が成り立たなくなるぐらいの金額を寄付するというような意思決定をする人は，判断能力がないと考えることになります。

(2)　状態判定法

　状態判定法とは，例えば年齢や疾病など，本人の身体の状態や精神状態が，ある一定の状態に当てはまるか否かによって判断能力を判定

する方法です。例えば，我が国では20歳未満の未成年者は原則として制限能力者とされていますが，これは，年齢を基準とした状態判定法の代表例です。また，統合失調症と診断された人，あるいは認知症と診断された人を制限能力者と判定するというのも状態判定法になります。

(3) 機能判定法

機能判定法とは，「ある意思決定をする際の本人の個人的な判断能力」と，「意思決定に至る本人の主観的な思考過程」に焦点を当てた判断能力の判定方法です。機能判定法では自分の意思決定の一般的な内容と，そこから起こり得る結果を理解し，その意思決定を他の人に伝えられるか否かによって，判断能力の有無・程度が判定されることになります。

こうした機能判定法が成り立つ前提としては，意思能力というのは法律行為一般に必要とされる判断能力としてではなく，一つ一つの法律行為の具体的・個別的内容に則して，しかも，その人の残されている判断能力の程度に応じて変化する能力だと考える必要があります。言い換えれば，「判断能力が不十分であっても，一つ一つの法律行為について，自己の意思決定の一般的な内容と，そこから起こり得る結果を理解し，その意思決定を他の人に伝えられるかどうか」を見ていくということになります。

機能判定法による能力判定の特徴は，精神障害の有無やその程度は考えずに，あくまでもある意思決定を行うときの本人の理解の程度だけに注目しているところにあります。例えば，治療同意を例にとれば，その人が精神障害に罹患しているか否かや，あるいはその人の精神障害が統合失調症であるのか認知症であるのかということは，精神障害の治療への同意に関する意思能力（同意能力）を判定するときに

は，当然評価の対象となります。しかし，癌の手術への同意に関する意思能力を判定するときには，精神障害の有無や種類は評価の対象とはされません。癌の手術への同意に関する意思能力判定で評価の対象とされるのは，あくまでも癌という疾患やその手術についての理解や認識のみとなります。

　国際連合の障害者権利条約に象徴されるように，現代の社会では，ノーマライゼーションが重視されています。そこでは，障害者であってもその自己決定権が尊重されなければなりません。本人の個別の状況や能力に応じて，しかもその能力をエンパワーするようなかたちで援助，すなわち適切な自己決定支援を行いながら，社会の中で自律した生活を送れるようにすることが望まれています。こうした状況を考えると，やはり判断能力の判定に関しても，状態判定法や結果判定法は現代社会にはそぐわない判定方法であり，機能判定法を採用する必要があるということになります。

(4) 機能判定法の問題点：機能判定法から状態・機能判定法へ

　民法には，成人の場合には，意思能力は「ない」ことが証明されないかぎりは「ある」と推定するという原則（「意思能力推定の原則」）があります。普段，店で何か物を売り買いするときに，相手の人に判断能力があるかないかなどということは考えません。それは，普通に生活している人は，判断能力はあるだろうと推定する，という原則を私たちが持っているからです。

　ところで，機能判定法の原則に忠実に意思能力判定を行うとすれば，全ての人の行う，あらゆる法律行為に関して，意思能力の判定が必要とされることになり，また，個々の意思決定を行うたびに，意思能力の判定が必要とされることになります。例えば，医療行為に関する同意を例にとれば，診療行為を受けることに関する同意，採血，画

像診断，心理検査などの検査に関する同意，入院が必要な場合には入院に関する同意，さらに入院後に行われる個々の医療行為に関しても個別に意思能力の有無を検討する必要が生じます。極端にいえば，採血や注射をするたびに患者の意思能力の有無を確認する必要が生じることになりますが，現実の臨床場面ではそのようなことはできません。例えば，認知症の診療に関する同意能力があれば，認知症の診療に伴って行われる医療行為に関しては，同意能力があると推定するというように，ある程度，包括的な法律行為を想定した意思能力判定が必要となります。

　精神症状や精神疾患の診断と意思能力の有無に直接の関係はないことは種々の研究によって明らかにされています。しかし，全ての人について厳密な意思能力判定を行うというのは，現実的ではありません。意思能力推定の原則を考えれば，ある程度，意思能力に疑義が生じるような臨床状態をあらかじめ想定し，その臨床状態に該当する人について，能力判定を行うという方法をとるのが現実的といえます。つまり，純粋な機能判定法を貫徹するのではなく，状態判定法と機能判定法を併用したアプローチをとるのが現実的といえます。

5　精神医学からみた意思能力判定の構造

　同じ治療同意に関する意思能力であったとしても，インフルエンザの予防接種を受けるために必要とされる意思能力と癌の手術を受けるために必要とされる意思能力とでは当然異なります。財産行為にしても，お金を出して，その対価としてある物を得るという行為そのものは同じであっても，缶ジュースを自動販売機で買うために必要とされる意思能力と不動産の売買を行うために必要とされる意思能力とで

Ⅰ　自己決定と判断能力の評価

【表1－2：意思能力判定の構造】

レベル	判定
「機能的能力」　functional ability 「キャパシティ」　capacity 「コンピタンス」　competence	認知機能　⇒　次元的（連続量） 臨床的状態　⇒　範疇的（あり・なし） 法的身分　⇒　範疇的（あり・なし）

は，当然異なります。それでは，こうした意思能力の相違は精神医学・心理学の立場からはどうのように考えることができるでしょうか。この点については，意思能力判定を，①機能的能力（functional ability），②キャパシティ（capacity），③コンピタンス（competence）の3つのレベルに分けて考えることが有用と思われます（【表1－2】）。

(1)　機能的能力の判定

　人がある意思決定を行うに至るまでの心理的過程には，種々の手順・手続があります。例えば，昼食にチャーシュウ麺を食べるまでの意思決定の過程を考えてみましょう。まず，お腹が空いたから，あるいは昼休みだから，何か食べようと考えます。次に自分の嗜好や最近食べた物（昨日の昼食に何を食べたとか，朝家を出る時に今日の夕食はハンバーグだといわれたとか），自分の懐具合（予算）などを勘案して，今日はラーメンにしようと決めます。それから自分が今どこにいるのか，近くにどのような店があるのか，昼食のためにどのくらいの時間とお金を使えるのかなどを考えて，数多ある食べ物屋の中から，1つのラーメン店を選択します。店に着いたら，その店のメニューをみながら自分の嗜好・予算に合ったものとして，チャーシュウ麺を選択し，その選択を注文として店の人に伝えます。出てきたチャーシュウ麺を食べ終わったら，代金を支払います。支払った代金

とチャーシュウ麺の味や店のサービスが見合っていると思えば，この店のチャーシュウ麺は良いという評価が記憶され，次にラーメンを食べに行こう思ったときにはその店は有力な選択肢になるでしょう。その逆に値段に見合っていないということであれば，この店には2度と行かない方がよいという評価が記憶され，次の機会にはその店は選択肢から外されることになるでしょう。このように考えると，昼食に1杯のチャーシュウ麺を食べるという単純な意思決定でさえも，関連する種々の情報を収集し，比較検討し，選択するという心理的過程を経て行われるものといえることがわかるでしょう。

機能的能力とは，こうした意思決定に至る心理過程の各段階において必要とされる精神機能を指しています。

意思決定に関する機能的能力の中核をなすのは，アッペルボーム（Paul Appelbaum）とグリッソ（Thomas Grisso）が医療行為に対する同意に関する研究や判例の分析を基に提示した，①意思決定に関連する情報を理解する［理解（understanding）］，②得られた情報を論理的に操作する［論理的思考（reasoning）］，③意思決定の行われる状況や意思決定の結果を認識している［認識（appreciation）］，④意思決定の結果（選択）を他者に伝達する［選択の表明（expressing a choice）］，の4つの能力であると考えられています（【表1-3】）。

【表1-3：意思能力の基本構造】

- 意思決定に関連する情報を理解する。
- 得られた情報を論理的に操作する（論理的思考）。
- 意思決定の行われる状況や意思決定の結果を認識している。
- 意思決定の結果（選択）を他者に伝達する（選択の表明）。

① 理解（understanding）

意思決定に関連する情報の性質と目的を一般的な意味で理解して

いることです。意思決定に関連する情報をわかりやすい一般的な言葉で言い換えること，可能な選択肢を提示することによって確認されます。

② 論理的思考（reasoning）

意思決定に関する様々な選択肢の利益とリスクを比較することです。意思決定の結果そのものではなく，意思決定のプロセスに焦点を当てた評価が必要とされます。意思決定の結果は，内的に首尾一貫したものであり，その人が元来持つ信条とも整合性のとれたものである必要があります。

③ 認識（appreciation）

意思決定の行われる状況や意思決定の結果を認識していることです。理解と似た概念にみえますが，理解というのは，その意思決定に関連する情報をわかっていることであるのに対して，認識というのは，ただ情報をわかっているだけではなく，その情報を，その意思決定を行うときの我が身の状況に置き換えてわかっているということになります。

④ 選択の表明（expressing a choice）

ある意思決定の結果を他者に伝達することができることです。この基準では，意思決定の結果を単純に他者に伝達できるということだけでなく，意思決定の結果が一定である必要があります（この部分を情報の保持（retain）として独立した要素として取り上げる考え方もあります。）。二律背反した考えを持っている場合，決めたことを理由もなしにころころ変えるような場合には，選択の表明ができないと考えられます。

ある意思決定を行うためにどのような機能的能力が必要とされるかは，その意思決定の内容や予測される結果（利益や危険性）によって

【図1-1:意思決定に必要な能力は処理すべき情報の量による】

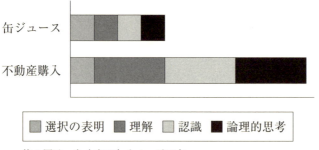

注:図は,あくまでもイメージです。

異なります。缶ジュースを買う場合と不動産を購入する場合とを考えてみればわかるように,これは意思決定の各過程において処理する必要のある情報の質や量の相違によるものです。つまり,処理すべき情報の質・量の相違によって,その意思決定に必要とされる機能的能力は異なったものとなるのです(【図1-1】)。

機能的能力とは,知能のように,精神医学や心理学で通常行われる認知機能評価によって判定可能な能力であり,連続量として測定される次元的(dimensional)現象です。言い換えれば,機能的能力とは,精神医学的・心理学的に客観的に評価することが可能な認知機能としての意思能力といえます。

(2) 「キャパシティ」の判定

「キャパシティ」とは,医療保健福祉専門家によって判定される臨床的状態であり,その人がある意思決定に関して,その人の置かれている状況の下で,意義のある意思決定を行えるかどうかに関する評価を指します。つまり「キャパシティ」は,次元的現象である「機能的能力」とは異なり,「あり」か「なし」かの二分法で判定される範疇的(categorical)現象です。

Ⅰ　自己決定と判断能力の評価

　一般に,「機能的能力」のように連続量として測定される次元的現象を,「キャパシティ」のような範疇的現象へと変換するためには,連続量のどこかに閾値(区分点)を設定し,その閾値を基準として能力「あり」・「なし」と分類する必要があります。こうした次元的現象を範疇的現象へと変換する作業は,医学でもしばしば行われています。医学では,次元的現象(例えば血圧値)を範疇的現象(例えば高血圧症として治療の対象とするかどうかの判断)へと変換するための閾値の設定は,多数の人を対象とした研究を行い,治療が必要な人と不要な人とを鑑別するためには連続量のどこを閾値とするのが最も合理的であるかを検討して決定されます。

　意思能力判定についても,判断能力に支障のない一般人の平均的な「機能的能力」を基準にして,能力の有無に関する閾値を設定することも不可能ではないかもしれません。しかし,こうした方法で能力を判定するとすれば,認知症や知的能力障害の人のほとんどは「能力なし」と判定される可能性が高くなります。確かに,「機能的能力」の四つの下位能力(理解,論理的思考,認識,選択の表明)のそれぞれが平均以上であることは,その人が「キャパシティ」を有していることを示す所見といえます。しかし,「機能的能力」が平均以下であることは,その人が「キャパシティ」を欠く可能性を示唆する所見ですが,そのことだけで「キャパシティ」がないと判定することは適切とはいえません。「キャパシティ」の判定は,その人の背景要因を検討した上で,決定されなければならないものなのです。つまり,「機能的能力」から「キャパシティ」への変換に当たって必要とされる閾値は,一般人の平均的な「機能的能力」を基準にして設定されるものではなく,その人の背景要因を考慮した上で個別に設定されるべきものといえます。意思能力判定においては,こうした個別の臨床的評価こ

そが「ゴールド・スタンダード（Gold Standard）」といえます。

　治療同意に関する「機能的能力」（認知機能）の評価が仮に同じであったとしても，提案されている治療が，癌の手術である場合と風邪薬の服用である場合とでは，当然「キャパシティ」の有無の判定結果は異なったものとなります。それは，前者が時には生命への危険をも伴うリスクの高い治療であるのに対して，後者のリスクは極めて低いと考えられるからです。また，癌の治療のように治療法にいくつかの選択肢がある場合には，患者の意思決定の結果（治療法の選択）が，医師が患者の最善の利益を考慮して推奨した治療法と一致している場合とそうでない場合とでは，やはり意思能力判定の結果は異なったものとなります。それは，患者が，利益の可能性が低くリスクが高い治療法を選択した場合，患者の最善の利益（医師の推奨する治療法）より患者の自己決定（患者の選択した治療法）が尊重されるためには，患者により高い判断能力が要求されると考えられるからです。つまり，「キャパシティ」の判定では，患者の意思決定の結果が，患者の最善の利益，すなわち，通常の理性的な人が行う意思決定の結果と一致しているかどうかも評価の対象となってくるのです。これに対して，「機能的能力」の判定では，意思決定のプロセスにおいて必要とされる認知機能のみが評価の対象であり，意思決定の結果は評価の対象とはされません。

　「キャパシティ」の判定は，一般に意思決定の種々の背景要因を検討し，本人の自己決定の尊重（自律性）と本人の最善の利益（保護）という2つの要素のバランスを考慮して決定されます。ただし，ノーマライゼーションや自己決定の尊重に重要な価値が置かれている現代の社会では，より自律性を重視した判定が必要とされており，自律性と保護のバランスをとる「判断能力の秤」は，最初から自律性を重視

するように支点が設定されています。そして，自律性という要素には当然，本人の趣味・嗜好・信条などといった本人の価値観が，そして，保護という要素には，社会一般の価値観，より正確にいえば評価者自身が社会一般の価値観と信じる価値観が，程度の差はあれ，反映されます。その意味でいえば「キャパシティ」の判定には価値判断的な要素が含まれています。しかし，それはあくまでも法律的な意味での規範的な判断とは異なる次元のものといえます。

(3) 「コンピタンス」の判定

「コンピタンス」とは，法律家，特に裁判官によって判定される法的身分であり，その人がある法律行為を単独で行うために必要とされる能力を備えているかどうかについての評価を指します。「コンピタンス」は「キャパシティ」と同様に「あり」か「なし」かの二分法で判定される範疇的現象です。「コンピタンス」の判定は，通常，医師による「キャパシティ」の判定結果に基づいて行われることになります。しかし，医師による「キャパシティ」の判定結果は，あくまでも裁判官の判定のための参考資料の1つであり，両者が完全に一致することを必要とするわけではありません。また，「キャパシティ」の判定においては，その人個人の背景要因だけが考慮されるのに対して，「コンピタンス」の判定では，法律の規定や判例などをも考慮した，規範的，かつより普遍的な判定が必要とされます。

成年後見制度における行為能力に関する「コンピタンス」の判定では，常に成年後見等開始の審判の法的効果についての検討が必要となります。例えば，我が国の民法では後見開始の審判を受けた成年被後見人は，ほぼ全面的な行為能力の制限を受けることになります。また，公職選挙法の改正により選挙権の制限はなくなりましたが，欠格条項の多くに成年被後見人，被保佐人が掲げられているように，財産

管理や身上監護とは直接関係のない法律行為についてもその権利を制限されることがあります。こうした点も「コンピタンス」の判定においては考慮されるべきと思われます。

6　判断能力評価と自己決定支援

　障害者権利条約12条は，本人の行為能力を制限して後見人等が本人の代行決定を行うのではなく，本人の行為能力の存在を前提とした上で，必要に応じて適切な支援を提供する「支援つき意思決定（supported decision-making）」を要請しています。

　障害者権利条約の成立前に行われた，欧米諸国における成年後見制度改革においても，能力剥奪を伴う成年後見制度による支援は，最終手段（last resort）に位置付けられていました。なぜなら，人は判断能力がないことが証明されない限り判断能力があると推定されるという能力推定の原則が前提としてあるからです。つまり，たとえ「精神上の障害」があり，そのために判断能力が低下している可能性のある人であったとしても，判断能力がないことが証明されない限りは，判断能力があり，その人の私的領域に関する決定は，本人の自己決定に委ねるべきであると考えるということです。こうした考え方の背景には，前述した「①判断能力のある大人なら，②自分の生命，身体，財産にかんして，③他人に危害を及ぼさない限り，④たとえその決定が当人にとって不利益なことでも，⑤自己決定の権限をもつ」というミルの他者危害の原理に象徴される考え方が存在しています。

　そして，判断能力の低下のために，本人の自己決定に委ねるだけでは本人のベスト・インタレスト（最善の利益）が確保されないような事態が生じた場合でも，可能な限り，本人の自己決定を補うための援

助を行い,「判断能力なし」という法的烙印を回避するような努力がなされます。そのような努力を行ったにもかかわらず,本人に対する不利益や他者に対する危害の可能性が否定できない場合にのみ,本人に対して正式な判断能力の判定が行われます。判断能力の判定において「判断能力なし」という判定結果が出た場合でも,可能な限り強制的な措置を発動することを避け,本人が判断能力を有していたときの意向や信条を配慮した決定がなされます。さらにそのような意向や信条がないか不明なときに初めて,代行決定者による社会的な規範に基づく判断が行われます。つまり,成年後見制度による保護を受けている成年被後見人等であっても,安易に判断能力がないので意思決定はできないと考えて代行決定を行うことは適切ではありません。可能な限り本人の意思を探りそれを尊重することに加えて,本人の障害や置かれた状況を考慮して本人の自己決定を補うための意思決定支援を行い,本人の能力を引き出す（エンパワー）ことが重要となります。

　こうした支援つき意思決定の在り方を考える上で,参考になるのは,イギリスの"Mental Capacity Act 2005"（2005年意思決定能力法,以下,「2005年法」といいます。）です。2005年法の意思決定能力法には,我が国の成年後見制度に当たる代行決定の仕組みも規定されています。しかし,それだけではなく,意思決定がうまくできない人の意思決定支援をどのように行うべきか,意思決定能力のない人の代行決定を行う時に,どのようなことを考慮してベスト・インタレストを判定すればよいかなどについての指針も示している法律です。

(1) 2005年法の原則

　2005年法では,①意思決定を行う能力がないと判定されない限り,意思決定能力があると推定されること（意思決定能力存在推定の原則）,②意思決定を行う能力がないと判定する前に,意思決定を行う

ために必要な援助を提供されるべきであること（残存能力活用の原則），③意思決定の結果が賢明でないということだけで意思決定能力がないと判定してはならないこと（結果判定法の否定），④代行決定を行うに当たっては，本人のベスト・インタレスト（Best interests：最善の利益）を基準とすべきこと（ベスト・インタレストの原則），⑤本人の権利や行動の自由の制限については最も制限の少ない方法を考えるべきこと（最少制限の原則），の5つが法の適用の原則として掲げられています（【表1－4】）。

【表1－4：意思決定能力法の原則】

①意思決定能力存在推定の原則
②残存能力活用の原則
③結果判定法の否定
④ベスト・インタレストの原則
⑤最少制限の原則

(2) 2005年法における意思決定能力の判定

2005年法では，「意思決定能力がないとは，自らに関する意思決定を行う時点で，精神（mind）あるいは脳（brain）の障害や機能不全のために，自らに関する意思決定を行うことができない状態を指す。」と定義されています。また，意思決定能力の有無は，あくまでもある「特定」の意思決定の行われる場面においてのみ判定され（個別・具体的アプローチ＝「決定限定的（decision-specific）」アプローチ），ある意思決定ができないことは，他の意思決定を行うことができないことを意味しないことが明確にされています。

なお，障害や機能不全の原因が一時的なものか永続的なものかは問われません。また，本人の年齢，外見，行動のみで意思決定能力を判定してはならないこと，意思決定能力の有無の判定は蓋然性の原則

Ⅰ　自己決定と判断能力の評価

（balance of probabilities）によることが明記されています。

意思決定ができない状態については，下記のように定義されています。

① 「意思決定に関する情報を理解（understand）できない」
② 「意思決定に関する情報を保持（retain）できない」
③ 「意思決定の過程で，意思決定に関する情報を活用（use）し重み付け（weigh）することができない」
④ 「意思決定の結果を（手話などを含めたいかなる手段をもってしても）他人に伝達（communicate）することができない」

ここでいう意思決定に関する情報には，合理的に予測される意思決定の結果（選択の結果や意思決定をしなかった場合に予測される結果）に関する情報も含まれています。また，短期間記憶を保持できるとしても，意思決定時点まで当該事項を記憶しておくことができない人については，②の基準から意思決定能力があると判定することはできません。

つまり，2005年法では，意思決定能力を前記のように定義することによって，本人の意思決定の結果が一般人の常識・規範からみて妥当か否か（結果判定法），あるいは本人の身体的・精神的状態がある一定の状態（例えば認知症や統合失調症）に該当するか否か（状態判定法）によって本人の意思決定能力の有無を判定する方法を否定し，意思決定に至る本人の主観的な思考過程に焦点を当て，自己の意思決定の一般的な内容と起こり得る結果を理解し，その意思決定を他者に伝達できるか否かによって意思決定能力を判定する方法，すなわち機能判定法を採用することを明確にしているといえます。

なお，意思決定能力の判定に当たっては，本人の理解力や判断能力が最も低下している時期，時間帯を避け，さらに，少しでも本人の能

力が引き出されるように，本人の理解を補助する援助を行うなど，能力の下限より上限に注目して判定が行われます。つまり，意思決定能力の判定は，「エンパワーメント」の発想に基づいて行われており，判断能力の評価と意思決定支援とが関連付けられているといえます。

(3) ベスト・インタレストの判定

　2005年法は，代行決定を行うに当たっては，本人のベスト・インタレストを基準とすることを定めています。ここで重要なことは，ベスト・インタレストの判断基準はあくまでも本人にあり，一般人の常識や規範にはないということです。つまり，代行決定を行う人は，客観的・合理的な方法によって一般に本人のためになると考えられている「標準的」な結論を導き出すのではなく，本人の立場に立って本人らしい「個性的」な結論を導き出すことが要請されることになります。こうしたことを実現するために，2005年法は，本人のベスト・インタレストの判定に当たっては，代行決定を行う人は関連する全ての状況を考慮しなければならないと定めています。

　具体的には，①当該意思決定に関して意思決定能力があったときに本人はどのように考えていたか，②意思決定に関して，最大限に本人自身を関与させるように努めるべきこと，③確認可能な過去及び現在の本人の希望と感情を尊重すべきこと，④意思決定能力があったときの本人の意思決定に関係したと思われる信条や価値観を考慮すべきこと，⑤当該意思決定について本人が相談すべき人として指名した人，本人のケアや福祉に関与している人，永続的代理権（Lasting Powers of Attorney）の受託者（donee），法定代理人（deputy），に可能な限り相談すべきこと，などが挙げられています（【表1-5】）。

　また，個々の後見活動や介護活動が，本人にとってのベスト・インタレストにかなっているかどうかを判断するための「チェックリス

Ⅰ　自己決定と判断能力の評価

【表1－5：ベスト・インタレストの判定】

1．本人はどのように考えていたか
2．最大限に本人自身を関与させる
3．確認可能な過去及び現在の本人の希望と感情
4．本人の意思決定に関係したと思われる信条や価値観
5．本人が相談すべき人として指名した人，本人のケアや福祉に関与している人，永続的代理権の受託者，法定代理人への相談

ト」が行動指針（Code of Practice）として提示されています。

(4) 2005年法における意思決定支援と代行決定（【図1－2】）

　2005年法では，まず意思決定能力があることが前提となります。その上で，その人の意思がはっきりしない場合には，意思を明確にできるような援助を行います。意思決定に関する情報を分かりやすい言葉に言い換えたり，図や筆談を利用したりします。本人の慣れた静かな環境で話したり，聞き取りやすいはっきりした声で話したり，補聴器や筆談を利用したりします。人によっては手話が必要な場合もあります。その人の障害の種類や程度に応じて，あらゆる手段を試す必要があります。そして，そうした援助を行ったにもかかわらず，本人の意思が不明な場合に，初めて意思決定能力がないと判断されます。

　意思決定能力がないと判断された場合には，代行決定が行われます。本人の意思や感情を尊重し，意思決定の過程に可能な限り本人を参加させます。本人の希望を「聞き出す」努力，「探る」努力，さらに，その結果知り得た「当該」ベスト・インタレストを「代行実現すること」が重要となります。また，最少制限の原則により，本人の権利や行動の自由の制限については最も制限の少ない方法を考えることが要請されます。

　意思決定能力喪失の認定を行う前に，意思決定支援を尽くすこと，

第2章　成年後見制度の利用者の自己決定支援

【図1−2：意思決定能力法の原則と意思決定支援・代行決定】

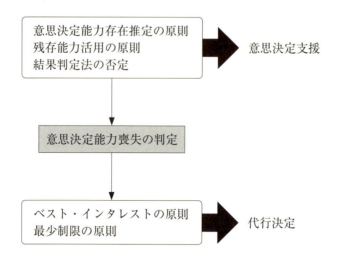

意思決定能力が無いと判断され代行決定を行う場合であっても可能な限り，本人の意向や信条に配慮して決定していくということが，2005年法の特徴といえます。

　障害者基本法（23条），知的障害者福祉法（15条の3），障害者総合支援法（1条の2，5条17項，42条，51条の22）の規定に基づいて，我が国でも，意思決定支援の重要性が認識されるようになり，2005年法を参考として，意思決定支援ガイドラインの策定作業が進められています。参考として，現時点で公表されている意思決定支援ガイドライン（案）の概要を【表1−6】に示しました。

Ⅰ 自己決定と判断能力の評価

【表1-6：意思決定支援ガイドライン(案)の概要】

平成26年度障害者総合福祉推進事業
「意思決定支援の在り方並びに成年後見制度の利用促進の在り方に関する研究事業」

意思決定支援の定義

意思決定支援とは、知的障害や精神障害(発達障害を含む)等で意思決定に困難を抱える障害者が、日常生活や社会生活等に関して自分自身の考え(と思う)、意思が反映された生活を送ることが可能になるように、障害者を支援する者(以下「支援者」と言う。)が行う支援見及び仕組みをいう。

意思決定を構成する要素

1. 障害者の意思様、好み、意向、障害の特性等
2. 意思決定の内容(領域)
   (1) 生活の領域(食事、更衣、移動、排泄、整容、入浴、余暇、社会参加等)
   (2) 人生の領域(住む場所、働く場の選択、結婚、障害福祉サービスの利用等)
3. 生命の領域(健康上の事項、医療措置等)

意思決定支援の基本的原則(イギリスの2005年意思能力法の5大原則を参考)

1. 能力をなくと確定されない限り、能力を有するものと推定されなければならない。
2. 本人の意思決定を助けるあらゆる実行可能な方策を尽くしたなかったのでなければ、意思決定ができないと見なされてはならない。
3. 人は、単に賢明でない判断をするからという理由のみによって意思決定ができないと見なされてはならない。
4. 意思決定能力がないと評価された本人に代わって行為をなし、意思決定するにあたっては、本人のベストインタレスト(最善の利益)に適するよう行わなければならない。
5. そうした行為や意思決定をなすにあたっては、本人の権利や行動の自由を制限する程度がより少なくてすむような選択肢が他にないか、よく考えなければならない。

意思決定支援における合理的配慮

1. 本人の年齢、障害の態様、特性、意思、意向、心情、信念、好みや価値観、過去から現在の生活様式に配慮する。
2. 意思決定支援を行うにあたっては、内容について丁寧に説明し、比較結果を含めて情報を伝え、あらゆる可能性を考慮する。
3. 本人の意思表明については、支援機器・技術によって大きく異なる情報提供を理解すること、手段にて情報を伝えるなど、できるだけ分り易い方法、手段にて伝えること(手話、伝達装置、絵文字、コミュニケーションカード、スケジュール等含む)。
4. 本人と友人、支援者、法的な後見人等が可能となる仕組みを構築する。
5. 家族、友人、支援者、法的な後見人等の客観的な判断が可能となる仕組みを構築する。

意思決定支援における留意点

1. 意思決定と情報
   - 決定を行うにあたって必要な情報を、本人が十分に理解し、保持し、比較し、実際の決定に活用できるよう提供すること。
   - 本人が自己の意思決定をできるよう支援すること。
   - 本人が表明した意思をサービス提供者等に伝えるよう支援すること。
   - 本人の意思と思われるものを代弁すること。
2. 情報提供の留意点
   - 本人への情報提供については、支援者が理解しているものと異なること理解を求めること、できるだけ分り易い方法、手段にて情報を伝えること。
3. 意思決定支援における最善の利益の判断
   - 事業について、複数を比較検討して結論を導くこと。
   - 相互に比較検討し、どちらか一つなならないことーつを選択可能な限り挙げて、その決定によるメリットとデメリットを融合すること。
   - 事業の可能な段階において決定していくこと。
   - 本人にとって、自由の制限がより少ない一つを選択すること。

199

第2章　成年後見制度の利用者の自己決定支援

1　障害福祉サービス事業所等における意思決定支援の考え方
(1) 意思決定支援と代弁者
　重度の知的障害者等は、支援者が本人にとって最善の利益を考え判断することしかできない場合もある。その場合、本人の意思を丁寧に理解して、代弁する支援が求められる。これらの者がいない場合には、基幹相談支援センターの相談員等が本人を担当する相談支援専門員とは別に第三者の代弁者となることができる。
(2) 日常の支援場面における意思決定支援
　障害福祉サービス等の職員は、利用者に対する直接支援の全てに意思決定支援の要素が含まれている。本人の意思の確認に基づく支援を行った結果がどうだったかについて記録しておくことが、今後の根拠をもった意思決定支援に役立てることができるため、記録の仕方や内容について、意思決定支援を進める観点から検討することは有用である。
(3) 意思決定に係る意思決定支援
　「人生の大きな選択」などの場面における意思決定支援は、本人の意思確認を最大限の努力を行うことに加え、本人に関わる関係者が集まり、現在及び過去の本人の日常生活における表情や感情、行動などの支援機関における記録等の情報とこれまでの生活歴、人間関係等様々な情報を交換し判断の根拠を明確にしながら、より自由の制限の少ない生活への移行を原則として、本人の最善の利益の観点から進めることが必要がある。
　これらの場面において、本人の支援に関係する者や代弁者等の参加により意思決定支援会議を開き、意思決定支援の内容や結果と判断の内容を記録しておくことが必要である。

2　意思決定支援の仕組み
(1) 意思決定支援の責任者の配置……意思決定支援計画作成に中心的に関わり、意思決定支援のための会議を企画・運営し、事業所内の意思決定支援の仕組みを作る等の役割を担う。サービス管理責任者との兼務も考えられる。
(2) 意思決定支援計画の作成……障害者の意向・好み、障害の態様や特性、意思決定支援の内容及び責任者、人物・物理的環境、意思決定支援の原則等に十分配慮することが必要。計画は、PDCAサイクルを繰り返すことによって、それぞれの意思決定の内容を改善していくことになる。

3　意思決定支援のプロセス
(1) アセスメント……本人の状態、決定する内容、その人的・物理的環境等を適切に把握、利用者の決定能力、自己理解、心理的状況、意向や好み、これまでの生活史、将来の方向性を含め多角的かつ客観的に把握すること。
(2) 意思決定支援計画の作成……アセスメントの結果、個別支援計画やサービス等利用計画等のニーズ及び課題から意思決定支援計画を作成すること。
(3) 意思決定支援の実施……プログラム等により具体的に意思決定支援を実施。また、支援開始時、支援開始後の職員での意思の疎通・情報の共有を十分図ることが大切。実践をフィードバックして知見を集積し、整理することについては記録として残すこと。
(4) 実施状況の把握（モニタリング）……意思決定支援の実施状況の把握（モニタリング）を適宜行い、必要に応じて意思決定支援計画の変更（修正）を行う。

Ⅰ　自己決定と判断能力の評価

(5) 意思決定支援実施の評価とフォロー……意思決定支援における評価とフォローについては、意思決定支援の本人の状態、状況の変化について把握するとともに、本人の生活や人生がどのように変わり、本人及び保護者がどのような満足度を含めた評価を行うことが重要である。

4　意思決定支援会議の開催

意思決定支援責任者は、個々の利用者のための意思決定計画の作成、事業所内における意思決定支援の仕組みの構築、自立支援協議会等外部機関との連携の情報の共有のために、意思決定支援会議の企画・運営を効率的に行う役割がある。その際、本人及び保護者が意思決定支援会議に参加できるよう説明を行うとともに参加することが必要な支援を行う。

5　職員の知識・技術の向上

(1) 意思決定支援責任者及び職員等の知識・技術の向上
意思決定支援責任者及び職員は、意思決定支援の向上に直結するものであり、意思決定支援の向上の理念的理解、基本的態度の醸成並びに知識・技術の向上を促進することが重要である。

(2) 研修受講機会等の提供
意思決定支援責任者及び職員の資質向上を図るため、研修を実施する等の措置を講じることが重要である。

6　利用者と保護者等に対する説明責任等

・利用者と保護者に対し、意思決定支援計画、意思決定支援会議の内容についての丁寧な説明を行う。
・事業所においては、意思決定支援責任者及び保護者等からの苦情について、迅速かつ適切に対応するために、苦情を受け付けるための窓口を設置する等の必要な措置を講じる必要がある。
・関係機関等に利用者又はその家族等に関する情報を提供する際は、同意を得ておかなければならない。

7　意思決定支援における連携

(1) 相談支援事業者との連携……サービス担当者会議に参加する意思決定支援担当者は、サービス利用支援計画（案）や個別支援計画に連動した意思決定支援計画を念頭に置いて、利用者の最善の利益の観点から意見を述べることが重要。

(2) 学校との連携……児童発達支援、発達支援の連続性を確保するために、学校との連携を積極的に図る必要がある。サービス担当者会議と学校との間で情報を共有しておくことが必要である。

(3) 医療機関等との連携……医療的なケアに関する意思決定支援の必要性が生じることを考慮して、主治医等との連携体制を整えておくことが必要であることから、普段から意思決定支援方法に関して共通理解を図っておくこと。

(4) 自立支援協議会との連携……地域における意思決定支援の仕組みを構築していくために（地域自立支援）協議会権利擁護部会へ積極的に参加していくことが重要。

(5) 成年後見人等との連携……後見人、補助人等は、意思決定支援に関するチームの一員としてその役割を果たしていくことが重要。

(6) 当事者団体等との連携……本人の意思決定をエンパワメントする観点から、当事者団体のメンバーからの支援を積極的に活用していくことが必要である。

8　意思決定支援における危機管理

意思決定支援に際して生じうるリスクに対して、危機管理（リスクマネジメント）の観点から対応していくことが必要である。

出典：厚生労働省・社会保障審議会障害者部会（第73回）・資料1、25～27頁を基に作成

201

第2章　成年後見制度の利用者の自己決定支援

コラム①　自己決定支援と意思決定支援

「自己決定支援」という用語と「意思決定支援」という用語があります。障害者基本法（23条），知的障害者福祉法（15条の3），障害者総合支援法（1条の2，5条17項，42条，51条の22）では，「意思決定支援」という用語が使用されています。「意思決定支援」とは，自己決定が困難な人が意思決定を行う際に行われる支援のことを意味しており，「自己決定支援」という用語と大きな意味の違いはありません。ただし，「自己決定支援」という用語には，意思決定をする本人が自分で決定することを重視して支援を行っていくというニュアンスがあるのに対して，「意思決定支援」という用語には，意思決定をする本人以外の周囲の支援者や環境との関係も考慮して支援を行っていくというニュアンスがあるように思われます。対比的に両者の違いを示すと，「自己決定支援」という用語には「エンパワーメント」を重視する考え方があり，「意思決定支援」という用語には，支援を尽くしても意思決定ができない場合には代行決定を容認することもあり得るという考え方があるように思われます。

コラム②　共同意思決定（shared decision making：SDM）

医療に関する意思決定を行うためには，医療に関する情報を理解し，医療に関する情報を理解・認識（appreciation）し，得られた情報を論理的に操作し，自らの選択を他者に伝達する必要があります。以前と比べると患者が医療に関する情報を手に入れることは容易になりました。しかし，元来，医療の専門家ではない患者に

とっては，医療に関する情報は理解しにくい情報といえます。こうした医療者と患者の医療情報に関するギャップは，「情報の非対称性」と呼ばれます。また，医療に関する情報は，あくまでも過去に同じ治療を受けた多数の患者に関するデータに基づくものであり，これから治療を受けようとする患者の治療結果を保証するものではありません。過去に同じ治療を受けた患者の95％に効果のあった治療であっても，これから実際に同じ治療を受ける患者に効果があるかどうかは，実際に治療をしてみなければわかりません。効果のある95％に入るか，効果のない5％に入るかどうかは未来に関する予測であり，こればかりは，やってみる以外にはわからないのです（「結果の不確実性」）。

　インフォームド・コンセント／インフォームド・チョイスとは，患者に対して，医師が，機々な治療の選択肢やそれぞれの選択肢のリスクを説明し，患者の同意を得た上で，患者の選択した治療を行うことです。インフォームド・コンセント／インフォームド・チョイスの考え方では，医療行為の「結果の不確実性」は，その治療を主体的に選択した患者が引き受けることが予定されています。例えば，手術の合併症が出ても，インフォームド・コンセント／インフォームド・チョイスの過程で説明されたとおりのものであれば，手術をした医師が，民事上の賠償責任を問われることはありません。なぜなら人は自ら主体的に選択・決定した事柄の責任は，自ら引き受けるしかないからです。

　しかし，「情報の非対称性」の問題は，インフォームド・コンセント／インフォームド・チョイスだけでは解決されません。本格的

な高齢社会を迎え，医療においても病気の根治や寿命の延長などよりも，個々の患者の価値観を反映した治療方針の決定が重視されるようになりました。医療における意思決定についても，「私たち抜きに私たちのことを決めないで（Nothing about us without us!）」が必要とされるようになったのです。こうした流れの中で，最近，共同意思決定（shared decision making：SDM）という考え方が，医療の現場で広がり始めています。共同意思決定では，患者自身の価値観や好みと，治療する医療者の経験や好みなど，双方が意見を出し合い，対等な立場で話し合いながら治療方針を決定していくことが求められます。共同意思決定では，医療者は，医療の専門家として，提案している治療方法の医学的な根拠やその治療方法に関する自分の技量を，患者に理解できるようにわかりやすく伝える必要があります。患者の側でも，自分の価値観や好み，家庭環境，生活環境などに関して，医療者の側にきちんと伝える必要があります。医療者と患者が相互に情報を提供し，何が患者にとって最善の選択であるかを共に考え，合意形成していく意思決定プロセスが共同意思決定といえます。共同意思決定が適切に行われることにより，「情報の非対称性」の問題は解決されていくことになります。

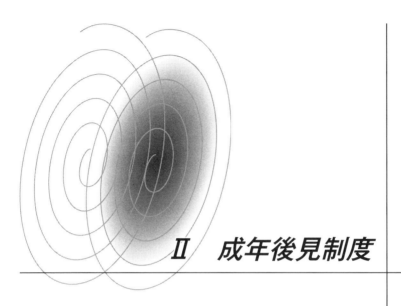

Ⅱ 成年後見制度

1 成年後見制度とは

　成年後見制度とは，認知症，知的障害や統合失調症などの精神障害のために判断能力の低下した人を保護し，その自己決定を援助するための法制度です。高齢社会の進展やノーマライゼーション思想の普及，介護保険制度の導入などを控え，より利用しやすく，また，スティグマの少ない制度を目指して，1999年の民法大改正（平成11年法律第149号による）によって現行の成年後見制度が制定され，2004年4月，介護保険制度と同時に施行されました。

　旧来の禁治産・準禁治産制度から現行の成年後見制度への改正においては，「個々の事例の精神能力・保護の必要性に合致した弾力的な

措置」や「軽度の認知症・知的障害・精神障害等の利用」を目指して，補助制度や任意後見制度の新設が行われました。現行の成年後見制度は，「本人の自己決定を尊重しその残存能力を活用する」（自律）という新しい理念と「行為能力を制限することによって本人を保護する」（保護）という従来からの理念との調和を目指したものとされています。

成年後見制度は，大別して法定後見制度と任意後見制度とから構成されており，その保護の内容は，主に財産管理と身上監護（看護）の2つの領域で構成されています。

2　法定後見制度

(1)　法定後見制度とはどのような制度か

法定後見制度の対象者は，「精神上の障害」により，「事理を弁識する能力を欠く常況にある者」（民法7条：後見），「事理を弁識する能力が著しく不十分である者」（同法11条：保佐），「事理を弁識する能力が不十分である者」（同法15条：補助）です。ここでいう，「精神上の障害」とは，「身体上の障害を除くすべての精神的障害を含む広義の概念」であるとされており，認知症，意識障害，知的障害，精神障害など，判断能力の低下を伴う障害を指します。「事理」とは，「法律行為の利害得失（利益・不利益）という趣旨」であり，「事理を弁識する能力」（事理弁識能力）とは，知的能力，日常的な事柄を理解する能力（狭義の事理弁識能力），社会適応能力の3つの概念を全て統合した広義の判断能力とされています。

法定後見制度では，成年後見人等に対する同意権・取消権の付与と代理権の付与という2つの方法によって本人（成年被後見人等）の保

護が図られており，類型ごとに同意権・取消権，代理権の範囲が異なっています（【表2－1】）。同意権・取消権の付与による保護とは，本人が法律行為を行うときには，成年後見人等の同意（同意権）が必要とされ，成年後見人等の同意なしに本人が法律行為を行った場合には，本人・成年後見人等がその法律行為を取り消すこと（取消権）ができるということです。

【表2－1：法定後見制度の3類型】

	補助	保佐	後見
精神上の障害による判断能力の程度	不十分	著しく不十分	欠く常況
同意権・取消権	申立ての範囲内の特定の法律行為	民法13条1項規定の重要な財産行為	日常生活に関する行為を除いた法律行為
本人の同意	必要	不要	
代理権	申立ての範囲内の特定の法律行為		財産に関する全ての法律行為
本人の同意	必要		不要

注：「民法13条1項規定の重要な財産行為」とは，①元本を領収すること，これを利用すること，②借金・保証をすること，③不動産その他の重要な財産に関する権利を得ることや失うことを目的とした行為をすること，④原告として訴訟行為をすること，⑤贈与・和解・仲裁合意をすること，⑥相続を承認・放棄すること，遺産分割をすること，⑦贈与・遺贈を断ること，負担付贈与・負担付遺贈を受けること，⑧新築，改築，増築，大修繕をすること，⑨土地について5年以上の賃貸借をすること，建物について3年以上の賃貸借をすること，の9項目の財産行為を指します（同項各号参照）。

(2) 手続

　成年後見等開始の審判の申立ては，住所地を管轄する家庭裁判所に行います。申立てを行えるのは，本人，配偶者，四親等内の親族，未成年後見人等，未成年後見監督人等，検察官（民法7条，11条，15条）です。また，65歳以上の高齢者（65歳未満の者で特に必要があ

ると認められるものを含む。），知的障害者，精神障害者で，「その福祉を図るために特に必要があると認める」場合は，市町村長が後見開始の審判等の請求ができます（老人福祉法32条，知的障害者福祉法28条，精神保健福祉法51条の11の2）。市町村長申立ては，親族のいない人や親族がいても適正な保護がなされていない場合，虐待を受けているような場合（高齢者虐待防止法28条，障害者虐待防止法44条参照）に利用されています。

申立てが受理されると家庭裁判所調査官が本人の精神状態の概要，生活状態，資産状況，本人の意向，成年後見人等候補者の適格性などを調査します。本人の判断能力の程度については，原則として，医師による鑑定・診断が行われます。これらの結果を総合して，最終的には，裁判官が判断を行います。

(3) 成年後見人等の職務

以前の禁治産・準禁治産制度では本人の財産管理が後見人等の主たる職務でしたが，現行の成年後見制度では，本人の身上配慮義務（民法858条）が明示されており，身上監護に関する行為も成年後見人等の職務に含まれています。具体的には，医療，住居の確保，施設の入退所，介護・生活維持，教育・リハビリ等の身上監護に関する職務も含まれています。ただし，これらの身上監護に関する職務については，契約締結等の法律行為のみで介護等の事実行為は含まれず，医的侵襲に対する同意権（インフォームド・コンセントの代行）も有さないとされています。また，身体に対する強制を伴う事項（入院の強制，施設入所の強制等）も職務には含まれていません。ただし，精神保健福祉法の医療保護入院の際に，同意を与える「家族等」（精神保健福祉法33条2項）には，成年後見人・保佐人が含まれており，成年後見人・保佐人は，精神科病院への医療保護入院についての同意権

は有していることになります。

3 任意後見制度

　法定後見制度は，本人の判断能力が低下し，保護が必要になった後で行われる保護制度です。これに対して，任意後見制度とは，本人が将来の判断能力低下に備えて，自らの保護の方法等をあらかじめ指定しておく形式の保護制度です。我が国では，2000年4月1日に施行された「任意後見契約に関する法律」（以下，「任意後見法」といいます。）によって任意後見制度は創設されました。任意後見法によれば，任意後見契約とは，委任者（本人）が，受任者に対し，「精神上の障害により事理を弁識する能力が不十分な状況における自己の生活，療養看護及び財産の管理に関する事務の全部又は一部を委託し，その委託に係る事務について代理権を付与する委任契約」であり，家庭裁判所により「任意後見監督人が選任された時からその効力を生ずる旨」の特約のある契約とされています（同法2条1号）。

　任意後見契約は，委任契約ですので，本人には任意後見契約を締結するための意思能力がなければなりません。任意後見法では，自己決定の尊重の観点から，受任者や委任する事務の範囲については特段の規定は設けられていません。自分の信頼できる人を受任者に選任することができ，また，委任する事務の範囲についても本人の希望を反映することができます。任意後見契約は公正証書で作成することが定められています（同法3条）。通常は，本人と受任者が公証人役場に行き，任意後見契約の公正証書を作成します。作成された公正証書は，公証人役場から法務局に登記されます。なお，任意後見監督人の選任前の受任者は「任意後見受任者」と呼ばれます（同法2条3号）。

第2章　成年後見制度の利用者の自己決定支援

　本人が精神上の障害により事理弁識能力が不十分な状態，すなわち法定後見制度でいえば少なくとも補助に該当する程度以上に事理弁識能力が不十分な状態に陥った場合には，当事者（本人，家族，任意後見受任者など）が家庭裁判所に任意後見監督人選任の申立てを行います（同法4条1項）。家庭裁判所による審判で，任意後見監督人が選任されると任意後見契約が発効し，任意後見受任者は任意後見人として任意後見契約に基づき代理権を行使することができるようになります（【図2－1】）。

【図2－1：任意後見制度の概要】

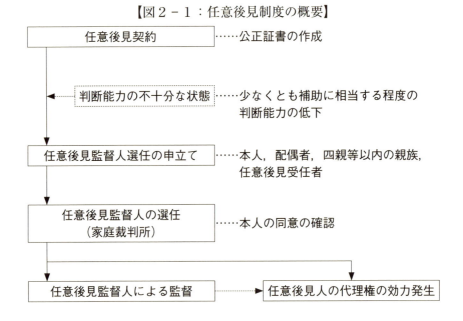

4 成年後見制度における鑑定書・診断書

　後見と保佐については，家事事件手続法に，「精神の状況につき鑑定をしなければ」それぞれの開始の審判をすることができないと規定されており，鑑定を行うことが原則とされています（同法119条1項，133条）。これに対して，補助や任意後見監督人選任については，「精神の状況につき医師その他適当な者の意見を聴かなければ」，それぞれの審判をすることができないとされており，原則として鑑定は必要とされず，医師の診断書のみでよいとされています（同法138条，219条）。

　禁治産・準禁治産制度から成年後見制度への改正に当たり，最高裁判所は，「新しい成年後見制度における鑑定書作成の手引」と「新しい成年後見制度における診断書作成の手引」を作成し，成年後見制度における鑑定書並びに診断書の書式とその作成のガイドラインを示しました。さらに平成18（2006）年には「成年後見制度における鑑定書作成の手引」，「成年後見制度における診断書作成の手引」に改称し，新たに「成年後見制度における鑑定書書式《要点式》」を公表しています。成年後見制度における鑑定書・診断書については，これらの手引を参考に記載されることになります。

　成年後見制度には，行為能力を制限して本人を保護するという目的（保護）と，本人の自己決定を尊重しその残存能力を活用するという目的（自律）という相対立する目的があり，鑑定・診断においても保護と自律のバランスに配慮した判断が必要とされます。特に，補助・保佐では，客観的な指標に基づく本人の判断能力評価と同程度に，本人の置かれた環境に対しても配慮する必要があります。

5 成年後見制度で問われる事理弁識能力とはどのようなものか

　前述したように成年後見制度で問われる事理弁識能力とは，「知的，日常的な事柄を理解する能力（狭義の事理弁識能力）および社会適応能力の三つの概念をすべて統合した広義の判断能力を法令用語で表した」ものであり，「法律行為の利害得失を判断する能力」であるとされています（小林昭彦・原司『平成 11 年民法一部改正等の解説』（法曹会，2002）64 頁）。

　また，手引の鑑定主文に関する説明では，「自己の財産を管理・処分する能力」については，以下の 4 段階に分けて判断を示す方法が一例として掲げられています（前記「成年後見制度における鑑定書作成の手引」12 頁参照）。

　① 「自己の財産を管理・処分することができない。」
　日常的に必要な買い物も自分ではできず，誰かに代わってやってもらう必要があるという程度（後見に相当する。）。

　② 「自己の財産を管理・処分するには，常に援助が必要である。」
　日常の買い物程度は単独でできるが，重要な財産行為（不動産，自動車の売り買いや自宅の増改築，金銭の貸し借り等）は自分ではできないという程度（保佐に相当する。）。

　③ 「自己の財産を管理・処分するには，援助が必要な場合がある。」
　重要な財産行為（不動産，自動車の売り買いや自宅の増改築，金銭の貸し借り等）について，自分でできるかもしれないが，できるかどうか危ぐがある（本人の利益のためには，誰かに代わってやってもらった方がよい）という程度（補助に相当する。）。

④ 「自己の財産を単独で管理・処分することができる。」

後見，保佐または補助のいずれにも当たらない程度。

手引によれば，「自己の財産の管理・処分」には，「預金等を管理すること，売買等の取引をすることのほか，介護契約や施設入所契約などの身上監護に関する契約を締結することも含まれる。」とされています。しかし，これはあくまでも，身上監護に関する契約締結のみで，身上監護に関する事実行為は含まれないとされています。つまり，身上監護に関しては，財産管理行為の延長線上にある契約締結に関する能力の有無・程度が問われているだけといえます。

以上を考えると，成年後見制度の鑑定において問題とされている「事理弁識能力」とは，自らの行う財産に関する法律行為の内容を理解し，その結果を予測する能力であり，また，単独で安全に「自己の財産を管理・処分する能力」と考えることができます。つまり，ここで鑑定医に問われているのは，事実上，欧米諸国でいわれる財産管理能力の有無・程度と同様のものと考えられます。

実際，成年被後見人選挙権確認訴訟判決（東京地判平成25・3・14判例時報2178号3頁）では，「後見開始の許否の際に判断される能力は，その制度趣旨とされる本人保護の見地から『自己の財産を管理・処分する能力』を判断することが予定されているのであって，そのようないわゆる財産管理能力の有無や程度についての家庭裁判所の判断」と述べており，現行の成年後見制度の鑑定は財産管理能力の鑑定であることが明らかにされています。

第 2 章　成年後見制度の利用者の自己決定支援

6　成年後見制度の現状と課題

(1)　成年後見制度の概況

　最高裁判所の統計によれば，2015 年に後見開始等の審判を受けた成年被後見人等のうち，65 歳以上の高齢者が占める割合は，男性では約 67.9％，女性では約 86.4％でした。年齢別の割合では男女共に，最多は 80 歳以上で，男性では 34.2％，女性では 63.3％を占めていました。このように成年後見制度利用者の多くは，高齢者，それも 80 歳を超えるような「超高齢者」で占められています。

　成年後見制度のうち，どのような類型が利用されているのでしょうか。2008 年から 2015 年までの申立件数並びに終局事件における認容件数の類型ごとの割合を【図 2 - 2】，【図 2 - 3】に，2010 年から 2015 年までの各年 12 月末日現在の成年後見制度利用者の各類型の比率を【図 2 - 4】に示しました。これらの図からも明らかなように，

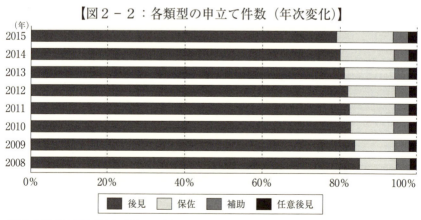

【図 2 - 2：各類型の申立て件数（年次変化）】

（最高裁判所家庭局『成年後見関係事件の概要』を基に作成）

Ⅱ　成年後見制度

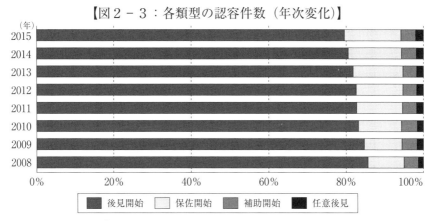

【図2-3：各類型の認容件数（年次変化）】

（最高裁判所家庭局『成年後見関係事件の概要』を基に作成）

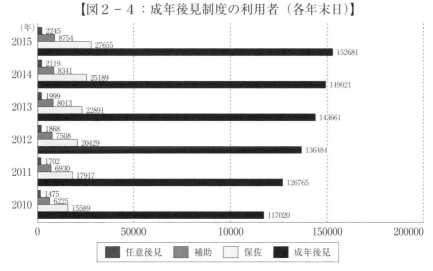

【図2-4：成年後見制度の利用者（各年末日）】

（最高裁判所家庭局『成年後見関係事件の概要』を基に作成）

申立件数，終局事件における認容件数，実際の成年後見制度利用者数共に，80％近くが成年後見で占められています。後見等開始の審判を受けた人の精神科診断に関するデータは公表されていませんが，こうした現状においては，成年後見制度の利用者の多くは認知症高齢者で占められているものと推測されます。

　【図2－5】に申立人と本人との関係を示しました。本人の親族による申立てが多いものの，年々配偶者や親による申立ての比率が下がり，本人，子などによる申立てが増えています。また，市区町村長の申立てが件数・比率ともに年々増加しており，身寄りのない単身高齢者に関する申立てが増加していることがうかがえます。【図2－6】に2011年から2015年の成年後見制度の申立ての動機を示しました。身上監護や介護保険契約のための申立てもあり，成年後見制度は，単に財産管理のための制度としてだけでなく，身上監護のための制度としても広く利用されるようになってきているといえましょう。【図2－7】に2015年の本人と成年後見人等の関係を，【図2－8】に，成年後見制度が改正された2000年度（注：当初は年度単位で公表されていましたが，2008年以降は暦年単位で公表されるようになっており，2008年1月～3月に関してはデータの重複があります。）から2015年までの配偶者，親，子，兄弟姉妹及びその他親族（配偶者，親，子及び兄弟姉妹を除く，四親等内の親族）が成年後見人等に選任された比率の年次変化を示しました。家庭裁判所の実務において，後見人等の適格性に関する審査が慎重に行われるようになり，特に親族間の紛争が予測されるような事例については，第三者，特に専門職による後見人等の選任が積極的に行われるようになりました。こうした運用を反映して，親族による後見人等が減少し，弁護士，司法書士，社会福祉士など，専門職による後見人等が増加しています。しかし，申立件

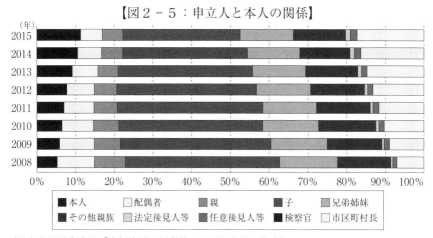

(最高裁判所家庭局『成年後見関係事件の概要』を基に作成)

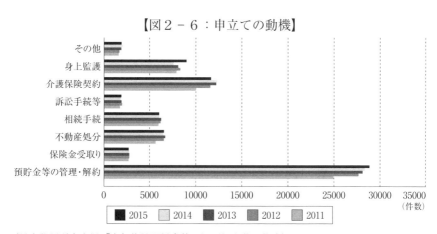

(最高裁判所家庭局『成年後見関係事件の概要』を基に作成)

数の増加に伴い後見人等としての職務を行うにふさわしい人が不足していることが指摘されています。また，専門職後見人の場合には，本人が報酬等の費用を負担しなくてはなりません。新たな成年後見の担い手として市民後見人（社会貢献型後見人）の養成・活用の必要性が

第2章　成年後見制度の利用者の自己決定支援

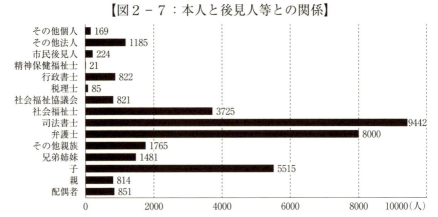

【図2-7：本人と後見人等との関係】

(最高裁判所家庭局『成年後見関係事件の概要』を基に作成)

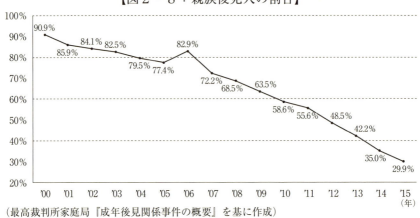

【図2-8：親族後見人の割合】

(最高裁判所家庭局『成年後見関係事件の概要』を基に作成)

指摘されており，市民後見人が後見人等に選任される事例も少しずつ増加しています。

前述したように，成年後見制度の改正は，ノーマライゼーション，自己決定権の尊重，残存能力の活用などの新しい理念と，従来からの

Ⅱ　成年後見制度

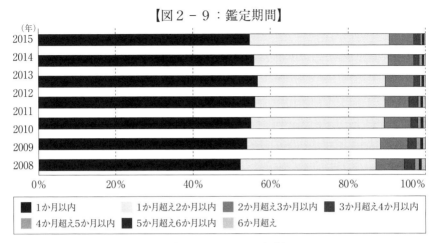

【図2－9：鑑定期間】

（最高裁判所家庭局『成年後見関係事件の概要』を基に作成）

本人保護の理念との調和を目指したものとされています。成年後見制度の現状をみると、成年後見制度全体の利用者は年々増加し、身上監護のための制度としても広く利用されるようになっており、判断能力の低下により適切な自己決定を行うことができなくなった人の保護のための制度としては改正の意図に沿った機能を果たしているように思われます。しかし、増加した利用者の大部分は後見で占められており、制度の弾力的な運用を目指して新設された補助や任意後見の利用は極めて低いレベルにとどまっています。制度改正の目的として掲げられた「個々の事例の精神能力・保護の必要性に合致した弾力的な措置」や「軽度の認知症・知的障害・精神障害等の利用」に関しては、現行の成年後見制度は十分に対応しているとはいえないのが現状です。

(2) 精神鑑定の現状

　　かつての禁治産・準禁治産制度において費用や時間の面から制度利

第 2 章　成年後見制度の利用者の自己決定支援

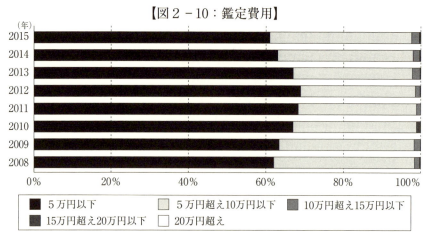

（最高裁判所家庭局『成年後見関係事件の概要』を基に作成）

用のしにくさの理由の 1 つに挙げられていた精神鑑定の実施状況は，どのようになっているでしょうか。【図 2 − 9】に，2008 年から 2015 年の間の鑑定期間の年次変化を示しました。1 か月以内が過半数を占め，80％以上は 2 か月以内に終了しています。【図 2 − 10】に 2008 年から 2015 年の間の鑑定費用の年次変化を示しました。60％以上は費用が 5 万円以下であり，ほとんどの鑑定が 10 万円以下です。最高裁判所から鑑定書・診断書作成の手引が公表されたこともあって，鑑定期間は短縮され，費用も安くなりました。

　【図 2 − 11】に，終局事件数に対する鑑定の実施率に関するデータを示しました。鑑定の実施率は，年々低下しており，2015 年は，9.6％にとどまっています。家事事件手続法によれば，後見並びに保佐の審判においては，鑑定を行うことが原則とされていますが，「明らかに鑑定の必要がない場合には，鑑定を行わなくてもよい」とされています（同法 119 条 1 項ただし書，133 条参照）。鑑定の実施率から明

【図2−11:鑑定の実施率】

(最高裁判所家庭局『成年後見関係事件の概要』を基に作成)

らかなように，現状の成年後見審判では，事理弁識能力の認定は，鑑定書ではなく診断書に基づいて行われています。つまり，原則と例外が逆の状況にあるといえます。

それでは，鑑定が省略される事例とはどのような事例なのでしょうか。成年後見制度の施行後15年以上が経過した現在，家庭裁判所における審判実務の積み重ねにより，鑑定を省略する事例についても一定の基準が確立されているようです。

坂野（坂野征四郎「裁判所における鑑定の運用」『実践成年後見』No.25（民事法研究会，2008）22〜30頁）によれば，重度の認知症高齢者や知的障害者で診断書や障害者手帳などによって事理弁識能力の低下が明らかな場合に関しては鑑定を省略し，精神病に罹患している者に関しては鑑定をなるべく省略しないという方針が採られているとのことです。本来，判断能力の程度と精神障害の診断との間に有意な連関があるわけではありません。しかし，重度の知的障害者で言語的コミュニケーションを全く行えない人や認知症の末期で寝たきりと

第2章　成年後見制度の利用者の自己決定支援

なった人を考えてみればわかるように，精神障害の程度が医学的に重度であると判定される人は，社会的にみても重篤な判断能力の障害を負っているといえます。坂野によって示されている鑑定省略の方針は，精神医学の観点から見ても妥当と思われます。

　鑑定の実施がほとんど省略されている現状については，精神科医の間でも，肯定的に捉える立場と，手続き的保障の観点から批判的な立場をとる人とに分かれます。齋藤（齋藤正彦「成年後見鑑定の現状と課題」『法と精神医療』26号（成文堂，2011）67～68頁）は，「成年後見制度に関する審判において，精神鑑定が求められるのは，個人が当然持っている権利の一部を制限することによって資産を保護するという法的判断の妥当性を証明する根拠の一つとして，本人の精神機能低下の程度や原因，予後に関する医学的な判断が必要だからである」と述べ，精神鑑定並びに書記官による面接の省略に強い懸念を示しており，「精神鑑定は成年後見制度の悪用を防ぐための安全装置としては既に機能していないといってよい」と指摘しています。

　成年後見制度の類型の中では，一般に，権限の範囲が広い重度の類型の方が，本人の意向の確認などが不要になり，支援する側の負担が小さくなります。支援する側の負担を軽減する狙いから，申立関係者によって，医師が判定する判断能力の程度よりも，行為能力の制限のより大きい類型に該当する旨の医学的判定に変更するように求められることがあるようです。齋藤（同上）は，地域包括支援センターの職員に促されて受診する比較的障害の軽い高齢者に関して，医師が判断能力の高さを説明して，補助が適当と考えられる旨を伝えても，「後見にならないなら診断書は要らない」と主張する地域包括支援センターの職員がいることを報告しています。こうした関係者の要請に医学的判定の結果が左右されてはならないことはいうまでもありませ

ん。しかし，成年後見制度の運用が後見類型に偏重する背景には，こうした支援する側の論理が存在していると思われます。特に，認知症高齢者の場合には，医師も将来的な能力低下の可能性を考え，医学的判定を重めに書く傾向もあり，こうした後見類型偏重に拍車をかける結果になりがちであるといえます。

(3) 後見申立てにおける家庭裁判所調査官の面接

　成年後見制度の改正に併せて行われた家事審判規則の改正（平成12年最高裁判所規則1号による。なお，家事審判規則は平成25年に廃止されています。）によって，家庭裁判所調査官による本人面接が義務付けられたこと（同規則25条，30条の2，30条の10）は，審判官（現在の裁判官）の鑑定依存からの脱却や禁治産・準禁治産制度の時代にみられた濫用事例の防止の観点からも望ましい方策と考えられていました。

　しかし，成年後見制度利用者の増加に伴い，家庭裁判所での実務では，明らかに鑑定の必要がないと認められる場合などは有意な陳述を聴取することができないものと考えられることから，本人からの陳述を聴取しない運用が定着していました。こうした家庭裁判所の実務を追認する形で，家事事件手続法では，「ただし，成年被後見人となるべき者及び成年被後見人については，その者の心身の障害によりその者の陳述を聴くことができないときは，この限りでない」（同法120条1項ただし書）という規定が追加されました。

　後見開始の審判の法的効果は，かつての禁治産宣告と同じです。禁治産・準禁治産制度において濫用の危険性が指摘されていた点の1つに，被保護者本人が全く知らないうちに禁治産宣告がなされ，結果として財産を搾取されていた事例の存在がありました。家庭裁判所調査官による本人の面接調査を省略することには，従来の禁治産・準禁治

産制度で起きたのと同様の濫用の危険性を生じさせる可能性があります。水野（水野裕「成年後見に関する精神鑑定，現状と課題」『老年精神医学雑誌』22巻7号（2011）747頁以下）は，本人の診察よりも家族の言い分を全面的に聞き入れ，ほぼ健常な意思能力の人について「後見相当」と診断書に記した医師がいたという経験を基に，「悪意のある親族と鑑定に無関心な医師とで手続が進められると，悪意ある成年後見の利用に対する抑止力という点で，非常に危うい事態が起きうる」と指摘しています。また，赤沼（赤沼康男「成年後見制度の改善・改正に向けた課題」『実践成年後見』No.33（民事法研究会，2010）66頁）は，「本人面接が手続の公正の保障となること」を理由に，「鑑定を省略する場合でも，少なくとも家庭裁判所調査官による本人の面接は行う必要が」あり，「意思疎通ができないとの診断書がある場合には本人面接を省略できる場合もあろうが，その他の場合には原則として本人面接のうえで鑑定省略を決すべきである」と指摘しています。

　鑑定が省略された場合，審判に当たり裁判官が本人の「精神の状況」について判断するための資料は申立人が用意する診断書のみということになります。調査官による面接は，申立人とは独立した家庭裁判所の職員が，本人の「精神の状況」を直接確認することができる重要な機会といえます。手続の公正さの保障という観点からいえば，調査官による本人面接の省略の問題は，提出する診断書内容の充実などによって補うことのできる可能性のある鑑定の省略以上に重大な問題であり，後見の濫用に関する重大な懸念を生じさせるものといえましょう。

(4)　医療同意の問題

　医療に関する同意権（インフォームド・コンセントの代行）を成年後見人等に与えるべきか否かについては，医療を受ける権利を保障す

るために積極的に付与すべきとする意見と，被後見人等との間に利害関係が生じることがあるので特別な権限を成年後見人等に付与すべきではないという意見があります。

　現行の成年後見制度においては財産管理能力の評価を基に成年後見人等が選任されています。しかし，財産管理能力を欠くことは，必ずしも，医療に関する同意を行うために必要な判断能力を欠くことと同じではありません。実際，成年被後見人である人であっても，医療同意を行うために必要な判断能力を持っている人も数多くいます。医療に関する同意は，個人の自己決定がより尊重されるべき領域であり，財産管理能力の評価で選任される成年後見人の同意をもって本人の同意に代えるのは必ずしも適切とはいえません。

　判断能力の低下した人の医療同意の問題は，成年被後見人だけに限られる問題ではありません。身体疾患のために意識障害に陥り，同意を与えられない人もいれば，統合失調症のような精神疾患の病状悪化のために，判断能力が低下する人もいます。こうした場合の判断能力の低下は，多くの場合は一時的なものであり，適切な治療を行うことによって，その判断能力は回復します。こうした，一時的に判断能力が低下する人の医療同意に関する問題は，成年後見制度のように，ある程度長期的な判断能力の低下を前提とした制度では十分な対応を行うことは難しいと思われます。

　一時的にせよ，永続的にせよ，判断能力低下のために適正な医療同意を行うことのできない人の医療同意については，現行の成年後見制度で対応するのではなく，新たに包括的な立法を行うことが望ましいように思われます。

(5)　障害者権利条約との関係

　　国際連合の「障害者の権利に関する条約」（Convention on the

Rights of Persons with Disabilities）では，本人の行為能力を制限して後見人が本人の代行決定を行うのではなく，本人の行為能力の存在を前提とした上で，必要に応じて適切な支援を提供する「支援つき意思決定（supported decision-making）」が要請されています。「本人の保護」が過度に重視されている現在の我が国の成年後見制度の運用には，障害者の権利に関する条約との関係でも問題があるように思われます。

　成年後見制度の現状を考えると，現行制度の問題点を十分に検討した上で，自己決定支援の理念を生かした成年後見制度へと変革できるような抜本的な制度の見直しが必要なように思われます。

コラム①　市民後見人とは

　専門職（弁護士，司法書士，社会福祉士，税理士，行政書士，精神保健福祉士等）以外の人で，本人と親族関係（六親等内の血族，配偶者，三親等内の姻族）や交友関係がない人が，社会貢献のために，家庭裁判所によって，成年後見人等に選任された場合に，その人を市民後見人と呼びます（市民後見人の定義は，いまだに定まっていませんが，ここでは最高裁判所家庭局『成年後見関係事件の概況―平成27年1月〜12月―』10頁における便宜上の定義を参考にしています。）。

　市民後見人の制度は，我が国独自の制度です。本格的な超高齢社会を迎えた我が国において，認知症高齢者や一人暮らし高齢者の増加に伴い，介護サービス利用契約の支援等を成年後見人等が行う必要性が高まっており，こうした高齢者等をコミュニティで支えていくためには，従来の親族後見人や弁護士等の専門職後見人以外の市民後見人を中心とした成年後見制度による支援が必要であるという理念の下に市民後見人の制度が開始されました。

　市町村長による申立て（老人福祉法32条，知的障害者福祉法28条，精神保健福祉法51条の11の2）とリンクする形で，老人福祉法（32条の2），知的障害者福祉法（28条の2），精神保健福祉法（51条の11の3）の規定により，市町村には，法定後見制度の業務を適正に行うことができる人材の育成及び活用を図るために，①研修の実施（老人福祉法のみ），②後見等の業務を適正に行うことができる者の家庭裁判所への推薦，③その他の必要な措置を講ずることが努力義務として課され，また，都道府県には，市

町村の措置の実施に関し，助言その他の援助を行うことが努力義務として課されています。

　市民後見人になることを希望する人は，地方自治体ないしは，地方自治体が委託した社会福祉協議会，NPO法人，大学等が開催する市民後見人養成講座を受講して，成年後見制度に関する知識や技術・態度を身に付ける必要があります。受講者のなかで，十分な知識と技術を身に付けた人が，地方自治体ないしは地方自治体が委嘱した研修の実施機関から，家庭裁判所に後見人等候補者として推薦されます。推薦された人の中で，家庭裁判所が後見人等として選任した人が市民後見人として後見業務を担うことになります。

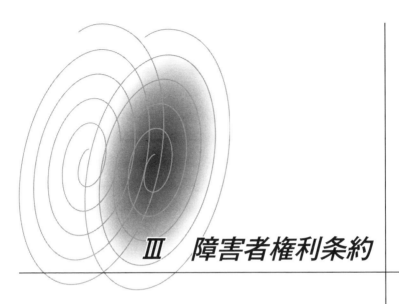

Ⅲ 障害者権利条約

1 障害者権利条約とは

　2006年12月13日に採択され，2008年5月3日に発効した国際連合の「障害者の権利に関する条約」(Convention on the Rights of Persons with Disabilities)（以下，「障害者権利条約」といいます。）は，障害者の尊厳と権利を保障するための人権条約です。障害者権利条約は，「私たち抜きに私たちのことを決めないで」(Nothing about us without us!) という標語に象徴されるように，障害者の視点から作成された条約です。障害者の自尊心，自己決定権の重視や，不可侵性（インテグリティ）の保護，雇用や医療を受ける機会も含めた生活のあらゆる場面における差別禁止，障害を持つことに由来する社会から

の隔離や孤立の防止，その個性と違いを尊重された上での被選挙権をも含めた社会参加の権利，さらに医学的乱用，実験からの保護やインフォームド・コンセントの権利，成人教育や生涯学習，当事者に対する社会全体の偏見やステレオタイプと闘う意識向上の政策の必要性などを掲げています。

　我が国は，2007年9月28日に同条約に署名しました。しかし，条約締結に先立ち，国内法の整備をはじめとした諸改革を進めるべきであるという障害当事者等の意見も踏まえ，政府は2009年12月，内閣総理大臣を本部長，全閣僚を構成員とする「障がい者制度改革推進本部」を設置し，集中的に国内制度改革を進めていくことにしました。これを受けて，2011年8月「障害者基本法」が改正され，2012年6月には障害者自立支援法を改正した「障害者の日常生活及び社会生活を総合的に支援するための法律」（以下，「障害者総合支援法」といいます。）が成立しました。2013年6月には，「障害を理由とする差別の解消の推進に関する法律」（障害者差別解消法）が成立し，併せて「障害者の雇用の促進等に関する法律」（障害者雇用促進法）の改正も行われました。

　こうした法制度の整備により一通りの国内の障害者制度の充実がなされたことから，2013年10月，条約締結に向けた国会での議論が始まり，同年11月19日の衆議院本会議，12月4日の参議院本会議において，全会一致で承認され，2014年1月20日，障害者権利条約の批准書を国連に寄託し，同年2月19日に我が国について発効しました。

　明治以来の禁治産・準禁治産制度から現行の成年後見制度への改正は，1950年代に北欧で起こった知的障害者の処遇改善運動を嚆矢とする社会変革運動であるノーマライゼーション運動による障害者観の

変化によるものといえますが，障害者権利条約の内容は，こうしたノーマライゼーション運動の1つの到達点と考えることができます。

2 障害者権利条約の主な内容

(1) 障害の定義——医学モデルから社会モデルへ

障害者権利条約では，障害が，「機能障害を有する者とこれらの者に対する態度及び環境による障壁との間の相互作用であって，これらの者が他の者との平等を基礎として社会に完全かつ効果的に参加することを妨げるものによって生ずる」ものであること（前文(e)項），障害者には，「長期的な身体的，精神的，知的又は感覚的な機能障害であって，様々な障壁との相互作用により他の者との平等を基礎として社会に完全かつ効果的に参加することを妨げ得るものを有する者を含む」こと（1条）が明記されています。

従来，「障害」とは，病気や外傷等によって引き起こされる個人の問題であり，そのために医療を必要とするものであるという考え方（「医学モデル」）が中心でした。これに対して，障害者権利条約では，障害とは，社会によって作られたものであり，障害者の社会への統合の問題であるという考え方（「社会モデル」）に基づいています。足に障害がある人がいて，鉄道の駅を利用しにくい人がいた場合に，医学モデルでは，足に障害があることが原因と考えますが，社会モデルでは，足に障害があることが原因ではなく，段差があることや，エレベーターが設置されていないことなど，鉄道の駅の構造に原因（社会的障壁）があると考えることになります。主に1980年代の様々な取組を通じて障害に対する知識と理解が深まり，障害者の医療や支援に対するニーズ（リハビリテーション等）と障害者が直面する社会的障

壁の双方に取り組む必要性が認識されるようになりました。障害者権利条約では，障害・障害者の定義は，こうした社会モデルによって行われています。

(2) 目的

　障害者権利条約の目的は，「全ての障害者によるあらゆる人権及び基本的自由の完全かつ平等な享有を促進し，保護し，及び確保すること並びに障害者の固有の尊厳の尊重を促進する」（1条）ことです。

(3) 平等・無差別と合理的配慮

　障害者権利条約では，「障害に基づく差別」とは，「障害に基づくあらゆる区別，排除又は制限であって，政治的，経済的，社会的，文化的，市民的その他のあらゆる分野において，他の者との平等を基礎として全ての人権及び基本的自由を認識し，享有し，又は行使することを害し，又は妨げる目的又は効果を有するものをいう。障害に基づく差別には，あらゆる形態の差別（合理的配慮の否定を含む。）を含む」（2条）と定義されています。ここでいう，「合理的配慮」とは，障害者の人権と基本的自由を享有・行使を確保するための「必要かつ適当な変更及び調整」で，「特定の場合において必要とされ」，かつ，「均衡を失した又は過度の負担を課さないもの」のことです（同条）。例えば，車椅子使用者が駅で電車に乗る際に，ホームと電車の間に渡し板を敷くことや，相談窓口に来た耳が不自由な人に対して筆談を使ってコミュニケーションをとること等が合理的配慮といえます。「障害に基づく差別」にはこうした「合理的配慮」を行わないこと（合理的配慮の否定）も含まれています。

　また，締約国には，障害者に対する差別となる既存の法律等を修正・撤廃するための適切な措置をとること（4条1項(a)），障害に基づくあらゆる差別を禁止することや，合理的配慮の提供が確保される

ための適当な措置をとること（5条3項）が求められています。
(4) 意思決定過程における障害当事者の関与

　締約国は，障害者権利条約実施のための法令や政策の作成・実施や障害者に関する問題についての他の意思決定過程において，障害者を代表する団体を通じ，障害者と緊密に協議し，障害者を積極的に関与させることが定められています（4条3項）。また，条約に基づき設置されている「障害者の権利に関する委員会」に対する報告を作成するに当たり，先の4条の規定に十分な考慮を払うこと（35条）とされています。

(5) 施設・サービス等の利用の容易さ

　締約国は，障害者が輸送機関，情報通信等の施設・サービスを利用する機会を有することを確保するため，適当な措置をとることを定めています（9条1項）。この措置には，施設・サービス等の利用の容易さに対する妨げ・障壁を特定し，撤廃することが含まれます。

(6) 自立した生活・地域社会への包容

　締約国は，全ての障害者が他の者と平等の選択の機会をもって地域社会で生活する平等の権利を有することを認め，障害者が，この権利を完全に享受し，地域社会に完全に包容され，参加することを容易にするための効果的かつ適当な措置をとることを定めています（19条）。

(7) 教育

　締約国は教育についての障害者の権利を認めることを定めています。障害者が精神的・身体的な能力等を可能な最大限度まで発達させ，自由な社会に効果的に参加することを可能とすること等を目的として，締約国は障害者を包容するあらゆる段階の教育制度や生涯学習を確保することとされています。また，その権利の実現に当たり，障

害に基づいて一般的な教育制度から排除されないこと、個々の障害者にとって必要な「合理的配慮」が提供されること等が定められています（24条）。

(8) 雇用

締約国は、障害者が、障害のない人と平等に労働に関する権利を有することを認め、その権利が実現されることを保障・促進することを定めています。特にあらゆる形態の雇用における、障害に基づく差別の禁止や、職場での障害者に対する「合理的配慮」の確保等のため、締約国が適当な措置をとることを定めています（27条）。

3 障害者権利条約と成年後見制度

障害者権利条約12条は「法律の前にひとしく認められる権利」として、「締約国は、障害者が全ての場所において法律の前に人として認められる権利を有することを再確認」すること（同条1項）、「締約国は、障害者が生活のあらゆる側面において他の者との平等を基礎として法的能力を享有することを認める」こと（同条2項）、「締約国は、障害者がその法的能力の行使に当たって必要とする支援を利用する機会を提供するための適当な措置をとる」こと（同条3項）等を定めています。

本条約では本人の行為能力を制限して後見人等が本人の代行決定を行うのではなく、本人の行為能力の存在を前提とした上で、必要に応じて適切な支援を提供する「支援つき意思決定（supported decision-making）」が要請されているといえます。

つまり、成年後見制度による保護を受けている成年被後見人等であっても、安易に判断能力がないので意思決定はできないと考えて代

行決定を行うことは適切ではありません。可能な限り本人の意思を探りそれを尊重すること，本人の障害や置かれた状況を考慮して本人の自己決定を補うための意思決定支援を行い，本人の能力を引き出す（エンパワー）ことが重要となります。

　なお，12条4項は，「締約国は，法的能力の行使に関連する全ての措置において，濫用を防止するための適当かつ効果的な保障を国際人権法に従って定めること」，その「保障は，法的能力の行使に関連する措置が，障害者の権利，意思及び選好を尊重すること，利益相反を生じさせず，及び不当な影響を及ぼさないこと，障害者の状況に応じ，かつ，適合すること，可能な限り短い期間に適用されること並びに権限のある，独立の，かつ，公平な当局又は司法機関による定期的な審査の対象となること」，「保障は，当該措置が障害者の権利及び利益に及ぼす影響の程度に応じたものとする」ことを定めています。

4　障害者権利条約と精神科病院への非自発的入院

　障害者権利条約には精神科病院への非自発的入院に関連する条文はありません。しかし，17条は「全ての障害者は，他の者との平等を基礎として，その心身がそのままの状態で尊重される権利を有する」と規定し，14条は「身体の自由及び安全についての権利を享有すること」，「不法に又は恣意的に自由を奪われないこと，いかなる自由の剥奪も法律に従って行われること及びいかなる場合においても自由の剥奪が障害の存在によって正当化されないこと」を定めています。したがって，精神障害の存在だけを理由として非自発的入院を行うことは条約の趣旨に反すると考えられます。

　しかし，救命救急医療や感染症に関連した入院など，本人の同意に

基づかずに行われる入院は精神科以外の身体科における医療でも行われています。精神科医療の場合だけに本人の同意に基づかない医療を認めないとすれば，「生命に対する固有の権利」（10条）や「到達可能な最高水準の健康を享受する権利」（25条）にも反することになりかねません。したがって，「医療の必要性に基づく」非自発的入院は，障害者権利条約の趣旨に反しないといえます。つまり，自己決定支援を行った上でも，本人の判断能力の障害を補うことができない人で，そのまま放置すれば判断能力の障害のために自己決定を行うことが不可能な状態が続くと考えられる場合で，精神科医療によって判断能力が回復し自己決定を行えるようになることが見込める場合には，医療の必要性に基づいて精神科医療の強制を行うことができるということです。そして，本人にとって必要な精神科医療が，入院という環境でなければ行えない場合には，精神科病院への非自発的入院も行うことができるということになります。もちろん，非自発的入院の期間は12条4項に規定されるように可能な限り短期間である必要はあります。また，精神科病院で提供される医療の内容も，事情を知らされた上での自由な同意を基礎とした医療（インフォームド・コンセントに基づく医療）など，他の者と同一の質の医療（25条(d)）である必要がありますし，入院中の処遇についても，品位を傷つける取扱いや，同意のない医学的実験からの自由（15条），プライバシーの尊重（22条）など障害者権利条約が求める内容のものである必要があります。

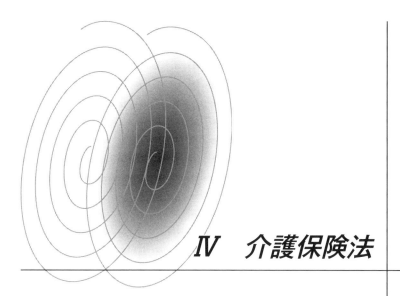

Ⅳ 介護保険法

1 介護保険法とは

　介護保険法とは，介護を必要とする高齢者等に対して，必要な介護サービスを提供し，社会全体で支えるための制度である介護保険制度を規定している法律です。高齢化の進展に伴い，要介護高齢者の増加，介護期間の長期化など，介護ニーズがますます増大することが予測されていました。その一方で，核家族化の進行，介護する家族の高齢化など，要介護高齢者を支えてきた家族をめぐる状況も変化していました。こうした状況の下，高齢者の介護を社会全体で支え合う仕組みが必要であるということになり，1999年に介護保険法が制定され，2000年4月から介護保険制度が施行されました。

介護保険法は，単に介護を要する高齢者の身の回りの世話をするということを超えて，高齢者の自立を支援することを理念とし，利用者の選択により，多様な主体から保健医療サービス，福祉サービスを総合的に受けられる利用者本位の制度として設計されています（同法1条参照）。また，医療保険とは独立した社会保険制度を採用し，給付と負担との関係を明確化した制度となっています。

2　介護保険制度の仕組み

介護保険制度の仕組みを【図4－1】に示しました。
(1)　保険者と被保険者

介護保険の保険者は，市町村及び特別区です（介護保険法3条）。ただし，規模の小さな自治体では，広域連合で運営しているところもあります。費用は被保険者（加入者）からの保険料（2分の1）のほかに，税金（国4分の1，都道府県8分の1，市町村8分の1）からも出ています。

被保険者（【表4－1】）は，原則として市町村（保険者）の区域内に住所のある満40歳以上の人です。65歳以上の被保険者は第1号被保険者（同法9条1号），40～64歳の被保険者は第2号被保険者（同条2号）と呼ばれます。保険料は，第1号被保険者の場合は所得に応じて市町村が条例で定めます。第2号被保険者の場合は加入している医療保険者ごとに設定されています。なお第2号被保険者の被扶養者には保険料の負担はありません。

Ⅳ 介護保険法

【図4−1:介護保険制度の仕組み】

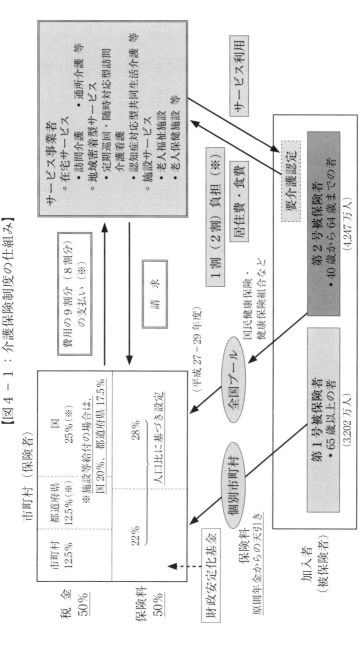

注:第1号被保険者の数は、「平成25年度介護保険事業状況報告年報」によるものであり、平成25年度末現在の数である。
　　第2号被保険者の数は、社会保険診療報酬支払基金が介護納付費納付金を確定するための医療保険者からの報告によるもの
　　であり、平成25年度内の月平均値である。
※平成27年8月以降、一定以上所得者については費用の8割分の支払い及び2割負担。
出典:厚生労働省「公的介護保険制度の現状と今後の役割(平成27年度版)」7頁

第2章 成年後見制度の利用者の自己決定支援

【表4－1：介護保険制度の被保険者（加入者）】

	第1号被保険者	第2号被保険者
対象者	65歳以上の者	40歳から64歳までの医療保険加入者
受給要件	・要介護状態（寝たきり，認知症等で介護が必要な状態） ・要支援状態（日常生活に支援が必要な状態）	要介護，要支援状態が，末期がん・関節リウマチ等の加齢に起因する疾病（特定疾病）による場合に限定
保険料負担	市町村が徴収 （原則，年金から天引き）	医療保険者が医療保険の保険料と一括徴収

出典：前掲資料11頁を改変

(2) 介護保険サービスの体系と種類

　介護保険サービスの体系を【図4－2】に，その種類を【図4－3】に示しました。在宅サービス（訪問介護・通所介護）から施設サービス（介護老人福祉施設・介護老人保健施設など）まで，様々なサービスが提供されています。なお，福祉用具の貸与・購入や住宅改修費用の支給なども行われています。

(3) 要介護認定

　介護保険サービス給付の要件である要介護状態（同法7条1項）や要支援状態（同条2項）にあるか否か，ある場合にはどの程度の状態であるのかについて，判定を行うのが要介護認定（同法27条）・要支援認定（同法32条）です。

　要介護認定（以下，要支援認定も含みます。）は，被保険者が市町村に要介護認定申請を行うことから始まります。要介護認定の仕組みを【図4－4】に示しました。申請が行われると市町村から派遣される認定調査員が申請者の家庭を訪問し，本人の「心身の状況，その置

Ⅳ 介護保険法

[図4-2:介護保険サービスの体系]

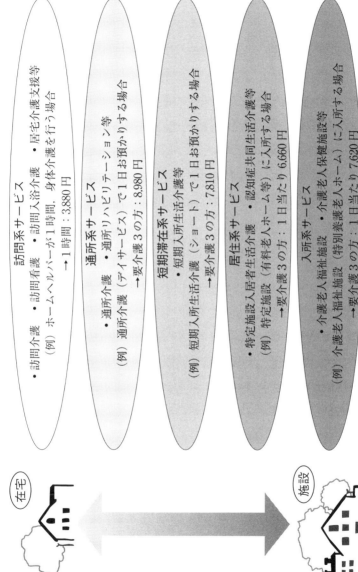

訪問系サービス
・訪問介護 ・訪問看護 ・訪問入浴介護 ・居宅介護支援等
(例) ホームヘルパーが1時間、身体介護を行う場合
→1時間：3,880円

通所系サービス
・通所介護 ・通所リハビリテーション等
(例) 通所介護（デイサービス）で1日お預かりする場合
→要介護3の方：8,980円

短期滞在系サービス
・短期入所生活介護等
(例) 短期入所生活介護（ショート）で1日お預かりする場合
→要介護3の方：7,810円

居住系サービス
・特定施設入居者生活介護 ・認知症共同生活介護等
(例) 特定施設（有料老人ホーム等）に入所する場合
→要介護3の方：1日当たり 6,660円

入所系サービス
・介護老人福祉施設 ・介護老人保健施設等
(例) 介護老人福祉施設（特別養護老人ホーム）に入所する場合
→要介護3の方：1日当たり 7,620円

在宅 ⇔ 施設

利用者負担額は目安です。お住まいの市町村やお使いになる事業所によって異なります。
出典：前掲資料8頁

第2章　成年後見制度の利用者の自己決定支援

【図4－3：介護サービスの種類】

	都道府県・政令市・中核市が指定・監督を行うサービス	市町村が指定・監督を行うサービス
介護給付を行うサービス	◎居宅介護サービス 【訪問サービス】 ・訪問介護（ホームヘルプサービス） ・訪問入浴介護 ・訪問看護 ・訪問リハビリテーション ・居宅療養管理指導 ・特定施設入居者生活介護 ・福祉用具貸与 【通所サービス】 ・通所介護（デイサービス） ・通所リハビリテーション 【短期入所サービス】 ・短期入所生活介護（ショートステイ） ・短期入所療養介護 ◎居宅介護支援 ◎施設サービス ・介護老人福祉施設 ・介護老人保健施設 ・介護療養型医療施設	◎地域密着型介護サービス ・定期巡回・随時対応型訪問介護看護 ・夜間対応型訪問介護 ・認知症対応型通所介護 ・小規模多機能型居宅介護 ・看護小規模多機能型居宅介護 ・認知症対応型共同生活介護（グループホーム） ・地域密着型特定施設入居者生活介護 ・地域密着型介護老人福祉施設入所者生活介護 ・複合型サービス （看護小規模多機能型居宅介護）
予防給付を行うサービス	◎介護予防サービス 【訪問サービス】 ・介護予防訪問介護（ホームヘルプサービス） ・介護予防訪問入浴介護 ・介護予防訪問看護 ・介護予防訪問リハビリテーション ・介護予防居宅療養管理指導 ・介護予防特定施設入居者生活介護 ・介護予防福祉用具貸与 【通所サービス】 ・介護予防通所介護（デイサービス） ・介護予防通所リハビリテーション 【短期入所サービス】 ・介護予防短期入所生活介護（ショートステイ） ・介護予防短期入所療養介護	◎地域密着型介護予防サービス ・介護予防認知症対応型通所介護 ・介護予防小規模多機能型居宅介護 ・介護予防認知症対応型共同生活介護（グループホーム） ◎介護予防支援

このほか、居宅介護（介護予防）福祉用具購入費の支給、居宅介護（介護予防）住宅改修費の支給、市町村が行う介護予防・日常生活支援総合事業がある。

出典：前掲資料19頁

Ⅳ 介護保険法

かれている環境」を調査し,「認定調査票」を作成します。また,本人の主治医に,「被保険者の身体上又は精神上の障害の原因である疾病又は負傷の状況等」に関する「主治医意見書」の作成を依頼します。「認定調査票」と「主治医意見書」は,コンピュータで分析され,一次判定が行われます。保健・医療・福祉の学識経験者により構成される介護認定審査会により,一次判定の結果と認定調査票,主治医意見書をもとに二次判定が行われ,介護度が決定されます。判定結果は,要介護（1～5）,要支援（1,2）の7段階及び非該当に分かれており,本人に通知されます。

　なお,第1号被保険者（65歳以上）と第2号被保険者（40歳から65歳未満）とでは,介護給付の要件が異なります。第1号被保険者は,要介護状態にあることが認定されれば給付を受けられますが,第

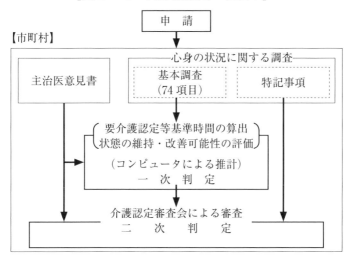

【図4-4：要介護認定の仕組み】

出典：厚生労働省ホームページ
（http://www.mhlw.go.jp/topics/kaigo/nintei/gaiyo1.html）

第2章　成年後見制度の利用者の自己決定支援

2号被保険者の場合には，要介護状態となった原因が，「身体上又は精神上の障害が加齢に伴って生ずる心身の変化に起因する疾病であって政令で定めるもの（特定疾病）」でなければ給付の対象になりません（同法27条4項）。参考として介護保険法施行令2条に規定されている特定疾病を【表4－2】に示しました。

【表4－2：特定疾病の範囲】

・がん【がん末期】 　（医師が一般に認められている医学的知見に基づき回復の見込みがない状態に至ったと判断したものに限る。）
・関節リウマチ
・筋萎縮性側索硬化症
・後縦靱帯骨化症
・骨折を伴う骨粗鬆症
・初老期における認知症
・進行性核上性麻痺，大脳皮質基底核変性症及びパーキンソン病【パーキンソン病関連疾患】
・脊髄小脳変性症
・脊柱管狭窄症
・早老症
・多系統萎縮症
・糖尿病性神経障害，糖尿病性腎症及び糖尿病性網膜症
・脳血管疾患
・閉塞性動脈硬化症
・慢性閉塞性肺疾患
・両側の膝関節又は股関節に著しい変形を伴う変形性関節症

出典：厚生労働省ホームページ
　　　（http://www.mhlw.go.jp/topics/kaigo/nintei/gaiyo3.html）

Ⅳ 介護保険法

　要介護認定の有効期間は，新規の場合は原則6か月，更新の場合は12か月となっており，有効期間内に更新の申請を行う必要があります（介護保険法28条，同法施行規則38条1項）。

　要介護認定ではどのような部分を評価して行われているのかを具体的に示す例として，「障害高齢者の日常生活自立度（寝たきり度）」（【表4－3】）と「認知症高齢者の日常生活自立度」（【表4－4】）の内容を示しておきます。

【表4－3：障害高齢者の日常生活自立度（寝たきり度）】

生活自立	ランクJ	何らかの障害等を有するが，日常生活はほぼ自立しており独力で外出する 1．交通機関等を利用して外出する 2．隣近所へなら外出する
準寝たきり	ランクA	屋内での生活は概ね自立しているが，介助なしには外出しない 1．介助により外出し，日中はほとんどベッドから離れて生活する 2．外出する頻度が少なく，日中も寝たり起きたりの生活をしている
寝たきり	ランクB	屋内での生活は何らかの介助を要し，日中もベッド上での生活が主体であるが，座位を保つ 1．車いすに移乗し，食事，排泄はベッドから離れて行う 2．介助により車いすに移乗する
	ランクC	1日中ベッド上で過ごし，排泄，食事，着替において介助を要する 1．自力で寝返りをうつ 2．自力では寝返りもうてない

※判定に当たっては，補装具や自助具等の器具を使用した状態であっても差し支えない。
出典：厚生労働省『認定調査員テキスト2009改訂版』より抜粋

【表4－4：認知症高齢者の日常生活自立度】

ランク	判断基準	見られる症状・行動の例
Ⅰ	何らかの認知症を有するが，日常生活は家庭内及び社会的にほぼ自立している。	
Ⅱ	日常生活に支障を来たすような症状・行動や意思疎通の困難さが多少見られても，誰かが注意していれば自立できる。	
Ⅱa	家庭内で上記Ⅱの状態がみられる。	たびたび道に迷うとか，買物や事務，金銭管理などそれまでできたことにミスが目立つ等
Ⅱb	家庭内でも上記Ⅱの状態が見られる。	服薬管理ができない，電話の応対や訪問者との対応など一人で留守番ができない等
Ⅲ	日常生活に支障を来たすような症状・行動や意思疎通の困難さが多少見られ，介護を必要とする。	
Ⅲa	日中を中心として上記Ⅲの状態が見られる。	着替え，食事，排便，排尿が上手に出来ない，時間がかかる。やたらに物を口に入れる，物を拾い集める，徘徊，失禁，大声・奇声をあげる，火の不始末，不潔行為，性的異常行為等
Ⅲb	夜間を中心として上記Ⅲの状態が見られる。	ランクⅢaに同じ
Ⅳ	日常生活に支障を来たすような症状・行動や意思疎通の困難さが頻繁に見られ，常に介護を必要とする。	ランクⅢに同じ

| M | 著しい精神症状や問題行動あるいは重篤な身体疾患が見られ,専門医療を重要とする。 | せん妄,妄想,興奮,自傷・他害等の精神症状や精神症状に起因する問題行動が継続する状態等 |

出典:前掲資料より抜粋

(4) 介護サービスの利用手続

　介護保険のサービスを利用するときは,まず,介護や支援の必要性に応じてサービスを組み合わせた介護(介護予防)サービス計画書(ケアプラン)を作成します。ケアプランの作成は,原則として介護支援専門員(ケアマネージャー)が行いますが,サービスによっては本人が自分で作成することもできます。要支援者の介護予防サービス計画書は地域包括支援センターで作成します。要介護者の介護サービス計画書は,在宅サービスの場合は,介護支援専門員の在籍する,県知事の指定を受けた居宅介護支援事業者(ケアプラン作成事業者)で作成します。施設サービスの場合は,施設の介護支援専門員が作成します。

　介護支援専門員は,本人や家族の希望,心身の状態を充分考慮して,どのようなサービスをどのように利用するか,サービスを提供する事業者はどこにするかなどについて,ケアプランを作成します。なお,介護支援専門員は,ケアプランの作成だけでなく,要介護者等からの相談を受けたり,市町村・サービス事業者・施設等との連絡調整も行います。

　ケアプランが作成されると,要介護者等は,ケアプランに基づいて,介護サービス事業所と契約を結び,サービスを利用します。介護サービス費用における自己負担は,支給額上限額までは費用の1割(一定以上の所得者は2割)です。

介護保険のサービス利用の手続を【図4-5】に示しました。総合事業というのは、医療・介護・予防・住まい・生活支援を一体的に提供する地域包括ケアシステムの構築を実現するために行われている「介護予防・日常生活支援総合事業」（同法115条の45）のことです。

Ⅳ 介護保険法

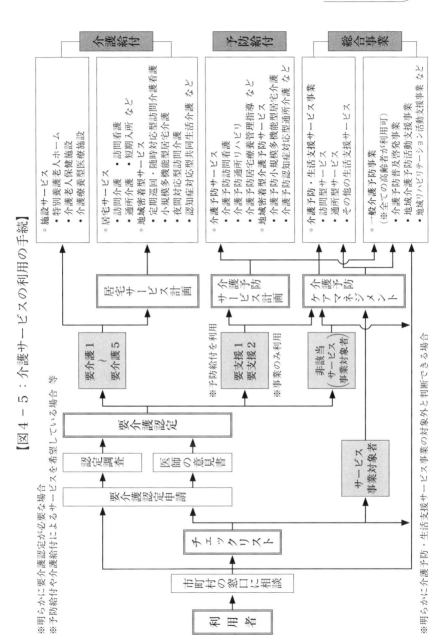

【図4−5：介護サービスの利用の手続】

出典：厚生労働省「公的介護保険制度の現状と今後の役割（平成27年度版）」17頁

第2章 成年後見制度の利用者の自己決定支援

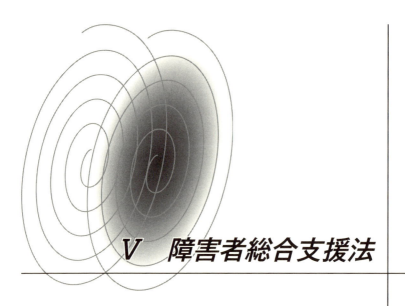

V 障害者総合支援法

1 障害者総合支援法とは

　1993年に心身障害者対策基本法が障害者基本法へと改正されました。障害者基本法は，障害者の自立及び社会参加の支援等のための施策の基本的理念を定める法律です。障害者基本法の制定によって，精神障害者は，身体障害者，知的障害者とともに障害者として福祉施策の対象であることが明確にされました。これを受けて，精神障害者が疾患と障害とを併せ持つという特性を考慮して1995年に精神保健法は精神保健福祉法へと改正され，社会復帰施設や精神障害者保健福祉手帳制度が導入されました。しかし，障害者・障害児に関する福祉施策は，身体障害者に関しては身体障害者福祉法，知的障害者に関して

は知的障害者福祉法，精神障害者に関しては精神保健福祉法というように，それぞれの障害ごとに根拠となる法律が異なっており，受けられる福祉サービスの内容も異なっていました。そこでは，行政が個々の障害者に必要な福祉サービスを決定する措置制度によって福祉サービスが提供されていました。行政による措置制度から本人との契約に基づく福祉サービスの提供を旨とする社会福祉基礎構造改革に伴い，2000年から成年後見制度の導入や介護保険制度の施行が行われました。障害者に対する福祉サービスに関しては，2003年から契約制度を導入した支援費制度が始まりました。しかし，支援費制度に関しては，障害の種別ごとにサービス提供の仕組みが分かれていること，支給決定のプロセスの不透明さなどの批判がありました。

　これらの問題点を解消するために，2005年10月に，障害者・障害児の地域生活と就労を進め，自立を支援するために，これまで障害種別ごとに異なる法律に基づいて行われてきた障害者福祉サービスを一元化した法律として，障害者自立支援法が成立し，2006年4月より施行されました。しかし，障害者自立支援法については，応能負担から応益負担への移行による障害者の経済的負担の増加，障害程度区分の設定が身体障害を主として設定されているために，精神障害者・知的障害者では障害が軽度と判定され，必要なサービスが受けられなくなるという問題が指摘されていました。

　2009年12月より，政府は，国際連合の障害者権利条約の批准に必要な国内法の整備をはじめとした障害者制度の集中的な改革作業を開始しました。その過程で，2011年8月に障害者基本法が改正されました。それを受けて，2012年6月に障害者自立支援法は改正され，法律の名称も「障害者の日常生活及び社会生活を総合的に支援するための法律」（障害者総合支援法）に改称されました。改正に当たり，

対象とする障害者の範囲の拡大，身体障害以外の障害の状態を適切に反映していないとされていた従来の「障害程度区分」を廃止し，新たに障害の特性に配慮した「障害支援区分」を設けるなどの改正が行われ，障害者総合支援法は2013年4月より施行されています。

障害者総合支援法は，「障害者及び障害児が基本的人権を享有する個人としての尊厳にふさわしい日常生活又は社会生活を営むことができるよう，必要な障害福祉サービスに係る給付，地域生活支援事業その他の支援を総合的に行い，もって障害者及び障害児の福祉の増進を図るとともに，障害の有無にかかわらず国民が相互に人格と個性を尊重し安心して暮らすことのできる地域社会の実現に寄与することを目的」とした法律です（同法1条）。

2　障害者総合支援法の理念

障害者総合支援法は，基本理念（同法1条の2）として，①全ての国民が，障害の有無にかかわらず，等しく基本的人権を享有するかけがえのない個人として尊重されること，②全ての国民が，障害の有無によって分け隔てられることなく，相互に人格と個性を尊重し合いながら共生する社会を実現すること，③全ての障害者及び障害児が可能な限りその身近な場所において必要な日常生活又は社会生活を営むための支援を受けられること，④社会参加の機会が確保されること，⑤どこで誰と生活するかについての選択の機会が確保され，地域社会において他の人々と共生することを妨げられないこと，⑥障害者及び障害児にとって日常生活又は社会生活を営む上で障壁となるような社会における事物，制度，慣行，観念その他一切のものの除去に資することを掲げています。

3　障害者総合支援法の対象

　障害者総合支援法による支援の対象となる障害者には，障害者自立支援法の対象であった身体障害者，知的障害者，精神障害者（発達障害者を含みます。）に加えて，それまでは制度の谷間となって十分な支援が受けられていなかった難病等の患者（「治療方法が確立していない疾病その他の特殊の疾病であって政令で定めるものによる障害の程度が厚生労働大臣が定める程度である者」）も含まれています（同法4条1項）。ここでいう身体障害者とは，身体障害者手帳の交付を受けている者（身体障害者福祉法4条）であり，知的障害者とは，知的障害者福祉法に規定されている知的障害者のうち18歳以上である者，精神障害者とは，精神保健福祉法5条に規定されている精神障害者（発達障害者支援法2条2項に規定される発達障害者を含み，知的障害者福祉法にいう知的障害者を除きます。）のうち18歳以上である者であるとされています。また，政令で指定する「特殊の疾病」とは，「治療方法が確立しておらず，その診断に関し客観的な指標による一定の基準が定まっており，かつ，当該疾病にかかることにより長期にわたり療養を必要とすることとなるものであって，当該疾病の患者の置かれている状況からみて当該疾病の患者が日常生活又は社会生活を営むための支援を行うことが特に必要なものとして厚生労働大臣が定めるもの」（障害者総合支援法施行令1条）と規定されており，2015年7月現在，332の疾病が指定されています。

4　障害支援区分認定

　障害者総合支援法による給付は，市町村による障害支援区分の認定（同法21条）を基に行われます。障害支援区分とは，障害の多様な特性や心身の状態に応じて必要とされる標準的な支援の度合いを表す6段階の区分（区分1～6：区分6の方が必要とされる支援の度合いが高い）です。必要とされる支援の度合いを客観的に評価し，必要な人が必要なサービスを利用できるようにするために導入されています。

　障害支援区分認定の手続を【図5－1】に示しました。利用希望者が市町村に障害支援区分の認定を申請する（同法20条1項）と，市町村の職員（認定調査員）が申請者の家庭等の生活の場を訪問し，本人の「心身の状況，その置かれている環境」を調査し，「認定調査票」を作成します（同法20条2項）。【表5－1】に障害支援区分認定の調査項目を示しました。また，利用希望者の主治医に「医師意見書」の作成を依頼します。「認定調査票」と「医師意見書」の一部項目（24項目）をコンピュータで分析し，一次判定が行われます。「障害者等の保健又は福祉に関する学識経験を有する者」（同法16条2項）により構成される市町村の設置する審査会（同法15条）により，一次判定の結果と「特記事項」及び「医師意見書（一次判定で評価した項目を除く。）」の内容を総合的に勘案して二次判定が行われます。審査会の判定結果を踏まえて，市町村が障害支援区分を認定します（同法21条1項）。

Ⅴ　障害者総合支援法

【図5−1：障害支援区分の認定手続】
市町村は，障害者等から介護給付費等の支給に係る申請を受理した場合，以下の手続による「障害支援区分の認定」を行う。

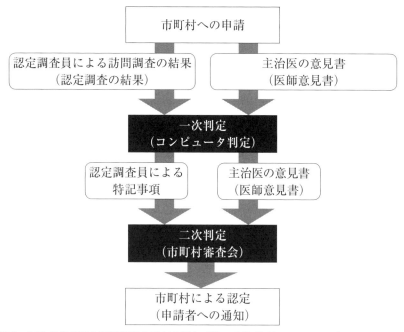

出典：厚生労働省社会保障審議会障害者部会（第70回）資料2−1，12頁

5　支給決定からサービス利用までの手続

　支給決定からサービス利用までの手続を【図5−2】に示しました。
　市町村は，給付の申請を行った人（利用者）に対して，「指定特定相談支援事業者」が作成する「サービス等利用計画案」の提出を求めます。利用者は「サービス等利用計画案」を「指定特定相談支援事業

第２章　成年後見制度の利用者の自己決定支援

【表5－1：障害支援区分の認定調査項目（80項目）】

1. 移動や動作等に関連する項目（12項目）			
1－1　寝返り	1－2　起き上がり	1－3　座位保持	1－4　移乗
1－5　立ち上がり	1－6　両足での立位保持	1－7　片足での立位保持	1－8　歩行
1－9　移動	1－10　衣服の着脱	1－11　じょくそう	1－12　えん下

2. 身の回りの世話や日常生活等に関連する項目（16項目）			
2－1　食事	2－2　口腔清潔	2－3　入浴	2－4　排尿
2－5　排便	2－6　健康・栄養管理	2－7　薬の管理	2－8　金銭の管理
2－9　電話等の利用	2－10　日常の意思決定	2－11　危険の認識	2－12　調理
2－13　掃除	2－14　洗濯	2－15　買い物	2－16　交通手段の利用

3. 意思疎通等に関連する項目（6項目）			
3－1　視力	3－2　聴力	3－3　コミュニケーション	3－4　説明の理解
3－5　読み書き	3－6　感覚過敏・感覚鈍麻	—	—

4. 行動障害に関連する項目（34項目）				
4－1　被害的・拒否的	4－2　作話	4－3　感情が不安定	4－4　昼夜逆転	4－5　暴言暴行
4－6　同じ話をする	4－7　大声奇声を出す	4－8　支援の拒否	4－9　徘徊	4－10　落ち着きがない
4－11　外出して戻れない	4－12　１人で出たがる	4－13　収集癖	4－14　物や衣類を壊す	4－15　不潔行為
4－16　異食行動	4－17　ひどい物忘れ	4－18　こだわり	4－19　多動・行動停止	4－20　不安定な行動
4－21　自らを傷つける行為	4－22　他人を傷つける行為	4－23　不適切な行為	4－24　突発的な行動	4－25　過食・反すう等
4－26　そう鬱状態	4－27　反復的行動	4－28　対人面の不安緊張	4－29　意欲が乏しい	4－30　話がまとまらない
4－31　集中力が続かない	4－32　自己の過大評価	4－33　集団への不適応	4－34　多飲水・過飲水	—

5. 特別な医療に関連する項目（12項目）			
5－1　点滴の管理	5－2　中心静脈栄養	5－3　透析	5－4　ストーマの処置
5－5　酸素療法	5－6　レスピレーター	5－7　気管切開の処置	5－8　疼痛の看護
5－9　経管栄養	5－10　モニター測定	5－11　じょくそうの処置	5－12　カテーテル

出典：前掲資料48頁

Ⅴ　障害者総合支援法

【図5－2：支給決定プロセス】

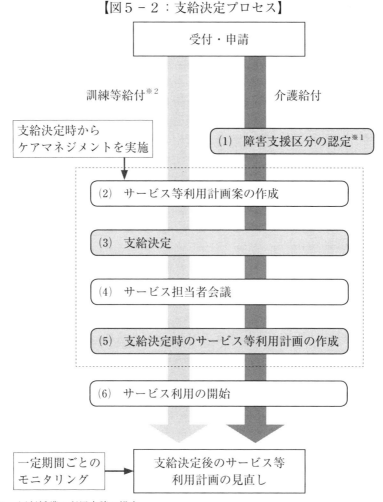

※1　同行援護の利用申請の場合
　　障害支援区分の調査に加えて同行援護アセスメント票によるアセスメントを行います。ただし，身体介護を伴わない場合は，心身の状況に関するアセスメント，障害支援区分の一次判定，二次判定（審査会）及び障害支援区分の認定は行わないものとします。
※2　共同生活援助の利用申請のうち，一定の場合は障害支援区分の認定が必要です。
出典：厚生労働省・全国社会福祉協議会「障害福祉サービスの利用について（平成27年4月版）」12・13頁

者」で作成し，市町村に提出します。市町村は，利用者の障害判定区分，利用者の介護を行う者の状況，利用者本人の障害福祉サービスの利用に関する意向，提出された計画案等を勘案して支給の要否を決定します（同法22条1項）。

　支給決定後に，「指定特定相談支援事業者」は，サービス担当者会議を開催し，サービス事業者等との連絡調整を行い，実際に利用する「サービス等利用計画」を作成します。「サービス等利用計画」に基づいてサービス利用が開始されます。なお，サービス等の利用状況の検証と計画の見直しのために一定期間を定めて「モニタリング」（サービス等利用計画の見直し）が実施されます。モニタリングの実施は，利用者の状況や利用しているサービスの内容等によって市町村が定める期間ごとに行われますが，少なくとも1年に1回以上は実施されます。

　支給決定の有効期間は，厚生労働省令で定める期間とされています（同法23条）。障害者の日常生活及び社会生活を総合的に支援するための法律施行規則（平成18年2月28日厚生労働省令第19号）15条の規定によれば，給付を受ける福祉サービスごとに【表5－2】に示した範囲内の月単位で市町村が定めることになっています。

【表5－2：福祉サービス支給決定の有効期間】

1号	居宅介護	1～12月
	重度訪問介護	
	同行援護	
	行動援護	
	短期入所	
2号	療養介護	1～36月
	生活介護	

	施設入所支援	
	就労継続支援	
	共同生活援助	
3号	就労移行支援(あん摩マッサージ指圧師,はり師又はきゅう師の資格を取得)	1〜60月

なお,市町村の決定に不服がある場合は,都道府県知事に審査請求をすることができ,都道府県は不服審査会を設けることができます。

市町村による支給決定に基づく福祉サービスの利用者の負担は,サービス量と所得に着目した仕組みになっており,利用者の負担額には所得に応じた上限額が設けられています。

6 障害者総合支援法による福祉サービス

障害者総合支援法によって提供される福祉サービスは,自立支援給付と地域生活支援事業の2つに大別されます。【図5-3】に障害者総合支援法による福祉サービスの概要を示しました(平成26年6月3日法律第65号により,平成30年4月1日からは「就労定着支援」と「自立生活援助」が新設されます。)。

(1) 自立支援給付

自立支援給付には,介護給付,訓練等給付,自立支援医療,補装具があります。自立支援給付は,利用者一人一人の障害の程度,社会生活,介護者,居住などの状況によって,個別に支給決定が行われます。介護の支援を受ける「介護給付」と訓練等の支援を受ける「訓練等給付」とでは,それぞれ利用の手続に相違があります。介護給付と訓練等給付の内容を【表5-3】に示します。

第2章　成年後見制度の利用者の自己決定支援

【図5－3：障害者総合支援法による福祉サービスの概要】

```
┌─────────────────────市町村─────────────────────┐
│                                                │
│  介護給付              自立支援給付    訓練等給付          │
│  ・居宅介護(ホームヘルプ)              ・自立訓練            │
│  ・重度訪問介護                        ・就労移行支援        │
│  ・同行援護         → 障害者・児 ←     ・就労継続支援        │
│  ・行動援護                            ・共同生活援助(グループホーム) │
│  ・重度障害者等包括支援                 ※従来のケアホームは、グ  │
│  ・短期入所(ショートステイ)              ループホームに一元化され  │
│  ・療養介護                            ました。              │
│  ・生活介護                                                │
│  ・施設入所支援        自立支援医療                         │
│                        ・更正医療　・育成医療※              │
│                        ・精神通院医療※                      │
│                        ※実施主体は都道府県等                │
│                                                            │
│                        補装具                               │
└────────────────────────────────────────────────┘
                            ↑
┌─────────────────地域生活支援事業─────────────────┐
│                                                            │
│  ・理解促進研修・啓発        ・手話奉仕員養成研修             │
│  ・自発的活動支援            ・移動支援                      │
│  ・相談支援                  ・地域活動支援センター           │
│  ・成年後見制度利用支援      ・福祉ホーム                    │
│  ・成年後見制度法人後見支援  ・その他の日常生活又は社会生     │
│  ・意思疎通支援                活支援                        │
│  ・日常生活用具の給付又は貸与                                │
└────────────────────────────────────────────────┘
                            ↑支援
┌─────────────────地域生活支援事業─────────────────┐
│  ・専門性の高い相談支援      ・専門性の高い意思疎通支援を      │
│  ・広域的な対応が必要な事業    行う者の養成・派遣             │
│  ・人材育成                  ・意思疎通支援を行う者の広域     │
│                                的な連絡調整，派遣調整　等   │
└─────────────────都道府県─────────────────────┘
```

出典：前掲資料3頁

V　障害者総合支援法

【表5－3：福祉サービスに係る自立支援給付等の体系】

介護給付	
①居宅介護（ホームヘルプ）	自宅で，入浴，排せつ，食事の介護等を行います。
②重度訪問介護	重度の肢体不自由者又は重度の知的障害者若しくは精神障害により，行動上著しい困難を有する人で常に介護を必要とする人に，自宅で，入浴，排せつ，食事の介護，外出時における移動支援における移動支援などを総合的に行います。
③同行援護	視覚障害により，移動に著しい困難を有する人に，移動に必要な情報の提供（代筆・代読を含む），移動の援護等の外出支援を行います。
④行動援護	自己判断能力が制限されている人が行動するときに，危険を回避するために必要な支援や外出支援を行います。
⑤重度障害者等包括支援	介護の必要性がとても高い人に，居宅介護等複数のサービスを包括的に行います。
⑥短期入所（ショートステイ）	自宅で介護する人が病気の場合などに，短期間，夜間も含め施設で，入浴，排せつ，食事の介護等を行います。
⑦療養介護	医療と常時介護を必要とする人に，医療機関で機能訓練，療養上の管理，看護，介護及び日常生活の支援を行います。
⑧生活介護	常に介護を必要とする人に，昼間，入浴，排せつ，食事の介護等を行うとともに，創作的活動又は生産活動の機会を提供します。
⑨障害者支援施設での夜間ケア等（施設入所支援）	施設に入所する人に，夜間や休日，入浴，排せつ，食事の介護等を行います。

第2章　成年後見制度の利用者の自己決定支援

訓練等給付	
①自立支援	自立した日常生活又は社会生活ができるよう，一定期間，身体機能又は生活能力の向上のために必要な訓練を行います。機能訓練と生活訓練があります。
②就労移行支援	一般企業等への就労を希望する人に，一定期間，就労に必要な知識及び能力の向上のために必要な訓練を行います。
③就労継続支援 （A型＝雇用型， B型＝非雇用型）	一般企業等での就労が困難な人に，働く場を提供するとともに，知識及び能力の向上のために必要な訓練を行います。 雇用契約を結ぶA型と，雇用契約を結ばないB型があります。
④共同生活援助 （グループホーム）	共同生活を行う住居で，相談や日常生活上の援助を行います。また，入浴，排せつ，食事の介護等の必要性が認定されている方には介護サービスも提供します。 さらに，グループホームを退居し，一般住宅等への移行を目指す人のためにサテライト型住居があります。※ ＊平成26年4月1日から共同生活介護（ケアホーム）はグループホームに一元化されました。

※サテライト型住居については，早期に単身等での生活が可能であると認められる人の利用が基本となっています。
出典：前掲資料4頁

　相談支援に関しても，給付の対象となっています。障害者の相談支援体系を【表5－4】に示します。

【表5－4：「障害者」の相談支援体系】

サービス等利用計画	指定特定相談支援事業者（計画作成担当）	○計画相談支援（個別給付） ・サービス利用支援 ・継続サービス利用支援

V 障害者総合支援法

	※事業者指定は，市町村が行う。	◦ 基本相談支援（障害者・障害児等からの相談）
地域移行支援・地域定着支援	指定一般相談支援事業者 ※事業者指定は，都道府県知事，指定都市市長及び中核市市長等が行う。	◦ 地域相談支援（個別給付） ・地域移行支援（地域生活の準備のための外出への同行支援・入居支援等） ・地域定着支援（24時間の相談支援体制等） ◦ 基本相談支援（障害者・障害児等からの相談）

出典：前掲資料9頁

(2) 地域生活支援事業

　地域生活支援事業は，それぞれの地域の社会資源の状況や地理的な条件，利用者の条件などを考慮し，利用者一人一人の状況に応じて，効果的・効率的に柔軟なサービス提供を行うものです。市町村事業と都道府県事業の2種類があります。【表5-5】に地域生活支援事業の内容を示しました。

【表5-5：地域生活支援事業の内容】

市町村事業の内容	
理解促進研修・啓発	障害者に対する理解を深めるための研修や啓発事業を行います。
自発的活動支援	障害者やその家族，地域住民等が自発的に行う活動を支援します。
相談支援	◦相談支援 　障害のある人，その保護者，介護者などからの相談に応じ，必要な情報提供等の支援を行うとともに，虐待の防止や権利擁護のために必要な援助を行います。また，（自立支援）協議会を設置し，地域の相

	談支援体制やネットワークの構築を行います。 ○市町村に基幹相談支援センターの設置 　地域における相談支援の中核的役割を担う機関として，総合的な相談業務の実施や地域の相談体制の強化の取り組み等を行います。
成年後見制度利用支援	補助を受けなければ成年後見制度の利用が困難である人を対象に，費用を助成します。
成年後見制度法人後見支援	市民後見人を活用した法人後見を支援するための研修等を行います。
意思疎通支援	聴覚，言語機能，音声機能，視覚等の障害のため，意思疎通を図ることに支障がある人とその他の人の意思疎通を仲介するために，手話通訳や要約筆記，点訳等を行う者の派遣などを行います。
日常生活用具給付等	重度障害のある人等に対し，自立支援生活用具等日常生活用具の給付又は貸与を行います。
手話奉仕員養成研修	手話で意思疎通支援を行う者を養成します。
移動支援	屋外での移動が困難な障害のある人について，外出のための支援を行います。
地域活動支援センター	障害のある人が通い，創作的活動又は生産活動の提供，社会との交流の促進等の便宜を図ります。
その他	市町村の判断により，基本的人権を享有する個人としての尊厳にふさわしい日常生活又は社会生活を営むために必要な事業を行います。 たとえば，福祉ホームの運営，訪問入浴サービス，日中一時支援があります。

都道府県事業	
専門性の高い相談支援	発達障害，高次脳機能障害など専門性の高い障害について，相談に応じ，必要な情報提供等を行います。
広域的な支援	都道府県相談支援体制整備事業や精神障害者地域生活支援広域調整等事業など，市町村域を超える広域的な

	支援が必要な事業を行います。
専門性の高い意思疎通支援を行う者の養成・派遣	意思疎通支援を行う者のうち，特に専門性の高い者の養成，又は派遣する事業を行います（手話通訳者，要約筆記者，触手話及び指点字を行う者の養成又は派遣を想定）。
意思疎通を行う者の派遣に係る連絡調整	手話通訳者，要約筆記者，触手話及び指点字を行う者の派遣に係る市町村相互間の連絡調整を行います。
その他 （研修事業を含む）	都道府県の判断により，基本的人権を享有する個人としての尊厳にふさわしい日常生活又は社会生活を営むために必要な事業を行います。 たとえば，オストメイト社会適応訓練，音声機能障害者発声訓練，発達障害者支援体制整備などがあります。 また，サービス・相談支援者，指導者などへの研修事業等を行います。

出典：前掲資料10・11頁

7 自立支援医療

「自立支援医療」とは，障害者等につき，「その心身の障害の状態の軽減を図り，自立した日常生活又は社会生活を営むために必要な医療」（障害者総合支援法5条22項）のことです。自立支援医療制度では，自立支援医療に関する医療費の自己負担額を軽減する公費負担医療制度です。自立支援医療の実施主体は都道府県になります。

(1) 自立支援医療制度の対象者

　ア　精神通院医療

　　精神保健福祉法5条に規定される統合失調症などの精神疾患を有

第2章 成年後見制度の利用者の自己決定支援

する人で，通院による精神医療を継続的に要する人。症状がほとんど消失している患者であっても，軽快状態を維持し，再発を予防するためになお通院治療を続ける必要がある場合も対象となります。

イ 更生医療

身体障害者福祉法に基づき身体障害者手帳の交付を受けた人で，その障害を除去・軽減する手術等の治療により確実に効果が期待できる人（18歳以上）。

ウ 育成医療

身体に障害を有する児童で，その障害を除去・軽減する手術等の治療により確実に効果が期待できる人（18歳未満）。

(2) 精神通院医療とその手続

精神通院医療の対象となる精神疾患を【表5-6】に示しました。この制度を利用すると精神疾患の治療に関する外来通院（外来，外来での投薬，デイ・ケア，訪問看護等が含まれます。）医療費の自己負担額が3割から1割に減額されます。また，一定所得以下の世帯に属する場合や，「重度かつ継続」に該当する疾病の場合には，月ごとの自己負担額に上限が設けられています。

「重度かつ継続」に該当するのは，統合失調症（F2）や認知症（F0）など【表5-6】で＊をつけた精神疾患の場合と，それ以外の精神疾患で，3年以上の精神医療の経験を有する医師が，集中的・継続的な通院医療の必要性を認めた場合です。

【表5-6：自立支援医療（精神通院医療）の対象となる精神疾患】

疾患名	ICD-10コード	
病状性を含む器質性精神障害	F0	＊
精神作用物質使用による精神及び行動の障害	F1	＊

統合失調症，統合失調症型障害及び妄想性障害	F2	＊
気分障害	F3	＊
てんかん	G40	＊
神経症性障害，ストレス関連障害及び身体表現性障害	F4	
生理的障害及び身体的要因に関連した行動症候群	F5	
成人の人格及び行動の障害	F6	
精神遅滞	F7	
心理的発達の障害	F8	
小児期及び青年期に通常発症する行動及び情緒の障害	F9	

＊は高額治療継続者（いわゆる「重度かつ継続」）の対象疾患

　利用者（障害児の場合は，その保護者）が自立支援医療の申請を行います（障害者総合支援法53条1項）。申請に当たっては主治医の作成する自立支援医療診断書（精神通院）が必要となります。市町村で認定されると自立支援医療受給者証が交付されます（同法54条）。原則として受給者証に登録された医療機関や薬局での医療費のみが公費負担の対象となりますが同時に複数の医療機関を登録することも可能です。また受給者証は1年ごとの更新が必要です（同法55条，同法施行規則43条）が，治療内容に変更がなければ医師の診断書の提出は隔年でよいとされています。

第2章　成年後見制度の利用者の自己決定支援

コラム①　障害児と保護者

　障害者総合支援法は，18歳以上の障害者だけでなく，18歳未満の障害児とその保護者に対する福祉サービスや相談支援についても規定しています。

　障害者総合支援法における「障害児」（同法4条2項）とは，児童福祉法4条2項に規定される「障害児」のことであり，「身体に障害のある児童」，「知的障害のある児童」，「精神に障害のある児童（……発達障害児を含む。）」又は「治療方法が確立していない疾病その他の特殊の疾病であって障害者総合支援法4条1項の政令で定めるものによる障害の程度が同項の厚生労働大臣が定める程度である児童」とされています。また，「保護者」とは，児童福祉法6条に規定される「保護者」のことであり，「親権を行う者，未成年後見人その他の者で，児童を現に監護する者」とされています。

　なお，障害児に対する福祉サービスの根拠規定は，児童福祉法に規定されています。

Ⅵ 精神科病院への入院

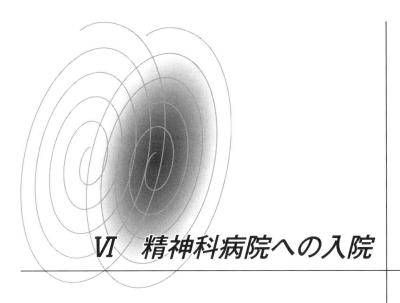

1 精神科病院への入院に関する法律

　成年後見制度の利用者の支援を行っていく上で，精神科病院への入院が必要とされることがあります。例えば，統合失調症に罹患している利用者が，被害関係妄想や命令・脅迫口調の幻聴が強くなって落ち着かない状態になった場合や，自殺念慮が顕著な場合などには，利用者の意思にかかわらず，強制的にでも抗精神病薬を中心とした精神科治療を行う必要があり，こうした場合には，多くの場合，精神科病院への強制入院が必要となります。こうしたときに適切な対処ができるために，成年後見人等は，精神科病院への入院に関する法律について知っておく必要があります。

2　精神科病院への入院に特別な法律がある理由

　医療の枠組みを規定する法律には医師法や医療法がありますが，精神科医療についてはこのほかに精神保健福祉法という特別な法律があります。精神科医療においてこうした特別な法律が必要とされる理由は，精神障害者には，一時的にせよ，重篤な判断能力の障害が生じることがあり，その場合，患者本人の同意に基づかない医療を行う必要があるからです。強制的な精神科医療は，患者本人のために行われるものであるとはいえ，基本的人権である患者の自由を制限して行われます。したがって，適切な法手続に則して行われる場合にのみ許される手段なのです。そのために精神科医療に関する法手続を定めた特別な法律が必要とされることになります。こうした法律は精神保健法規（mental health law）と呼ばれ，世界の多くの国に存在しています。我が国では精神保健福祉法がこれに相当します。

3　我が国における入院形態

　現行の精神保健福祉法に規定された入院形態には，任意入院，措置入院，緊急措置入院，医療保護入院，応急入院，という5つの形態があります。このうち，任意入院以外は全て患者の意思によらない入院形態であり，強制入院，非自発的入院と呼ばれます。これに対して任意入院のように患者の意思に基づく入院は非強制入院，自発的入院と呼ばれます。

4 精神保健指定医

　入院形態について述べる前に，我が国の精神保健福祉法の入院手続において患者の人権擁護のために重要な役割を担っている精神保健指定医について解説します。

　精神保健指定医（以下，「指定医」といいます。）とは，厚生労働大臣により精神保健福祉法に関する職務を行うために必要な知識及び技能を有する者として指定された医師のことです（同法18条）。指定医の職務は，大きく分けて，①精神科病院への医療保護入院などの入院の要否や一定の行動制限の要否の判断などを行うことと，②みなし公務員として措置入院の要否の判断などを行うこと，の2つがあります（同法19条の4）。指定医は，患者の人権に配慮しつつ，必要かつ適切な精神科医療を確保するための制度であり，医療機関内で著しく不適切な処遇がある場合には，管理者に報告するなどして処遇を改善するように努力する義務（同法37条の2）も課せられています。

　精神科3年以上を含む5年以上の臨床経験を有し，所定の研修を終了し，提出したケースレポートが適切と認められた医師が指定されます。指定後5年度ごとに研修受講が義務付けられています（同法19条）。措置入院，医療保護入院などの強制入院を行う精神科病院には常勤の指定医を置くことが規定されています（同法19条の5）。

　なお，2005年の改正（平成17年法律第123号による）によって都道府県知事の認める病院（特定病院）では，患者を直ちに診察する必要があるにもかかわらず指定医が不在のときには，指定医に代えて特定医師（精神科2年以上を含む4年以上の臨床経験を持つ医師）に任意入院患者の退院制限と医療保護入院・応急入院に関する診察を行わ

第2章　成年後見制度の利用者の自己決定支援

せることができる特例措置が設けられました。

5　精神保健福祉法に規定される入院形態

精神保健福祉法に規定されている入院形態には，任意入院，措置入院，緊急措置入院，医療保護入院，応急入院，の5つの形態があります（【表6－1】）。

(1) 任意入院

精神保健福祉法20条は，「精神科病院の管理者は，精神障害者を入院させる場合においては，本人の同意に基づいて入院が行われるように努めなければならない。」と規定しています。任意入院は，患者本

【表6－1：入院形態の比較】

	任意入院	措置入院	緊急措置入院	医療保護入院	応急入院
強制・非強制の区別	非強制	強制	強制	強制	強制
緊急性	なし	なし	急速を要する	なし	急速を要する
患者条件	なし	自傷他害のおそれ	自傷他害のおそれ	医療保護の必要性	医療保護の必要性
判定者	医師	指定医（2人以上）	指定医	指定医	指定医
入院先	精神科病院	国・都道府県立病院，指定病院	国・都道府県立病院，指定病院	常勤指定医のいる精神科病院	応急入院指定病院
入院の命令者	なし	都道府県知事・政令指定都市市長	都道府県知事・政令指定都市市長	病院管理者	病院管理者
家族等の同意	不要	不要	不要	必要	不要
入院期間	制限なし	制限なし	72時間	制限なし	72時間

Ⅵ　精神科病院への入院

人の意思（同意）による入院であり，精神障害者の入院の原則とされる入院形態です。

任意入院の手続の概要を【図6－1】に示しました。患者を任意入院させる際には，患者に対して，患者の同意による入院であること，退院の申出により退院できること，入院中の権利保障，治療上やむを得ない場合には行動の制限や退院制限の対象となることなどについて説明をし，書面（入院に際してのお知らせ）による告知を行い，本人の意思による入院であることを確認するために「自ら入院する旨を記載した書面」（任意入院同意書）を得る必要があります（同法21条1項）。患者から退院の申出があった場合には，精神科病院の管理者は，患者を退院させなければなりません。ただし，指定医の診察の結果，患者の病状から入院を継続する必要があると認められたときは，72時間（特定医師の診察の場合は12時間）を限度に退院制限を行うことができます。この間に医師は，患者に対して入院継続の必要性に関

【図6－1：任意入院（20条）の手続】

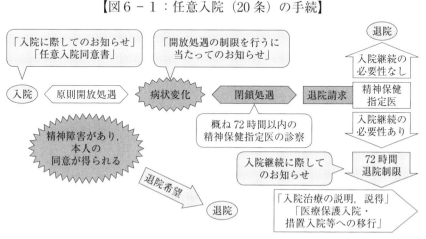

出典：「e－らぽ～る」ホームページを基に筆者にて作成

して説明・説得を行うとともに，必要に応じて医療保護入院への変更を検討します。退院制限の規定を除けば，任意入院は精神科以外の診療科における入院と同じ入院です。

任意入院は我が国の精神科病院入院患者の52.8％（平成25年度精神保健福祉資料）を占めています。

(2) 措置入院

措置入院は，「入院させなければ精神障害のために自身を傷つけ又は他人を害するおそれがある」精神障害者を都道府県知事の権限で，国立・都道府県立精神科病院又は指定病院（都道府県知事により，都道府県が設置する精神科病院に代わる施設として指定された病院：同法19条の8）に入院させる制度です（同法29条1項）。措置入院は，都道府県知事（政令指定都市の場合は市長）の権限で行われる強制入院（行政処分）であり，精神症状が重篤な場合に使用される入院形態です。措置入院の手続の概要を【図6－2】に示しました。

措置入院の要件である，「自身を傷つけ又は他人に害を及ぼすおそ

【図6－2：措置入院（29条）の手続】

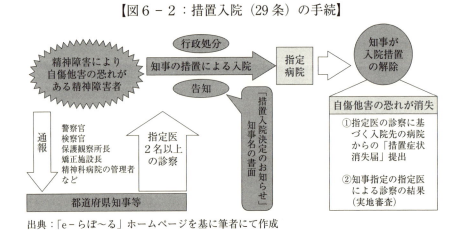

出典：「e-らぽ〜る」ホームページを基に筆者にて作成

れ」については，精神保健福祉法28条の2並びに同条の規定に基づき厚生労働大臣が定めた基準（「精神保健及び精神障害者福祉に関する法律第28条の2の規定に基づき厚生労働大臣の定める基準」（昭和63年4月8日厚生省告示第125号））によって示されています。それによれば，自傷行為とは，「自殺企図等，自己の生命，身体を害する行為」をいい，他害行為とは，「殺人，傷害，暴行，性的問題行動，侮辱，器物破損，強盗，恐喝，窃盗，詐欺，放火，弄火等他の者の生命，身体，貞操，名誉，財産等又は社会的法益等に害を及ぼす行為」を指し，「原則として刑罰法令に触れる程度の行為をいう」とされています。

　措置入院の要否は知事の指定する指定医の診察結果に基づいて判断されます。一般人の申請（同法22条），警察官（同法23条）・検察官（同法24条）・保護観察所の長（同法25条）・矯正施設の長（同法26条）・医療観察法の指定通院医療機関の管理者の通報（同法26条の3），精神科病院の管理者の届出（同法26条の2）などに基づき，知事は調査を行い，診察の要否を決定します。2人以上の指定医が診察した結果，措置入院が必要であるという判断で一致した場合に，措置入院となります。なお，指定医が措置入院に関して行う診察に関しては，厚生労働大臣が定める判定の基準（同法28条の2）が定められており，指定医はこの基準に基づいて，措置入院の要否を判断します。

　入院患者の措置症状が消退した（措置入院を継続しなくとも，自傷他害のおそれがない）場合には，知事は患者を直ちに退院させなければなりません（同法29条の4第1項）。ただし，ここでいう「退院」とは，「入院を要しない状態」を意味するものではなく，「措置解除」と同義であると考えられています。実際の運用をみても，措置入院し

た患者が，措置解除後すぐに精神科病院から退院することはむしろ少なく，多くの場合は，医療保護入院や任意入院に移行して引き続き精神科病院への入院を継続しています。

都道府県知事は，措置解除の判断を行う際には，当該患者について，必ず，指定医の診察を実施し，指定医の診察の結果に基づき「入院を継続しなくてもその精神障害のために自身を傷つけ又は他人に害を及ぼすおそれがないと認められることについて」判断を行わなければならないことになっています（同法29条の4第2項，29条の5）。

措置解除に関する指定医の診察については，いわゆる実地審査の際に行われる「その指定する指定医による診察」（同法29条の4第2項）と入院先の精神科病院の指定医の診察（同法29条の5）の2種類があります。入院先の精神科病院の指定医の診察結果は，都道府県知事に措置症状消退届として，精神科病院の管理者から保健所を通じて提出されます。実際の運用では，措置解除の判断は，措置症状消退届に基づいて行われることがほとんどです。

措置入院は精神科病院入院患者の0.6％（平成25年度精神保健福祉資料）を占めています。

(3) 緊急措置入院

緊急措置入院は，患者の精神状態が悪く，正式な措置入院の手続を採るだけの時間的余裕がないくらい入院させる必要性・緊急性が高い場合に採られる入院形態です。措置入院の手続の概要を【図6－3】に示しました。緊急措置入院では，知事は，指定医1人の診察の結果に基づいて措置入院させることができますが，入院期間は，72時間に限定されています（同法29条の2第3項）。なお，緊急措置入院患者については，知事は，「すみやかに」措置入院の要否の判断を行うことが規定されており（同法29条の2第2項），通常の措置診察（2

【図6－3：緊急措置入院（29条の2）の手続】

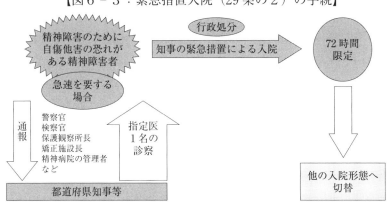

人以上の指定医による診察）が行われます。診察の結果，2人以上の指定医が要措置入院という判断で一致していれば，通常の措置入院に移行します。そうでない場合には，医療保護入院，任意入院など，他の入院形態に移行するか，あるいは退院（外来通院を含みます。）となります。

(4) 医療保護入院

　精神保健福祉法33条1項1号は，「指定医による診察の結果，精神障害者であり，かつ，医療及び保護のため入院の必要がある者であって当該精神障害のために第20条の規定による入院（＝任意入院）が行われる状態にないと判定されたもの」について，精神科病院の管理者は，「その家族等のうちいずれかの者の同意があるときは，本人の同意がなくてもその者を入院させることができる」と規定しています。医療保護入院は，医療及び保護のために入院して治療をする必要があるにもかかわらず，患者本人から入院についての同意が得られず，しかも自傷他害のおそれという措置症状がない場合に，「家族等のうちいずれかの者」の同意を得て行われる入院形態です。病院の管

第2章　成年後見制度の利用者の自己決定支援

理者の権限による入院であり，入院の判断は原則として指定医が行いますが，特定病院では特定医師の診察で12時間を限度に入院させることができます。医療保護入院の手続の概要を【図6－4】に示しました。

　ここでいう「家族等」とは，当該精神障害者の配偶者，親権を行う者，扶養義務者，後見人又は保佐人を指します（同法33条2項）。家族等がいないとき又は家族等の全員が意思を表示することができない場合には，病院の管理者は，その精神障害者の居住地（居住地がないか，不明のときはその現在地）の市町村長の同意を得る必要があります（同法33条3項）。「家族等」の指し示す具体的内容は，順位が定められていない点を除けば，2013年の改正（平成25年法律第47号による）で廃止された「保護者」と全く同じであり，家族の負担の軽減を理由とした保護者制度廃止の趣旨にそぐわないのではないかという危惧が指摘されています。

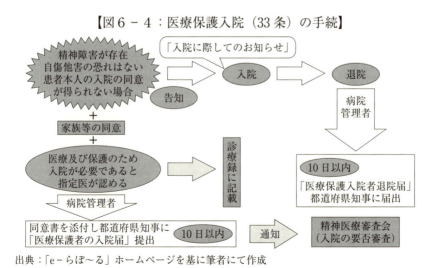

【図6－4：医療保護入院（33条）の手続】

出典：「e－らぽ～る」ホームページを基に筆者にて作成

医療保護入院からの退院については，措置入院のように指定医による診察は必要とされていません。医療保護入院者を退院させたときは，精神科病院の管理者は，保健所を通じて都道府県知事に医療保護入院者退院届を提出します（同法33条の2）。医療保護入院者の退院届には，退院後の処置・帰住先のほかに，訪問指導等に関する意見，障害福祉サービス等の活用に関する意見などを記載する欄が設けられており，退院後の患者の治療の継続や地域精神保健福祉サービスへの円滑な移行を図るために必要な情報を，保健所や都道府県等精神保健福祉主管課との間で共有できるような工夫がなされています。なお，措置入院と同様に医療保護入院からの「退院」には，任意入院等他の入院形態に変更して入院を継続する場合も含まれています。

　医療保護入院は精神科病院入院患者の46.0％（平成25年度精神保健福祉資料）を占めています。

　なお，前述の改正にあわせて，退院後生活環境相談員（精神保健福祉士等）の選任，医療保護入院者退院支援委員会の開催，地域援助事業者（入院者本人や家族からの相談に応じ必要な情報提供等を行う相談支援事業者等）との連携など，医療保護入院者の退院促進のための体制整備を行うことが病院の管理者に義務付けられました。医療保護入院者退院支援委員会には，①主治医（主治医が精神保健指定医でない場合は，主治医に加え，主治医以外の精神保健指定医も出席），②看護職員（医療保護入院者を担当する看護職員が出席することが望ましい），③退院後生活環境相談員，④①～③以外の病院の管理者が出席を求める病院職員，⑤医療保護入院者本人（出席を希望する場合のみ），⑥医療保護入院者の家族等，⑦地域援助事業者その他の当該精神障害者の退院後の生活環境に関わる者（退院後に外来診療を行う診療所関係者などを含みます。）が出席します（ただし，⑥⑦について

第2章　成年後見制度の利用者の自己決定支援

は，本人が出席を求め，出席を求められた者が出席要請に応じるときのみ）。委員会では，医療保護入院継続の必要性の有無とその理由，入院継続が必要な場合には推定される入院期間，推定される入院期間における退院に向けた取組について審議します。審議の結果は，医療保護入院者退院支援委員会審議記録に記録され，病院の管理者が確認した上で署名します。また，審議記録は，定期病状報告書に添付して都道府県に提出されます。

　医療保護入院者退院支援委員会は，入院中の病院の職員と，退院後の受け皿となる地域の精神保健福祉関係者との連携を図るために導入された制度です。後見人・保佐人は，家族等として，医療保護入院者退院支援委員会に出席を求められることがありますが，地域支援のネットワークを知り，そこに参加する機会にもなりますので，出席を求められた場合には，積極的に参加し，その職務に応じた役割を果たしていくことが期待されます。

(5)　応急入院

　応急入院は，「医療及び保護の依頼があった者について，急速を要し，その家族等の同意を得ることができない場合」に，「指定医の診察の結果，精神障害者であり，かつ，直ちに入院させなければその者の医療及び保護を図る上で著しく支障がある者であって当該精神障害のために第20条の規定による入院が行われる状態にないと判定されたもの」を，応急入院指定病院（応急入院を行うことが認められる精神科病院として都道府県知事が指定する精神科病院）に72時間（特定医師の診察の場合は12時間）を限度に入院させる制度です（同法33条の7）。医療保護入院と同程度の病状であるが，家族等の同意がすぐに得られず，かつ緊急に入院が必要な場合に，使用される入院形態です。応急入院の手続の概要を【図6-5】に示しました。

Ⅵ 精神科病院への入院

　ここでいう「医療及び保護の依頼」を行う者については，「精神障害者の人権保護の観点に立って，精神科病院の職員が院外に出て精神障害者を強制的に入院させてはならないという趣旨のもの」であると考えられています。したがって，応急入院の依頼は，医療保護入院の同意を行うことができる「家族等」（配偶者，親権者，扶養義務者，後見人・保佐人）以外の親戚はもちろん，内縁関係にある者，単なる同居人や知人などでも行えます。また，保健所，福祉事務所，警察，消防等の行政機関の職員であっても医療及び保護の依頼を行うことができます。

　応急入院が認められるのは72時間以内ですが，その後も非自発的入院が必要と考えられる場合には，「家族等」の同意を得た上で医療保護入院に移行することが可能です。主に，精神科救急などを想定して設けられた制度で，医療保護入院の緊急版といえます。

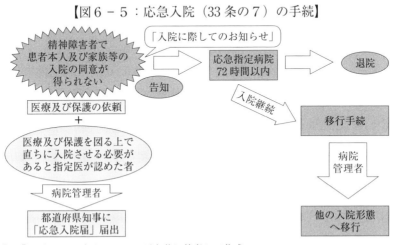

【図6-5：応急入院（33条の7）の手続】

出典：「e-らぽ～る」ホームページを基に筆者にて作成

第2章　成年後見制度の利用者の自己決定支援

(6) 医療保護入院等のための移送制度

　緊急に入院を必要とするにもかかわらず，精神障害のために本人の同意に基づく入院を行う状態にないと判定された精神障害者を，都道府県知事の責任により適切な病院に移送する制度です（同法34条）。医療保護入院等のための移送制度による入院の手続の概要を【図6－6】に示しました。

　対象となるのは，医療保護入院，応急入院の要件を満たす精神障害者であり，地域精神保健福祉活動が尽くされたにもかかわらず，受診につなげることができず，直ちに入院させる必要がある者です。都道府県知事は，調査の上，指定医の診察で上記に該当する精神障害者で

【図6－6：移送制度による入院手続の概要】

第34条に基づく移送
指定医の診察の結果，直ちに入院させなければその者の医療および保護を図るうえで著しく支障がある精神障害者であって，任意入院が行われる状態ではないと判断された者について，保護者の同意の有無に応じて医療保護入院または応急入院をさせるため，応急入院指定病院に移送することができる制度。

※措置入院における移送についても，精神保健福祉法第29条の2の2で規定されており，申請・通報等に基づき同様の手続き（指定医診察は2名。保護者同意不要）で移送が行われる。

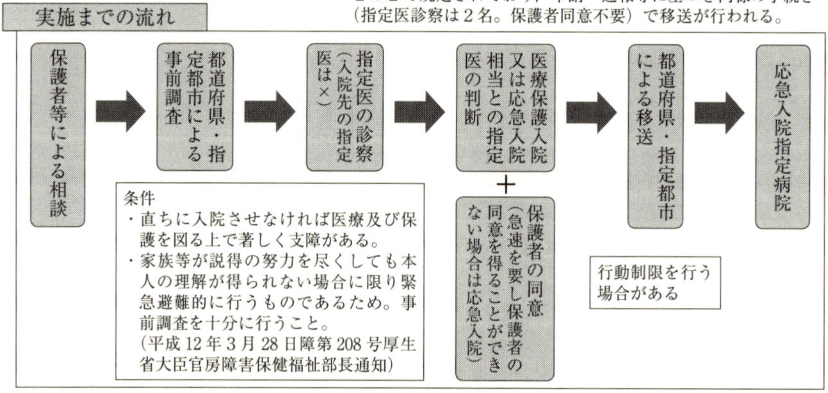

実施までの流れ

保護者等による相談 → 事前調査　都道府県・指定都市による → 指定医の指定（入院先の指定医は×） → 指定医の診察 → 医療保護入院又は応急入院相当との医の判断＋保護者の同意（急速を要し保護者の同意を得ることができない場合は応急入院） → 都道府県・指定都市による移送 → 応急入院指定病院

条件
・直ちに入院させなければ医療及び保護を図る上で著しく支障がある。
・家族等が説得の努力を尽くしても本人の理解が得られない場合に限り緊急避難的に行うものであるため。事前調査を十分に行うこと。
（平成12年3月28日障第208号厚生省大臣官房障害保健福祉部長通知）

行動制限を行う場合がある

出典：厚生労働省・新たな地域精神保健医療体制の構築に向けた検討チーム（第3R）「保護者制度・入院制度の検討」に係る第3回作業チーム資料・参考資料2頁

あると診断された者を，医療保護入院ないしは応急入院させるために，応急入院指定病院へ搬送することができます。

ただし，医療保護入院等のための移送制度は，手続の煩雑さ，措置入院との違いがわかりにくいこと，診察に赴く指定医の確保などの問題もあり，運用の地域差が大きく，全国的にみるとあまり利用されてはいないようです。

6　精神科病院入院中の患者の人権を擁護するための仕組み

(1)　精神医療審査会

精神医療審査会は，精神障害者の人権に配慮しつつその適正な医療及び保護を確保するために，精神科病院に入院している精神障害者の処遇等について，専門的かつ独立的に審査を行うために設置されている機関です。都道府県に設置（同法12条）されており，事務局は措置入院などに関与する精神保健福祉担当課からの独立性を担保するために精神保健福祉センターに置かれています。

委員は，「精神障害者の医療に関し学識経験を有する者」（指定医），「法律に関し学識経験を有する者」（弁護士，検事等），「精神障害者の保健又は福祉に関し学識経験を有する者」（精神保健福祉士，保健師等）で構成されています（同法13条1項）。審査は，委員5名で構成される合議体によって行われ，決定は多数決によります。合議体の委員のうち2名以上は指定医とされており，医療的な判断が優先される仕組みになっています（同法14条）。また，合議体での審査の前提となる意見聴取や診察を行うために予備委員として指定医を置くことができます。

精神医療審査会の審査の仕組みを【図6－7】に示しました。精神

医療審査会の審査の対象には，2種類あります。1つは，医療保護入院・措置入院中の患者の入院の要否に関する審査で，これは，医療保護入院の入院届や医療保護入院者・措置入院者の定期病状報告書による書面審査によって審査します（同法38条の3）。もう1つは，「精神科病院に入院中の者又はその家族等」が都道府県知事に対して行う退院請求と処遇改善請求（同法38条の4）に関する審査です。ここでいう「家族等」とは，医療保護入院の同意に関する規定（同法33条2項）にある家族等のことであり，後見人・保佐人も含まれます。保護者制度のあった時代には，これらの請求を行えるのは保護者だけでしたが，現行制度では，家族等の範囲内にある人であれば誰でも，退院請求や処遇改善請求を行うことができます。退院等の請求の具体的な取扱いについては，精神医療審査会運営マニュアル（平成12年3月28日障第209号厚生省大臣官房障害保健福祉部長通知「精神保健及び精神障害者福祉に関する法律第12条に規定する精神医療審査会について」）に規定されています。退院請求等は，入院患者，その家族等及びその代理人（弁護士）が行います。請求は，原則として書面で行いますが，入院中の患者の場合には，口頭（電話を含みます。）でも受理されます。合議体での審査に先立ち，原則として2名以上の委員（1名は指定医ないしは予備委員）が患者の入院病院を訪問し，患者や病院関係者と直接面接して意見を聴取します（同法38条の5第3項）。審査会は，審査に必要と思われる場合には，患者の同意を得た上で指定医である委員による診察を行ったり，入院中の精神科病院の管理者等に報告を求め，診療録その他の帳簿書類の提出を命じ，あるいは，出頭を命じて審問を行うことができます（同法38条の5第4項）。合議体では，意見聴取の結果や収集した資料を基に，退院請求の可否や処遇の適否について審査し，その結果を都道府県知事に

Ⅵ 精神科病院への入院

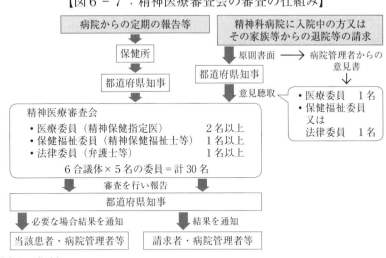

【図6-7:精神医療審査会の審査の仕組み】

(筆者にて作成)

通知します。通知を受けた都道府県知事は,「その入院が必要でないと認められた者を退院させ,又は当該精神科病院の管理者に対しその者を退院させることを命じ若しくはその者の処遇の改善のために必要な措置を採ることを命じ」なければなりません(同法38条の5第5項)。

(2) 入院患者の処遇に関する規定

入院患者の病状によっては,治療や保護のために行動制限が必要とされることがあります。精神保健福祉法36条1項は,「精神科病院の管理者は,入院中の者につき,その医療又は保護に欠くことのできない限度において,その行動について必要な制限を行うことができる。」と規定しており,精神医学上の判断の下に,個々の患者の病状に照らして,行動の制限を行うことが許されています。行動の制限に関しては,精神保健福祉法36条,37条の規定並びに,それぞれの規定に基

285

づき厚生労働大臣が定めた基準があり，それらの手続を遵守して行われる場合のみ，行動の制限が許容されます。

　いかなる場合でも行うことのできない行動制限は，患者の出す手紙や，受け取る手紙を制限（信書の発受の制限，ただし，患者宛ての手紙に刃物や薬物などの異物が同封されていると判断されたときは，患者に開封させ，異物を取り出すことはできる）することと，人権擁護に関する行政機関の職員や患者の代理人，代理人になろうとする弁護士との電話・面会の制限です。12時間以上の隔離室への収容と身体的拘束については，指定医の判断がなければ行うことができません。これ以外の電話，面会，任意入院者の外出制限（開放処遇の制限）などについては，医師の判断で行うことができます。行動制限を行う場合には，患者にその理由を知らせ，診療録にその事実並びに理由を記載しなければなりません。また，閉鎖病棟内には患者が自由に使用できる公衆電話を置かれなければなりません。

7　医療観察法

　精神保健福祉法は，我が国の精神科医療全体を規定する法律ですが，これとは別に重大な犯罪に当たる行為（触法行為）を行い，心神喪失ないしは心神耗弱を理由として刑を免れた精神障害者に関しては，「心神喪失等の状態で重大な他害行為を行った者の医療及び観察に関する法律」（以下，「医療観察法」といいます。）に基づく医療が提供されており，医療観察法に基づく指定入院医療機関への入院があります。

(1)　医療観察法とは

　医療観察法は，心神喪失等の状態で殺人，放火等の重大な他害行為

Ⅵ 精神科病院への入院

を行った者（対象者）に対し，継続的かつ適切な医療とその確保のために必要な観察及び指導を行うことによって，重大な他害行為を行った際の精神障害の病状を改善し，改善された病状を維持するとともに，再発・再燃時に適時適切な危機加入を行うことによって同様の他害行為の再発防止を図り，対象者の社会復帰を促進することを目的とした法律です。精神障害者一般の再犯を予防するための法律ではありません。2003年7月に成立し，2005年7月より施行されています。医療観察法の仕組みの概要を【図6-8】に，医療観察法による医療の流れを【図6-9】に示しました。

(2) 心神喪失者とは

医療観察法は，心神喪失者等の状態にあった者を対象としていますが，そもそも心神喪失者等とはどのような人でしょうか。

ア　刑法における犯罪

刑法では，ある人が行った行為が法律に規定された犯罪行為の型

【図6-8：医療観察法の仕組みの概要】

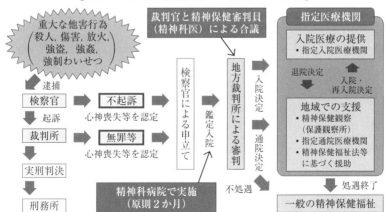

（厚生労働省ホームページを基に筆者にて作成）

第2章　成年後見制度の利用者の自己決定支援

【図6－9：医療観察法による医療の流れ】

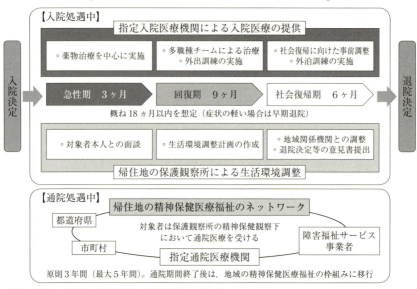

（厚生労働省医療観察法医療体制整備推進室資料）

（構成要件）に該当し，その行為が法の保護しようとする生活利益（法益）を害するものであり（違法性），かつ，その行為について行為者を非難し得る（有責性）場合に初めて，その行為を犯罪として処罰することができるとされています。つまり刑法上の犯罪とは，構成要件に該当する，違法にして有責な行為です。

例えば，6歳の幼児がライターをいたずらして火を出し，家を全焼させた場合を考えてみましょう。その幼児の行為は，放火ないし失火の罪に該当する違法な行為であったとしても，その幼児を刑務所に収容して処罰すべきであると考える人はまずいません。それは，6歳の幼児には，自らの行為の善悪を判断する能力や，その結果を予測したりする能力がほとんどないと考えられるからです。

「責任なければ刑罰なし」という法格言に示されるように，その行為者の判断能力が，何らかの理由で一般人と比較して著しく低い場合には，たとえ，構成要件に該当する違法な行為を行ったとしても，その行為者を一般人と同様に非難することはできず，したがって，その責任を問うたり，刑罰を科したりすることはできないと考えられています（責任主義）。刑法学では，こうした行為の善悪，すなわち違法性を認識・判断し，その認識・判断に従って自己の行為を制御する能力を責任能力と呼んでいます。

イ　責任能力の判定基準

刑法39条は「心神喪失者の行為は，罰しない」，「心神耗弱者の行為は，その刑を減軽する」と規定しています。つまり，心神喪失者については，一律に免責，すなわち無罪とされ，心神耗弱者と認定された場合には，刑を必ず減軽しなければなりません。心神喪失者，心神耗弱者の具体的な内容・基準については，1931年の大審院（現在の最高裁判所）判決が，現在でも使用されています。それによれば，「心神喪失とは，精神の障害により事物の理非善悪を弁識する能力またはその弁識に従って行動する能力のない状態」をいい，心神耗弱とは，精神の障害がまだこのような能力を欠如する程度には達しないが，その能力の「著しく減退した状態をいう」とされています（大判昭和6年12月3日大審院刑事判例集10巻682頁）。

(3)　医療観察法の対象者

医療観察法の対象者は，①殺人，放火，傷害などの重大な他害行為を行い，②検察庁や裁判所で心神喪失・心神耗弱者と認定された者（検察庁の段階では不起訴処分とされた者，裁判所の段階では心神喪失による無罪判決ないしは心神耗弱者と認定され刑を軽減する旨の裁

判が確定した者（実刑になる者は除きます。））で，③医療観察法による継続的な医療・観察を行うことによって，重大な他害行為を行った際の精神障害の病状を改善し，これによって同様の他害行為の再発の防止を図り，最終的には社会復帰をさせることができる者です（同法2条，1条）。精神科医療の観点から重要なのは③の要件であり，その確認のために，対象者を精神科病院（鑑定入院医療機関）に入院させ，精神科治療を行いながら，医療観察法による医療の要否に関する精神鑑定（医療観察法鑑定：同法37条）が行われます。

(4) 保護者

上記5(4)でも触れた，2013年の改正によって精神保健福祉法の「保護者」の制度は廃止されましたが，その際に医療観察法も改正され，同法のなかに，新たに「保護者」の規定が設けられました。

医療観察法23条の2第1項は，「対象者の後見人若しくは保佐人，配偶者，親権を行う者又は扶養義務者は，次項に定めるところにより，保護者となる。」と規定しています。同条2項の規定によれば，保護者となるべき者の順位は，①後見人又は保佐人，②配偶者，③親権を行う者，④②，③以外の扶養義務者のうちから家庭裁判所が選任した者，と定められています。なお，成年後見人・保佐人がいない場合で，対象者の保護のため特に必要があると認められるときは，家庭裁判所は，利害関係人の申立てによりその順位を変更することができます（同項ただし書）。また，保護者がいないときは，対象者の居住地（居住地がないか又は明らかでないときは，対象者の現在地）を管轄する市町村長（特別区の長を含みます。）が保護者となります（同法23条の3）。

医療観察法における保護者の権限を【表6-2】に示しました。保護者には，対象者の社会復帰を支援するとともに，これらの権限を活

用して，対象者の人権の擁護に努めることが期待されています。

【表6-2：医療観察法における保護者の権限】

権限	条文
審判における意見陳述権及び資料提出権	25条2項
付添人選任権	30条1項
審判期日への出席権	31条6項
医療を受けるべき指定医療機関の名称及び所在地並びにその変更の通知の受領	43条3項・4項
入院患者に係る退院の許可又は処遇の終了の申立権	50条
通院患者に係る処遇の終了の申立権	55条
地方裁判所の決定に対する抗告権	64条2項
抗告の取下権	65条
抗告裁判所の決定に対する再抗告権	70条1項
鑑定入院命令の取消請求権	72条1項
鑑定入院期間の延長又は鑑定入院決定に対する異議申立権	73条1項
退院の許可又は処遇の終了の申立ての取下権	74条1項
入院患者に係る処遇改善請求権	95条

(5) 手続

　検察官は(3)の①②の要件を満たした対象者について，地方裁判所に医療観察法による処遇の要否に関する審判（当初審判）の申立てを行います。処遇の要否の決定は，地方裁判所に設置される裁判官1名と精神保健審判員（精神科医：精神保健判定医名簿より事例ごとに選任）1名とによって構成される合議体によって行われます。合議体は，医療観察法鑑定書を基礎とし，検察官並びに対象者とその付添人

（弁護士）の意見・資料，社会復帰調整官による生活環境調査報告書，精神保健参与員（精神保健福祉士等）が選任されている場合にはその意見などを総合した上で，対象者の処遇に関する決定を行います。決定には，①「医療を受けさせるために入院をさせる旨の決定」（入院決定），②「入院によらない医療を受けさせる旨の決定」（通院決定），③「この法律による医療を行わない旨の決定」（不処遇決定），の3種類があります（同法42条1項）。裁判所が申立てが不適法であると認めた場合には，申立ての却下の決定が行われます（同条2項）。また，裁判所は，対象者が「対象行為を行ったと認められない場合」，「心神喪失者及び心神耗弱者のいずれでもないと認める場合」も，申立ての却下の決定を行います（同法40条1項）。なお，これらの決定は，合議体を構成する裁判官のみで行われます。

(6) 指定入院医療機関

入院決定を受けた対象者は，指定入院医療機関（国，都道府県等が開設する病院）に入院します。指定入院医療機関では，手厚い人員配置と充実した施設の下，医師，看護師，作業療法士，精神保健福祉士，臨床心理技術者などから構成される多職種協働チーム（multi-disciplinary team）による医療が提供されています。

指定入院医療機関では，対象者自身が疾病及び疾病と対象行為との関連を理解し，必要な医療及び援助を自ら求め，同様の他害行為を行うことなく，安全に地域社会生活を営むことを目的として，疾病心理教育，社会生活技能訓練（SST），作業療法，認知行動療法，内省プログラムなど，種々の治療プログラムが実施されています。

退院の決定は，対象者，対象者の保護者，指定入院医療機関からの申立てに基づき，裁判所が決定します。また，指定入院医療機関は入院継続の要否について6か月ごとに裁判所に確認を求めます。

(7) 指定通院医療機関と地域処遇

　通院決定を受けた対象者は，保護観察所による精神保健観察に付され，指定通院医療機関に通院します。保護観察所は，指定通院医療機関の管理者等と協議の上，処遇の実施計画を策定し，保護観察所に所属する社会復帰調整官が対象者の観察・指導などを行います。精神保健観察の期間は原則3年間ですが，裁判所の許可により2年を超えない範囲で延長することが可能となっています（同法44条）。

事項索引

【数字】
2005年意思決定能力法 ………… 193
2005年法の原則 ……………… 193

【アルファベット】
A ADHD（Attention Deficit Hyperactivity Disorder）………… 91
B BPSD（Behavioral and Psychiatric Symptoms of Dementia）… 49
D DSM-5（Diagnostic and Statistical Manual of Mental Disorders, Fifth Edition）……… 11, 16
I ICD-10（International Classification of Diseases 10th version）…………………… 11, 16
M Mental Capacity Act 2005 ……… 193
N NMDA受容体拮抗薬 …………… 62

【あ行】
あ アスペルガー症候群 ……………… 98
　 アセチルコリンエステラーゼ阻害薬 ……………………………… 62
　 アドヒアランス ………………… 115
　 アトモキセチン ………………… 96
　 アミロイドβ ……………………… 47
　 アルツハイマー病 ………………… 47
　 安定期 …………………………… 115
い 医学モデル ……………………… 231
　 育成医療 ………………………… 266
　 医師意見書 ……………………… 254
　 意思決定支援 …………… 197, 202
　 意思決定支援ガイドライン ……… 198
　 意思決定能力の判定 …………… 194
　 意思能力 ………………………… 179
　 移送制度 ………………………… 282
　 一次性認知症 ……………………… 32
　 一次妄想 ………………………… 106
　 違法性 …………………………… 288
　 意味記憶 ………………………… 36
　 医療観察法 ……………………… 286
　 医療同意の問題 ………………… 224
　 医療保護入院 …………………… 277
　 医療保護入院者退院支援委員会 ……………………………… 279
　 陰性症状 ………………………… 111
う うつ病 …………………… 66, 142
　 うつ病性昏迷 …………………… 131
　 うつ病相 ………………………… 129
え エピソード記憶 …………………… 36
　 遠隔記憶 ………………………… 35
　 エンパワー ……………………… 183
お 応急入院 ………………………… 280
　 応急入院指定病院 ……………… 280
　 音楽療法 ………………………… 64

【か行】
か 外因 ……………………………… 14
　 外因性精神障害 ………………… 14
　 介護（介護予防）サービス計画書 ……………………………… 247
　 介護支援専門員 ………………… 247
　 介護認定審査会 ………………… 243
　 介護保険法 ……………………… 237
　 回想法 …………………………… 64

295

事項索引

概念形成の低下……………112
回復期………………………114
学力…………………………71
家事事件手続法……………211
家族等………………………278
家族療法……………………149
家族歴………………………4
家庭裁判所調査官…………223
寛解期………………………116
感情鈍麻……………………110
感情の平板化………………110
鑑定…………………………211
鑑定が省略される事例……221
観念奔逸……………………136

き 既往歴………………………4
記憶…………………………66
記憶障害……………………35
記憶想起現象………………89
機能的能力…………………185
機能判定法…………………182
気分…………………………128
気分安定薬…………………148
気分障害……………………150
記銘…………………………66
キャパシティ………………188
急性期………………113, 116
共感…………………………171
強制入院……………………270
共同意思決定………………202
興味・関心や喜びの喪失…130
興味の限局…………………87
気力・活動性の増加………134
緊急措置入院………………276
近時記憶……………………36
緊張病症候群………………109

く 空笑…………………………109

愚行権………………………178
クリューヴァー・ビューシー症候
　群…………………………68
クロザピン…………………124

け ケアプラン…………………247
ケアマネージャー…………247
軽躁病相……………………139
軽度知的能力障害…………72
軽度認知障害………………30
結果判定法…………………181
血管性認知症………………59
決断困難……………………132
幻覚……………………38, 105
言語新作……………………107
幻視…………………………52
幻聴…………………………105
見当識訓練…………………62
見当識障害…………………36
現病歴………………………3

こ 行為心拍……………………137
行為能力……………………179
抗うつ薬………………63, 147
高機能自閉症………………98
高次大脳皮質機能障害……37
更生医療……………………266
抗精神病薬……………63, 117
向精神薬……………………117
構成要件……………………288
考想察知……………………108
考想伝播……………………108
行動の制限…………………285
抗認知症薬…………………61
広汎性発達障害……………99
抗不安薬……………………64
興奮…………………………109
高揚…………………………134

事項索引

合理的配慮……………………232
心の理論………………… 89, 100
誇大的思考……………………135
誇大妄想………………………107
こだわり……………………… 87
コミュニケーション…………159
混合病相………………… 140, 154
コンピタンス…………………191
コンプライアンス……………115
昏迷……………………………109

【さ行】

さ　サービス等利用計画………258
　　サービス等利用計画案……255
　　罪業妄想……………………143
　　最重度知的能力障害……… 73
　　再生（追想）……………… 66
　　再認………………………… 66
　　作業心拍……………………137
　　作業療法……………………120
　　作為体験……………………108
　　させられ体験………………108
　　残遺状態……………………116
し　支援つき意思決定（supported
　　　decision-making）……… 192, 234
　　支援費制度…………………251
　　自我障害……………………108
　　思考干渉……………………108
　　思考吹入……………………108
　　思考奪取……………………108
　　思考途絶……………………107
　　思考力や集中力の減退……132
　　自己決定……………………176
　　自己決定権…………………176
　　自己決定支援………………202
　　自己の財産を管理・処分する能力

……………………………212
自殺企図………………………132
自殺念慮………………………132
自殺のリスク…………………144
支持的精神療法………………119
自傷行為………………………275
視診…………………………… 4
自生思考………………………108
自責感…………………………131
自尊心の肥大…………………135
市町村長申立て………………208
疾患…………………………8, 9
疾患単位……………………… 18
失語…………………………… 38
失行…………………………… 38
実行機能………………………112
実行機能の障害……………… 36
失認…………………………… 38
疾病…………………………… 8
疾病単位……………………… 18
指定通院医療機関……………293
指定入院医療機関……………292
指定病院………………………274
自発的入院……………………270
自閉症………………………… 82
自閉症スペクトラム………… 99
市民後見人（社会貢献型後見人）
………………………217, 227
社会性………………………… 71
社会生活技能訓練……………121
社会性の障害………………… 85
社会的コミュニケーションの障害
………………………………85
社会的な振る舞いの障害…… 55
社会復帰調整官………………292
社会モデル……………………231

297

事項索引

若年性認知症……………………… 66
集団精神療法……………………… 120
執着性格…………………………… 152
重度知能力障害………………… 72
周辺症状…………………… 35, 38
主治医意見書……………………… 243
主訴…………………………………… 2
循環気質…………………………… 152
障害…………………………………… 9
障害高齢者の日常生活自立度……245
障害支援区分認定………………… 254
障害者権利条約…………………… 229
障害者権利条約との関係………… 225
障害者自立支援法………………… 251
障害者総合支援法………………… 251
障害者総合支援法の理念………… 252
障害に基づく差別………………… 232
障害の定義………………………… 231
症候群………………………………… 8
焦燥……………………………131, 136
状態像診断………………………… 13
状態判定法………………………… 181
衝動性…………………………… 91, 95
情報の非対称性…………………… 203
処遇改善請求……………………… 284
触診…………………………………… 4
自立支援医療……………………… 265
自立支援給付……………………… 259
自律性……………………………… 190
事理弁識能力……………… 180, 206
支離滅裂…………………………… 107
思路障害…………………………… 107
心因………………………………… 14
心因性精神障害…………………… 14
心気妄想…………………………… 143
神経心理学的検査………………… 45

審査会……………………………… 254
診察………………………………… 3
身上配慮義務……………………… 208
心神耗弱者………………………… 289
心神喪失者………………………… 289
身体因……………………………… 14
身体障害者………………………… 253
診断………………………………… 3
診断書……………………………… 211
信頼関係…………………………… 159
す　睡眠導入薬……………………… 64
　　スペクトラム……………… 31, 99
せ　性格変化…………………… 41, 55
　　生活環境調査報告書…………… 292
　　生活自立能力………………… 71
　　生活歴……………………………… 3
　　制限（行為）能力者制度……… 180
　　精神医学………………………… 10
　　精神医療審査会………………… 283
　　精神運動性の焦燥……………… 137
　　精神科医療機関との連絡・連携
　　　………………………………… 168
　　精神鑑定の現状………………… 219
　　精神刺激薬……………………… 95
　　精神障害…………………………… 11
　　精神障害者……………………… 253
　　精神上の障害…………………… 206
　　精神遅滞………………………… 70
　　精神通院医療…………………… 265
　　精神保健観察…………………… 293
　　精神保健参与員………………… 292
　　精神保健指定医………………… 271
　　精神保健審判員………………… 291
　　精神保健判定医………………… 291
　　成年後見制度…………………… 205
　　成年後見制度における鑑定書作成

の手引………………………211
　成年後見制度における診断書作成
　　　の手引………………………211
　責任主義………………………289
　選択の表明……………… 186, 187
　前頭側頭型認知症……………… 55
　全般的知機能………………… 70
　せん妄………………………… 40
　専門職による後見人……………216
そ　双極Ⅰ型障害…………………144
　双極Ⅱ型障害…………………144
　双極性障害（躁うつ病）………143
　操作的診断基準……………… 15
　早朝覚醒………………………130
　躁病相…………………………134
　措置入院………………………274
　疎通性…………………………111

【た行】
た　第1号被保険者…………………238
　第2号被保険者…………………238
　退院後生活環境相談員…………279
　退院請求………………………284
　大うつ病性障害………………142
　代行決定………………………197
　対人関係・社会リズム療法………149
　対人関係療法…………………148
　対人的相互作用の障害………… 85
　タイムスリップ現象…………… 89
　他害行為………………………275
　多職種協働チーム……………292
　打診…………………………… 4
　多動……………………………137
　多動性……………………… 91, 94
　多弁……………………………136
ち　地域支援ネットワーク…………172

　地域生活支援事業……………263
　知的障害者……………………253
　知的能力障害………………… 69
　知的能力障害の原因………… 73
　知的能力障害の重症度……… 71
　知的能力障害への対応……… 74
　知能指数……………………… 69
　注意欠如・多動症…………… 91
　注意の散漫……………………136
　注意の障害……………………112
　注意や意識の清明さの変動を伴う
　　　認知機能の動揺…………… 52
　中核症状……………………… 35
　中等度知能力障害…………… 72
　中途覚醒………………………130
　聴診…………………………… 4
　治療可能, 改善可能な認知症…… 34
て　適応機能……………………… 70
　手続き記憶…………………… 36
　電気けいれん療法……………148
　伝統的診断…………………… 13
と　同意権…………………………206
　同一性保持の強迫的欲求……… 87
　統合失調症……………………102
　統合失調症後抑うつ…………110
　統合失調症の人の行動特性……168
　動物介在療法………………… 65
　とがり口………………………109
　独語……………………………109
　取消権…………………………206

【な行】
な　内因…………………………… 14
　内因性精神障害……………… 15
　難病等の患者…………………253
に　二次性認知症………………… 33

事項索引

二次妄想……………………106
日内変動……………………142
任意後見監督人……………210
任意後見契約………………209
任意後見受任者……………209
任意後見制度………………209
任意入院……………………272
認識………………………186, 187
人称の逆転……………………86
認知機能……………………112
認知機能回復訓練……………62
認知機能障害………………112
認知行動療法……………120, 148
認知症…………………………28
認知症高齢者の日常生活自立度…245
認知症に伴う行動・精神症状……49
認知症の人への対処の方法……163
認定調査員………………240, 254
認定調査票………………243, 254
ね 寝たきり度……………………245
の 脳血管の老化…………………27
脳実質の老化…………………27
脳の老化………………………26
ノーマライゼーション………183

【は行】
は パーキンソニズム……………52
徘徊……………………………42
背景要因……………………189
発達障害………………………79
発達障害者支援法…………79, 97
発達の援助……………………75
パニック………………………88
反響言語………………………86
判断能力がある大人………177
判断能力の秤………………190

ひ 被害妄想……………………107
非強制入院…………………270
非自発的入院………………270
微小妄想……………………143
ひそめ眉……………………109
ピック病………………………55
被保険者……………………238
病状悪化の兆候やパターン……171
貧困妄想……………………143
ふ 不注意（集中困難）……91, 94
へ ベスト・インタレストの判定……196
ほ 法定後見制度………………206
保護…………………………190
保護者………………………290
保持…………………………66
本人面接……………………223

【ま行】
み ミルの他者危害の原理………177
む 無為…………………………108
無価値感……………………131
め メチルフェニデート……………95
滅裂思考……………………107
メランコリー親和型性格………153
も 妄想……………………39, 106
妄想気分……………………106
妄想知覚……………………106
妄想着想……………………106
モニタリング………………258
もの忘れ………………………27
問診……………………………4

【や行】
や 夜間せん妄…………………40
ゆ 夕暮れ症候群………………40
有責性………………………288

事項索引

よ 要介護認定……………………240
　 要支援認定……………………240
　 陽性症状………………………111
　 抑うつ気分……………………129
　 抑制……………………………131

【ら行】

り 理解……………………………186
　 理解力を高めるためのコミュニケーションの工夫……………163
　 療育……………………………89
　 療育手帳………………………71

れ レクリエーション療法………121
　 レビー小体……………………51
　 レビー小体型認知症…………51
　 レム睡眠行動障害……………52
　 連合弛緩………………………107

ろ 論理的思考………………186, 187

参考文献

第1章

野村総一郎・樋口輝彦監修, 尾崎紀夫ほか編集『標準精神医学　第6版』(医学書院, 2015)

大熊輝雄原著,「現代臨床精神医学」第12版改訂委員会編纂『現代臨床精神医学　改訂第12版』(金原出版, 2013)

加藤敏ほか編『現代精神医学事典』(弘文堂, 2011)

松下正明著『みんなの精神医学用語辞典』(弘文堂, 2009)

日本司法精神医学会裁判員制度プロジェクト委員会編集『だれでもわかる精神医学用語集―裁判員制度のために―』(民事法研究会, 2010)

日本精神神経学会日本語版用語監修, 髙橋三郎・大野裕監訳『DSM-5 精神疾患の診断・統計マニュアル』(医学書院, 2014)

融道男ほか監訳『ICD-10　精神および行動の障害―臨床記述と診断ガイドライン　新訂版』(医学書院, 2005)

日本統合失調症学会監修, 福田正人ほか編集『統合失調症』(医学書院, 2013)

武田雅俊編『現代　老年精神医療』(永井書店, 2005)

井関栄三編著『レビー小体型認知症～臨床と病態～』(中外医学社, 2014)

第2章

新井誠ほか編『成年後見制度―法の理論と実務　第2版』(有斐閣, 2014)

日本社会福祉士会編『権利擁護と成年後見実践―社会福祉士のための成年後見入門―　第2版』(民事法研究会, 2013)

成年後見センター・リーガルサポート編『市民後見人養成講座　第2巻〔第2版〕　市民後見人の基礎知識』(民事法研究会, 2016)

下山晴彦・中嶋義文編, 鈴木伸一ほか編集協力『公認心理師必携　精神医療・臨床心理の知識と技法』(医学書院, 2016)

松下正明編集『民事法と精神医学』(司法精神医学　第4巻) (中山書店, 2005)

精神保健福祉研究会監修『四訂　精神保健福祉法詳解』(中央法規出版, 2016)

法政大学大原社会問題研究所・菅富美枝編著『成年後見制度の新たなグランド・デザイン』(法政大学出版局, 2013)

菅富美枝著『イギリス成年後見制度にみる自律支援の法理―ベスト・インタレストを追求する社会へ』(ミネルヴァ書房, 2010)

池原毅和著『精神障害法』(三省堂, 2011)

永井良三シリーズ総監修, 笠井清登ほか編集『精神科研修ノート　改訂第2版』(診断と治療社, 2016)

初 出 一 覧

本書の内容の一部は，筆者が以前に発表した下記論稿等を基に，適宜加筆・修正を加えたものである。

第1章
「実践的医学用語解説①〜⑮」
　　　　　……『実践成年後見』（民事法研究会，2007〜2010）
「実践的医学用語解説⑪〜㊺」
　　　　　……『実践成年後見』（民事法研究会，2016〜2017（連載中））

第2章
「意思能力について／精神医学的立場から」
　　　　　……松下正明編集『民事法と精神医学』（司法精神医学　第4巻）
　　　　　　　　　　　　　　（中山書店，2005）42〜52頁
「イギリス新成年後見制度における精神鑑定」
　　　　　……『実践成年後見』No.25（民事法研究会，2008）64〜69頁
「実践的医学用語解説⑯〜㊴」
　　　　　……『実践成年後見』（民事法研究会，2011〜2016）

著者略歴

五十嵐禎人（いがらし　よしと）

1963年神奈川県横浜市生まれ。1990年3月東京大学医学部医学科卒。1990年6月東京大学医学部附属病院精神神経科医員（研修医），1992年6月東京都立松沢病院医員，1994年9月ロンドン大学精神医学研究所司法精神医学部門留学，1995年10月東京都立松沢病院復職，2000年1月財団法人東京都医学研究機構東京都精神医学総合研究所主任研究員，2006年9月千葉大学社会精神保健教育研究センター法システム研究部門教授。

博士（医学）（千葉大学）
専門は司法精神医学・司法精神保健学。
日本司法精神医学会理事（事務局長），日本成年後見法学会理事，法と精神医療学会理事，日本社会精神医学会評議員

著書
（編著）
『刑事精神鑑定のすべて』（中山書店，2008）
『精神科医療と法』（弘文堂，2008）
『だれでもわかる精神医学用語集—裁判員制度のために—』（民事法研究会，2010）
（共著等）
『成年後見と意思能力—法学と医学のインターフェース』（日本評論社，2002）
『成年後見と医療行為』（日本評論社，2007）
『刑事事件と精神鑑定』（司法精神医学　第2巻）（中山書店，2005）
『民事法と精神医学』（司法精神医学　第4巻）（中山書店，2005）
『司法精神医療』（司法精神医学　第5巻）（中山書店，2005）
『司法精神医学概論』（司法精神医学　第1巻）（中山書店，2006）
『高齢社会における法的諸問題—須永醇先生傘寿記念論文集』（酒井書店，2010）
『刑法・刑事政策と福祉—岩井宣子先生古稀祝賀論文集』（尚学社，2011）
『精神医学の思想』（中山書店，2012）
『臨床医のための司法精神医学入門』（新興医学出版社，2013）
『刑事法・医事法の新たな展開（下）—町野朔先生古稀記念』（信山社，2014）
『現代法と法システム—村田彰先生還暦記念論文集』（酒井書店，2014）
『成年後見制度—法の理論と実務　第2版』（有斐閣，2014）

成年後見人のための精神医学ハンドブック

定価：本体2,900円（税別）

平成29年2月13日　初版発行

著　者	五十嵐	禎 人
発行者	尾 中	哲 夫

発行所　**日本加除出版株式会社**

本　　社　郵便番号171-8516
　　　　　東京都豊島区南長崎3丁目16番6号
　　　　　ＴＥＬ　（03）3953-5757（代表）
　　　　　　　　　（03）3952-5759（編集）
　　　　　ＦＡＸ　（03）3953-5772
　　　　　ＵＲＬ　http://www.kajo.co.jp/

営業部　　郵便番号171-8516
　　　　　東京都豊島区南長崎3丁目16番6号
　　　　　ＴＥＬ　（03）3953-5642
　　　　　ＦＡＸ　（03）3953-2061

組版・印刷　㈱亨有堂印刷所　／　製本　牧製本印刷㈱

落丁本・乱丁本は本社でお取替えいたします。
© Yoshito Igarashi 2017
Printed in Japan
ISBN978-4-8178-4371-5 C2032 ¥2900E

JCOPY　〈出版者著作権管理機構　委託出版物〉

本書を無断で複写複製（電子化を含む）することは、著作権法上の例外を除き、禁じられています。複写される場合は、そのつど事前に出版者著作権管理機構（JCOPY）の許諾を得てください。
また本書を代行業者等の第三者に依頼してスキャンやデジタル化することは、たとえ個人や家庭内での利用であっても一切認められておりません。

〈JCOPY〉　ＨＰ：http://www.jcopy.or.jp/、e-mail：info@jcopy.or.jp
　　　　　電話：03-3513-6969、FAX：03-3513-6979

【成年後見関連好評図書】

成年後見における意思の探求と日常の事務
事例にみる問題点と対応策
松川正毅 編
2016年1月刊 A5判 300頁 本体2,800円+税 978-4-8178-4284-8 商品番号:40616 略号:成年事

これで安心！これならわかる
はじめての成年後見 第2版 後見人の心得 お教えします
公益社団法人 成年後見センター・リーガルサポート 編著
2015年6月刊 B5判 80頁 本体1,000円+税 978-4-8178-4235-0 商品番号:40253 略号:安成後

これからの後見人の行動指針
よりよい後見事務の道しるべ
公益社団法人 成年後見センター・リーガルサポート 編著
2015年5月刊 B5判 144頁 本体1,500円+税 978-4-8178-4229-9 商品番号:40585 略号:後指

意思決定支援ライフプランノート 別冊解説付
社会福祉法人 品川区社会福祉協議会 品川成年後見センター 編
2015年3月刊 B5判 88頁 本体1,200円+税 978-4-8178-4220-6 商品番号:40582 略号:ライフ

高齢者を支える 市民・家族による
新しい地域後見人制度 市民後見人の実務コメント付き
遠藤英嗣 著
2015年2月刊 A5判 408頁 本体3,500円+税 978-4-8178-4212-1 商品番号:40578 略号:地後見

地域後見の実現
その主役・市民後見人の育成から法人後見による支援の組織づくり、新しい後見職務の在り方、権利擁護の推進まで
森山彰・小池信行 編著
2014年6月刊 A5判 360頁 本体3,200円+税 978-4-8178-4170-4 商品番号:40557 略号:地実

成年後見 現状の課題と展望
田山輝明 編著
2014年5月刊 A5判 332頁 本体3,200円+税 978-4-8178-4160-5 商品番号:40550 略号:成展

かんたん記入式
成年後見人のための管理手帳 第2版
公益社団法人 成年後見センター・リーガルサポート 編著
2014年2月刊 B5判 112頁 本体1,000円+税 978-4-8178-4142-1 商品番号:40403 略号:成手

成年後見教室 実務実践編 3訂版
公益社団法人 成年後見センター・リーガルサポート 編著
2013年2月刊 A5判 332頁 本体2,500円+税 978-4-8178-4063-9 商品番号:40372 略号:成教実

成年後見教室 課題検討編 2訂版
公益社団法人 成年後見センター・リーガルサポート 編著
2010年10月刊 A5判 304頁 本体2,500円+税 978-4-8178-3891-9 商品番号:40373 略号:成教課

日本加除出版
〒171-8516 東京都豊島区南長崎3丁目16番6号
TEL (03)3953-5642　FAX (03)3953-2061 （営業部）
http://www.kajo.co.jp/